駿台受験シリーズ

国公立標準問題集
CanPass 英語

山口玲児・高橋康弘　共著

問題編

駿台文庫

Contents

1 金沢大学 ……………………………………… 2
2 岡山大学 ……………………………………… 3
3 筑波大学 ……………………………………… 5
4 埼玉大学 ……………………………………… 8
5 横浜国立大学 ………………………………… 13
6 お茶の水女子大学 …………………………… 15
7 信州大学 ……………………………………… 17
8 静岡大学 ……………………………………… 19
9 大阪府立大学 ………………………………… 21
10 千葉大学 ……………………………………… 25
11 大阪市立大学 ………………………………… 28
12 千葉大学 ……………………………………… 32
13 埼玉大学 ……………………………………… 37
14 筑波大学 ……………………………………… 44
15 奈良女子大学 ………………………………… 48
16 奈良女子大学 ………………………………… 50
17 熊本大学 ……………………………………… 52
18 新潟大学 ……………………………………… 54
19 首都大学東京 ………………………………… 57
20 横浜市立大学 ………………………………… 61

1

次の英文は母親とその思春期の娘との難しい関係を述べています。下線部(a), (b), (c)を日本語に訳しなさい。

Teenage girls bristle and rage about nearly everything — from minor disappointments to undeniable tragedies — with nearly equal intensity. It is well known that adolescents perceive the most harmless of comments as slights or even major insults. (a)Many a mother has commented that she has only to look at her daughter to be accused of criticizing her or thinking she is "fat"! Paradoxically, because your unquestioned love makes your daughter feel safe, she feels free to direct much of her frustration and hostility toward you, regardless of whether you are remotely involved. You have likely joined the ranks of mothers who are tired of feeling they can never say or do anything right.

At times your relationship with your daughter may worsen further. As Ann, a thirty-five-year-old single mother, put it, "I'm dealing with a level of conflict I never imagined. Since she was thirteen, Morgan pretty much decided she didn't need to listen to me or respect me. She treats me with nothing but contempt. I'm shocked by what our relationship has become and frightened by what lies ahead. (b)If we're constantly at each other's throats, how can I hope to help her through these next years? How can I keep her safe from alcohol and drugs and all the rest?"

(c)Not only do mothers despair over feeling that their relationships with their daughters have been lost, but they become terrified about surrendering any threads of control they may have held.

(注) bristle : react angrily and defensively

次の英文を読んで，下記の問いに日本語で答えなさい。

When Feng Chen first came to Japan from Shanghai in 2004 to work for the Tokyo branch of an international corporation, he did not expect to stay in this country for more than a year or two. Then he met his future wife Chieko and everything changed. "Until that time, I did not really feel attached to the culture," says Feng. "When I wasn't working I usually stayed home or went out with other Chinese." Now, with two young children and a more stable position in his company, Feng is reconsidering his future in Japan. "At first, I was looking forward to the day I could return home to my family in China. Now, like several of my Chinese friends here, I have a family in Japan, so I'm not sure when, or if, I'll go back."

①Feng's situation is by no means unique. Often visitors looking for a youthful adventure or steady work have come to this country with the intention of staying for a short time before traveling on or returning home. ②However, as time goes by, and as they become more comfortable with the Japanese lifestyle and maybe also meet that special person, they soon find that their temporary residence has become a long-term, or even permanent, home.

In fact, international marriage has recently become an increasingly common phenomenon in Japan. Once quite rare, such weddings now account for nearly five percent of all marriages in Japan in a given year. According to the Ministry of Health, Labor and Welfare, between 1985 and 2003, the number of marriages involving a Japanese and non-Japanese tripled from around 12,000 to 36,000. Of these, three-quarters involve marriages of Japanese women to non-Japanese men, ③the other one-quarter being the opposite case. In terms of nationality, the top three countries represented in these international marriage statistics are Korea, the United States, and China.

This increase in multi-cultural marriages is related to both domestic and global trends. As the Japanese people have become more internationalized, their view of non-Japanese is now more positive and flexible. "Japanese have a greater global awareness than they used to," says Dr. David Schipper, a professor of sociology who studies changes in Japanese society. "In areas such as the environment, popular culture, and international communication, people in Japan, especially young people, have developed a more open attitude about foreign cultures than their parents or grandparents. They find it easier to relate to and make friends with people in other countries, and that can sometimes lead to romantic relationships and marriage with non-Japanese." According to Dr. Schipper, today there are fewer negative cultural attitudes towards international marriage, a fact which makes it easier for young people to seriously consider a non-Japanese partner.

Another explanation for the rise in international marriages involves the larger number of foreigners traveling, living and working in Japan. Because of relaxed immigration laws for skilled workers, as well as this country's increasing efforts to attract tourists from Asia and around the world, more and more visitors are finding Japan to be a favorable destination. And some of these temporary visitors are discovering reasons to stay longer than they originally anticipated, such as getting married and starting a family. This has been especially true for mainland Chinese like Feng Chen. Whereas in 1985, about 1 out of 10 international marriages involved a Chinese national, today that number is closer to 1 in 3. So while Feng Chen may feel a bit lonely being away from his family in Shanghai, he can take comfort in the fact that more and more Chinese married to Japanese citizens are increasingly calling this country home.

(1) 下線部①について，70字以内で具体的に説明しなさい。
(2) 下線部②を日本語にしなさい。
(3) 下線部③について，(a) "one-quarter" の示す具体的な数字と，(b) "the opposite case" の内容を，本文に即して説明しなさい。
(4) 日本において "international marriage" の数が増加している理由を2つ，端的に60字以内で書きなさい。

3

次の英文を読んで，下の問いに答えなさい。（星印（*）の付いた語には本文の後に注があります。）

If I was going to change how I felt about my stage fright, I had to change the words I was using to describe it. I mentioned all this to an old mate, and together we came up with a better word than "scared" or "nervous" to describe the adrenaline* rush we all get when out of our comfort zones. For years, this has helped me embrace the changes that come with life. But last year, something happened to make me realize the idea was worth (1).

I was taking my five-year-old son, Connor, to the orientation day at his new school. We were walking along — I was carrying him on my shoulders — and he seemed happy enough as he hung onto the back of my head.

He chatted away, asking the questions that are so important to a five-year-old: "Where do they keep the video games?"; "Do they have cable TV?"; "Where do I go to buy ice candy?"

Then we turned the corner and Connor froze in mid-sentence. He saw the imposing school gates and the noisy groups of older children. I felt his little hands grip my hair, and he became very quiet.

He whispered, "Dad, it's all funny in my stomach, and I feel a bit shy." I asked if he was afraid. "No!" he said, "I'm not scared. I've just got (2)'newfeeling'."

Newfeeling! This word I'd made up years earlier and had talked about with Connor was helping him cope with the biggest day of change in his young life so far. I was (3)over the moon.

No one loves change. I'm a pharmacist* turned copywriter turned comedian turned wine writer turned author and speaker, and I still find change very challenging. If you ever hear anyone proudly say, "Change never scares me! I am The Change Master," point at them and say, "That's a lie!" But having changed careers so many times, I've ended up becoming a student of what it takes to change.

It all comes down to two important facts:

1. Life *is* change. Get this and you're halfway there. I'm not saying "life is full of change" or "change is such a big part of life." No. Life *is* change. When I

was young, I always thought that life was about collecting enough wealth so you could sit down with your wife and two kids and everything would be just wonderful. But I learned fact No. 1 by making the mistake covered in fact No. 2.

2. When you refuse to change, you don't hold onto the past but lose the future. You can't get a new girlfriend until you stop hanging onto the old girlfriend. I couldn't throw myself into comedy until I resigned from my advertising job. Flexible or stuck? (4)<u>The choice is yours.</u>

(5)<u>We tend to seek patterns and love certainty.</u> When we're trying something different, one part of our brains releases adrenaline that gives us sweaty palms and a tight feeling in our guts. It's such a shame that the only English words we have for describing this are negative. Some people call it fear or nerves, and some call it knots in the stomach. Sadly, for some of us, it's "that thing that stops me learning a language / starting a business / phoning that girl."

That's why I prefer "newfeeling" — it's neutral. In the same way that walking outside on a hot day makes you feel "hot," when you go out of your comfort zone you get "newfeeling." It's up to you if "hot" and "newfeeling" are good or bad.

To explain the real importance of choosing the right word, I'll quote the philosopher Wittgenstein: "The limits of one's language are the limits of one's world." (6)<u>The number of ways you can talk about something determines the number of ways you can think about it</u>, and that determines how you feel about it. So change the word, change the meaning, and change the feeling.

On his first day of school, Connor told himself he didn't feel "scared"; he just had "newfeeling." Because we often talked about this at home, he knew this was a normal and natural thing to feel.

Every single time I go on stage, I stand at the back of the room and say to myself, "Marty, you are not scared; you have newfeeling." This doesn't make the (7)<u>adrenaline</u> go away, but it lets me see it as a normal — not frightening — thing.

（注）　adrenaline：アドレナリン（副腎髄質ホルモン）

　　　　pharmacist：someone who prepares and sells medicines

1．空所（ 1 ）に入る最も適切な語を次の中から1つ選び，記号で答えなさい。
　(A)　avoiding　　(B)　fearing　　(C)　flying　　(D)　sharing
2．下線部(2)の 'newfeeling' について，筆者の息子はなぜこの語を使ったのか，その理由として最も適切なものを次の中から1つ選び，記号で答えなさい。
　(A)　Because he forgot the word "afraid."
　(B)　Because his father hated the word "newfeeling."
　(C)　Because he didn't want to be negative.
　(D)　Because he wanted to show his talent for making a new word.
3．下線部(3)の over the moon の意味として最も適切なものを次の中から1つ選び，記号で答えなさい。
　(A)　very angry　　(B)　very happy　　(C)　very lonely　　(D)　very scared
4．下線部(4)はどういうことを言っていますか。The choice の内容を明らかにして日本語で説明しなさい。
5．下線部(5)の文を次のように言い換えるとすれば，（　　）の中にはどのような語が入りますか。本文から最も適切な1語を選び，英語で答えなさい。
　　We usually don't want to (　　).
6．下線部(6)を日本語に訳しなさい。
7．下線部(7)の adrenaline の代わりに使える語として最も適切なものを次の中から1つ選び，記号で答えなさい。
　(A)　anxiety　　(B)　limits　　(C)　naturalness　　(D)　passion

4

Read the passage and answer the questions below with the correct corresponding number. Words marked with an asterisk (*) are defined in the glossary. The full score for Questions 1 – 12 is 36 points.

Colleen Szot is one of the most successful writers in the programming industry. In addition to writing several well-known "infomercials*[1]" for a popular exercise machine, she recently created a program that broke a nearly twenty-year sales record for a home-shopping channel. Although her programs keep many of the elements common to most infomercials, Szot changed three words to a standard infomercial line that caused a huge increase in the number of people who purchased her product. Even more remarkable, these three words made (A) clear to potential customers that (1) the process of ordering the product might well prove somewhat of a hassle*[2]. What were those three words, and how did they cause sales to jump?

Szot changed the all too familiar line, "Operators are waiting, please call now," to, "If operators are busy, please call again." On the face of it, the change appears silly. After all, the message seems to convey that potential customers might have to waste their time calling the number again and again until they finally reach a sales representative. Yet, that surface view underestimates the power of the principle of social proof: When people are uncertain about a course of action, they tend to look outside themselves and to other people around them to guide their decisions and actions. In the Collen Szot example, consider the kind of mental image likely to be generated when you hear "operators are waiting": bored phone operators waiting by their silent telephones — an image indicating low demand and (B) sales.

Now consider how your perception of the popularity of the product would change when you heard the phrase "if operators are busy, please call again." Instead of those bored, inactive*[3] operators, you're probably imagining operators going from phone call to phone call without a break. In the case of the modified "if operators are busy, please call again" line, home viewers followed their perceptions of others' actions, even though those others were completely

8

anonymous. After all, "if the phone lines are busy, then other people like me who are also watching this infomercial are calling, too."

Many classical findings in social psychology demonstrate the power of social proof to influence other people's actions. In an experiment conducted by scientist Stanley Milgram and colleagues, an assistant of the researchers stopped on a busy New York City street and gazed at the sky for sixty seconds. Most people simply passed by the man (C) even glancing to see what he was looking at. However, when the researchers added four more sky gazers[*4], the number of people on the street who joined them more than quadrupled[*5].

Although there's little doubt that other people's behavior is a powerful source of social influence, when we ask people in our own studies whether other people's behavior influences their own, they insist that it does not. But social psychologists know better. We know that (2) people's ability to understand the factors that affect their behavior is surprisingly poor. Perhaps this is one reason that the people in the business of creating those little cards encouraging hotel guests to reuse[*6] their towels didn't think to use the principle of social proof to their advantage. In asking themselves, "What would motivate me?" they might well have (3) discounted the very real influence that others would have on their behavior.

In our hotel experiment, we considered the finding that the majority of hotel guests who see the towel reuse signs do actually recycle their towels at least some time during their stay. What if we simply informed guests of this fact? With the cooperation[*7] of a hotel manager, we created two signs and placed them in hotel rooms. One was designed to reflect the type of basic environmental-protection message adopted throughout much of the hotel industry. It asked the guests to help save the environment and to show their respect for nature by participating in the program. A second sign used the social proof information by informing guests that the majority of guests at the hotel recycled their towels at least once during their stay. These signs were randomly[*8] assigned to the rooms in the hotel.

Guests who learned that the majority of other guests had reused their towels were 26 percent more likely than those who saw the basic environmental protection message to recycle their towels. That's a 26 percent increase in participation relative to the industry standard, which we achieved simply by changing a few words on the sign to convey what others were doing.

These findings show how being aware of the true power of social proof can (4) pay big dividends in your attempts to persuade others to take a desired course of action.

[Modified from Noah Goldstein, Steve Martin, and Robert Cialdini, *Yes! 50 Scientifically Proven Ways to Be Persuasive*, 2008]

Glossary

1. infomercial : a long commercial in the format of a television program
2. hassle : an experience that is annoying because it is not convenient
3. inactive : not active
4. sky gazer : someone gazing at the sky
5. quadruple : to multiply by four
6. reuse : to use again
7. cooperation : working together toward a common purpose
8. randomly : in a random way

Questions

Q. 1. What is Colleen Szot's occupation?
  1. advertisement writer   2. computer programmer
  3. athletic machine inventor   4. customer service manager
  5. telephone operator

Q. 2. Fill in the blank marked (A) with the appropriate word.
  1. one   2. her   3. it   4. them   5. this

Q. 3. The underlined section numbered (1), "the process of ordering the product might well prove somewhat of a hassle," is closest in meaning to:
 1. there may be some trouble involved in purchasing the item
 2. the way to purchase the product is probably fairly convenient
 3. it may be impossible to prove that the item was ordered
 4. the item is proof that ordering by phone is more convenient than other ways
 5. the products people buy might cause them a lot of unnecessary trouble

Q. 4. According to the text, what do people do when they have difficulty making a decision?
 1. They find out what other people are doing and act the same way.
 2. They spend a lot of time calling their friends and relatives for advice.
 3. They make small changes in their behavior that appear to be silly, but are not.
 4. They research their problem and make the most logical choice.
 5. They avoid following others who have been in the same situation.

Q. 5. Fill in the blank marked (B) with the appropriate word.
 1. steady   2. narrow   3. long   4. high   5. poor

Q. 6. According to the text, how were viewers affected by Szot's changes?
 1. They became better at remembering images of the product that were shown.
 2. They felt pressure to buy the product because operators were waiting for them.
 3. They realized the benefits of the product for people like them.
 4. They began to think that many other viewers were calling to buy the product.
 5. They imagined how buying the product would be good for the earth.

Q. 7. Fill in the blank marked (C) with the appropriate word.
 1. for   2. to   3. through   4. by   5. without

Q. 8. The underlined section numbered(2), "people's ability to understand the factors that affect their behavior is surprisingly poor," is closest in meaning to:
1. People vary in their ability to understand the effects of others' behavior.
2. People who are poor fail to understand the reasons for their economic situation.
3. People have a poor understanding of what influences their actions.
4. People's ability to understand the facts about cause and effect is very poor.
5. People who fail to understand why they act certain ways tend to be poor.

Q. 9. The underlined word numbered (3), "discounted," is closest in meaning to:
1. despised   2. ignored   3. discovered
4. understood   5. motivated

Q.10. What was the purpose of the messages used in the authors' experiment?
1. To convey what others were doing on TV
2. To convince people to look up at the sky
3. To make people more aware of how others influence them
4. To persuade people to use their towels more than once
5. To increase infomercial sales by word of mouth

Q.11. The underlined phrase numbered (4), "pay big dividends," is closest in meaning to:
1. cost too much   2. make more money   3. help a great deal
4. divide your time   5. cause problems

Q.12. What is the main message of this text?
1. Acting like others can help build friendships and make people more likely to assist you.
2. If you cannot reach someone because the line is busy, you should call again.
3. You should try to make your own decisions rather than follow others.
4. You can persuade people to do something by making them think others are doing it too.
5. The best way to persuade people is to make a lot of trouble for them.

5 Read the passage below and answer the questions that follow.

THE SUPPLY-AND-DEMAND MODEL

While not really a "school,"[*1] this model, which might also be called the model of "market forces," deserves attention on its own.

The model originated in the work of Alfred Marshall (1842-1921) in the late nineteenth century. This model teaches students to distinguish between the demand (buyers') side of a market and the supply (sellers') side, and to think about (A) how changes in conditions on either side of the market might tend to affect the quantity of the good that gets exchanged and its price. This model is common to all introductory economics textbooks. Often, students at all levels find this model to be the most helpful aspect of their economics education, and the one they remember the longest.

When presented as a human-created way of thinking about a topic — that is, as a "thought experiment" — the model is generally useful. It helps students identify some factors that may help explain why prices are where they are, and why they may change. The simple graphs give the students something they can "hold onto" as they try to puzzle out real-world economic events.

The danger is that the model is sometimes presented as though the simple supply-and-demand construct *really describes* just how actual, real-world markets work. Often, the model is presented within a strongly neoclassical[*2] framework, as if price and quantity are always determined simply by the intersection[*3] of two curves. Such a presentation encourages students to believe that (B) the simple theory portrayed in the graph is somehow more "real" and basic than the — often messy and contradictory — real-world markets we see around us. Students may erroneously,[*4] then, come to believe that real-world factors such as customs, institutions, discrimination, poverty, power, and uncertainty do not have any effect on market behavior nor any relevance for economics in general.

(Adapted from *INTRODUCING ECONOMICS: A Critical Guide for Teaching* by Mark H. Maier and Julie A. Nelson)

*1　school : a group of artists, writers, thinkers, etc. whose work, opinions, or theories are similar
*2　neoclassical : neoclassical economics is the main approach to the study of economics since the late 19th and early 20th century
*3　intersection : a place where lines meet or cross
*4　erroneously : mistakenly

Questions
1. Explain the content of underlined part (A). **Answer in Japanese.**
2. Explain the content of underlined part (B). **Answer in Japanese.**

It is extremely difficult to discover what goes on when people write. Direct observation of someone engaged in writing or typing tells us little about what is happening "beneath the surface." And (1) direct observation of the written product gives very limited information, for it fails to preserve the order in which revisions are made, or the amount of time devoted to producing any part of it.

All writing involves a planning stage, during which we organize our thoughts and prepare an outline of what we want to say. Even the shortest of messages requires a moment or two of planning. At the very least, we need to work out what our readers need to know, (2) (be, for, in, message, order, our, to, understood). We also need to anticipate the effect our words could have.

Much more is involved when we write more complex messages. In particular, we have to supplement the notion of "writing" (A) that of "rewriting." Any model of what happens when we write must take (B) account the act of revision — from the first stages of making notes, through various drafts, to the final version. All writers introduce errors and make self-corrections (C) composing.

Writers also pause a great deal — stopping the movement of their pen or of their fingers while they type. During these pauses, other kinds of body activity take place. The eyes may scan the text or look away. The hands may stay close (D) the page or keyboard (suggesting that the writer expects to resolve the problem quickly) or move away (suggesting that a more serious process of reflection is taking place). Pauses reflect the occurrence of mental planning and provide clues to the difficulty of the writing task.

A model of written composition must also allow (E) the fact that what people see when they write may affect the way they think. Authors' comments are illuminating: "It doesn't look right now I've written it down," "That's not what I'm trying to say." Full meaning does not always exist prior to writing; often (3) the process operates in reverse. A typical comment is made by a famous dramatist: "I write to find out what I'm thinking about." Such remarks emphasize (4) the main lesson to be learned from the study of the process of writing: it is not a merely mechanical task, a simple matter of putting speech down on paper. It is truly a creative process, an act of discovery.

(Adapted from David Crystal, *How Language Works*, 2005)

設問1　なぜ下線部(1)のようになるのか，その理由を本文に即して日本語で説明しなさい。

設問2　下線部(2)の（　　）内の語を並べ替えて，意味の通る正しい英語にしなさい。

設問3　下の語群から（　A　）〜（　E　）に入るのに最も適した語を選びなさい。ひとつの語を一度だけ用いること。

after, before, for, from, in, into, of, on, to, while, with

設問4　下線部(3)はどういうことか，日本語で具体的に説明しなさい。

設問5　下線部(4)の the main lesson とは，どのようなことを意味しているか，本文に即して日本語で説明しなさい。

次の英文を読んで問に答えなさい。

Peter Berg, 67, is director of the Planet Drum Foundation, an organization based in San Francisco that promotes bioregional education, sustainability and culture. He is singularly passionate about his vision for a better world. He is convinced that towns and cities can move (1)beyond the limitations of environmentalism and create (a) communities that are economically and ecologically sustainable, and he believes bioregions are the key.

A bioregion is a human cultural concept, but it is not human-centered, Berg explained during a recent interview. Rather, it provides a paradigm for rediscovering, revitalizing and conserving both human life and the natural systems upon which human communities depend.

"The bioregional idea is different from environmentalism in several regards," Berg began, "but the main one is that it is based on the idea of (b) wild nature in the places that people live. The bioregional approach looks at each place, its unique natural features, such as climate, land forms, watershed, soil, native plants and animals, and seeks ways of human interaction (イ) these features that are sustainable. People are part of the bioregion, and it's an attempt to put people back into ecology. This ecology that people inhabit is the place where they live and its wild natural systems," Berg said.

Berg is keenly aware that the bioregional idea can be misunderstood by those (c) of environmentalists. "[A] I'm trying to restore natural systems, because ultimately we depend on them: we eat food that comes from soil, we need water, we create sewage, we do all these things that have an enormous impact (ロ) where we live, so we should be (d) with that environment — and when you see the birds come back and you see the animals come back, it's a sign that you're moving (ハ) the right direction," he explained.

According to Berg, the term bioregion comes from 19th-century German naturalism. (2)In the 1970s, he and Raymond F. Dasmann, a famous American ecologist, adopted the term to mean the continuity of natural features within a certain geographic area, and the adaptive ways people would need to live with those features.

　Berg's quest is to help towns and cities rediscover the natural ecosystems that underpin their communities. We can either embrace these vital support systems and work within their limitations, he believes, or ignore and degrade them, forcing us to bring in resources from distant shores — until those resources, too, are exhausted. "We must find a way to re-balance human needs and human society with the biosphere. The key is restoring and maintaining natural systems and (e) sustainable ways to provide for basic human needs," he said.

　Berg is adamant that every city should have a small-business incubator program that supports (3)the development of sustainability-oriented enterprises, for example, start-up companies that make park benches out (ニ) construction waste or install water reuse systems. Incubator programs, funded by local governments, can provide grants, loans and work space to help entrepreneurs develop environmentally (f), urban-based sustainable businesses.

　"There are actually a lot of jobs in this," Berg pointed out. "A (g) mayor who wants to (4)give the local economy a shot in the arm can write a prescription for the city's economy, and provide jobs (ホ) people who are unemployed or who don't like the jobs they have now."

問1　文中の(イ)～(ホ)にもっとも適切な前置詞を入れなさい。
問2　文中の(a)～(g)に入れるのにもっとも適切な語を下の①～⑧から選んでその番号を書きなさい。ただし，同じものを繰り返して使わないこと。
　　① finding　　② friendly　　③ harmonizing　　④ hostile
　　⑤ preserving　⑥ progressive　⑦ suspicious　　⑧ vibrant
問3　文中の [A] に次の日本語の文に相当する英文を入れなさい。
　　私は都市に住む人々を熊と一緒に寝かせようとしているのではありません。
問4　下線部(2)で bioregion という用語はどのように定義されているか。50字以内の日本語で説明しなさい。
問5　下線部(1)(3)(4)を和訳しなさい。

8 次の英文を読んで，問1～問5に日本語で答えなさい。

In the narrow road behind my father's childhood home there was an old telephone pole which, unlike the others, had been built next to a low fence. By climbing the fence, it was just possible for my father to reach the first few handles on the base of the pole and climb to the top, where he would sit on the long wooden bar. (1)This allowed him to escape the craziness of a small house shared with six brothers and sisters, and enjoy his favorite hobby of people-watching. From his point of view from the top of the pole, he could see the road in either direction for several hundred meters as well as the yards of the other houses. However, the thing that he used to enjoy telling us about years later was something that happened pretty much within his own yard.

It was a typical summer day — hot and sticky, noisy cicadas* — the kind of day in which any sort of movement seems difficult. My father had quickly run out of things to do for fun inside the house and had been sent outside by our grandmother, who was working in the kitchen. With nothing else to do, he naturally headed for the best place to spend an unexciting morning. Not long after he had seated himself on the wooden bar, his older brother Tom came walking out the back door, bored and looking for something to occupy his time. (2)Seeing Tom, my father held his breath. Tom was something of a bully*, and would no doubt prefer to pass the time being mean to someone smaller and weaker than himself. However, to my father's relief, Tom did not notice him, but walked down the road, no doubt in search of trouble.

With Tom out of sight, peace returned to the street. My father looked around and, seeing nothing out of the ordinary, soon floated off into his own thoughts. The cicadas sang, the sun burned hot, and time seemed to come to a stop. Then, the peacefulness was broken by a small cry. At first my father couldn't tell if it was a person or an animal. However, the voice was not only human, but belonged to his brother Tom, who was now running back up the road, his head back in panic and fear. Although it was unusual for my father to see Tom in (3)such a condition — Tom was usually the cause of the fear, not the victim — the reason soon became clear: he was being chased by a McMullen.

　The McMullens were a family of boys, larger and poorer than my father's family, and were the bullies of the neighborhood. Even the toughest kids around would run and hide at the sight of a McMullen walking down the street. This particular McMullen was about Tom's age, but a full head taller, with thick arms and a mark under one eye, (4)<u>but more importantly he was carrying a rock which he would have thrown if they both hadn't been running so fast</u>. My father never found out what Tom did to the McMullen boy to make him so angry, but he was sure it had something to do with that rock.

　Several things then happened quickly: Tom reached the gate to his yard and ran through as our grandmother walked out the back door of the house to see what all the shouting was about. Just as Tom ran past her towards the safety of the kitchen, the McMullen boy, who had reached the gate, threw the rock, which made a brief flight through the air and landed perfectly on grandmother's foot.

　In my memory, my grandmother was always a big woman with a loud laugh and strong physical presence. How really frightening she must have been at that time! The McMullen boy stopped cold when he saw this large angry woman looking down at him over her glasses — (5)<u>clearly, this was not a person just to scold</u>. There was a moment of silence in which even the cicadas seemed to have stopped. Then there was another chase; only this time it was the McMullen boy running from my grandmother, who needed no rock to make her point.

＊cicadas　蝉　　＊bully（複 bullies）　弱い者いじめをする人

問1　下線部(1)の "this" は何を指すか，説明しなさい。
問2　筆者の父親はなぜ下線部(2)のようにしたか，説明しなさい。
問3　下線部(3)の "such a condition" は何を指すか，説明しなさい。
問4　下線部(4)を訳しなさい。
問5　下線部(5)によると，筆者の祖母はどのような行動をとると考えられるか，説明しなさい。

Andrew Engel was completely confused. Just days into his first year at an American university, he was sitting in a sociology class, listening to other students engaged in a discussion. He had no idea what they were talking about. He had done his homework, paid attention to lectures and taken notes, but nothing was familiar. "Everyone is so much smarter than I am," he thought. It was (a)<u>a foreign feeling</u> as he had always been a good student and had graduated from high school with a 3.9 GPA*1.

The rest of his day progressed in the following way: He got lost on his way to the cafeteria, even though he had been there a few hours earlier. Back at his dormitory, he greeted his roommate with a "Hi, how's it going?" all the while thinking, "What on earth is his name again?"

He was acting like a person with Alzheimer's disease*2, but he was only 17. By the end of September, he had dropped a class and was studying with a private teacher, yet he was still struggling. (1)<u>He decided he had no choice but to drop out, telling his puzzled parents he didn't have what it took to succeed in college.</u>

Andrew's mother grew increasingly (あ) about his unusual behavior, and when he started to show physical symptoms such as a constant thirst and frequent toilet-visiting, she sent him off to the doctor. A brain scan made it clear: Andrew had a brain tumor*3. The size of a walnut, it was pressing on the part of the brain that makes new memories and could be fatal if left untreated. (2)<u>Andrew was scared but he was relieved</u> that there was a reason for his odd behavior.

"Andrew has lost the kind of memory function that people lose as they get older, especially Alzheimer's patients," says Andrew's doctor.

Memories are imprinted on the brain like data on a hard drive. All the information Andrew had downloaded before the tumor developed was left undamaged. But (3)<u>the tumor had damaged the software used to save new information</u>, which is why the loss of memory function became obvious only when he was at college, in an unfamiliar environment.

Doctors removed part of the tumor and treated the rest with radiation, leaving Andrew so sick that he dropped 30 pounds. The cancer was gone, but his relief was short-lived as he was told he'd probably never return to school. He had an above-average verbal IQ of 120, but his memory recall score was 68, (4)(①) (②)(③)(④)(⑤)(⑥)(⑦) developmentally disabled. His only career option would likely be a highly supervised manual-labor job. "Even as they told me this, I knew I wanted to try to go back to school," Andrew says. "I didn't know if I could do it, but I was really motivated. (b)I wanted to give it all I could to get my memory back."

His parents feared he was setting himself up for failure and asked him to check with his doctors first. Andrew was looking for a way to retrain his brain and improve his memory. The doctors had rarely seen someone so (い), so they agreed to devise strategies to help Andrew absorb information in class and while studying, as well as techniques to help him in writing papers. He would have to work ten times harder than the other students and, if he became (う), possibly have to quit school.

Andrew began by sitting in on an English class at a nearby community college. Eventually he discovered that reading things at least five times increased his chance of retaining information. In class, he wrote detailed notes, and a note taker provided what he missed. He reread his notes several times a day, then typed up both the notes and the textbook material. He studied 12 hours a day, seven days a week, breaking only for class, meals or exercise.

When he took the class for credit the next semester, he got an A. "I was (え)," he says, "but unsure how I'd do in my other classes." He enrolled at the University of Maryland, Baltimore County, taking just one or two courses a semester toward a degree in health science.

Andrew stuck with his program, and in May 2007, at age 29, more than a decade after he began, he got a standing ovation as he graduated with a 4.0 GPA.

(注) *1 GPA (Grade Point Average)：4点満点の評定平均値
 *2 Alzheimer's disease：アルツハイマー病
 *3 tumor：腫瘍

設問
A. 下線部(a), (b)について，意味が最も近いものを，それぞれ下のア〜エから選び，記号で答えよ。
　(a) a foreign feeling
　　ア．a feeling of being a foreigner
　　イ．a feeling of being separate from everyone else
　　ウ．a feeling that he should not be a bad student
　　エ．a feeling that was unfamiliar to him
　(b) I wanted to give it all I could to get my memory back.
　　ア．I did not want to give up the idea that I could get my memory back.
　　イ．I wanted to make every effort to give up my dream of recovering my memory.
　　ウ．I wanted to try my best to recover my memory.
　　エ．I would have given away all my money if I had been able to get my memory back.
B. 下線部(1)を日本語に訳せ。
C. （　あ　）〜（　え　）のそれぞれの空所に当てはまる語として最も適切な語を下の1〜6から選び，番号で答えよ。ただし，いずれの番号も1回ずつしか使えない。
　　1．concerned　　2．determined　　3．exciting
　　4．overwhelmed　5．pleased　　　6．worrying
D. 下線部(2)のような心理状態になった理由を，本文に即して日本語で説明せよ。
E. 下線部(3)を日本語に訳せ。
F. 下線部(4)の空所（　①　）〜（　⑦　）を下の語(句)ア〜キで埋め，本文の内容に最もふさわしい英文を完成させるとき，それぞれの空所に入るものを記号で答えよ。ただし，いずれの記号も1回ずつしか使えない。
　　ア．a person　　イ．comparable　　ウ．is　　エ．of
　　オ．that　　　　カ．who　　　　　　キ．with

G. 本文の内容の要約として最もふさわしい英文を，下のア～エから選び，記号で答えよ。

ア．Andrew, because of a brain tumor, developed a type of Alzheimer's disease that caused him to lose his memory. Through surgery and hard work, he got his memory back and succeeded in college.

イ．Andrew had a brain tumor that made it hard for him to form memories; after successful surgery, he worked very hard to improve his ability to remember things and was finally able to graduate from college.

ウ．Andrew had surgery for a brain tumor, but the surgery seriously affected his memory. He worked very hard and was finally able to improve his memory and succeed in college.

エ．Andrew lost his memory because of a brain tumor, but after surgery his memory began to improve. He worked hard in college and soon after was able to graduate with perfect grades.

10 次の文章を読み，下の設問（問1〜8）に答えなさい。＊の付いている語句には本文の後ろに注があります。

"Why can't a woman be more like a man?" mused Henry Higgins in *My Fair Lady*. Future generations might ask why a man can't be more like a woman. In rich countries, girls now do better at school than boys, more women are getting university degrees than men are and females are filling most new jobs. Probably women are now the most powerful engine of global growth.

In 1950 only one-third of American women of working age had a paid job. Today two-thirds (1) do, and women make up almost half of America's workforce. Since 1950 men's employment rate has gone down by 12 percentage points, to 77%. In fact, almost everywhere more women are employed and the percentage of men with jobs has fallen — although in Italy and Japan, women's share of jobs is still 40% or less.

The increase in female employment in developed countries has been aided by a big shift in the type of jobs on offer. Manufacturing work, traditionally a male area, has declined, while jobs in services have expanded. This has reduced the demand for manual labor and (2) made the sexes more equal.

In the (3)(develop) world, too, more women now have paid jobs. In the emerging East Asian economies, for every 100 men in the labor force there are now 83 women, higher even than the average in *OECD countries. Women have been particularly important to the success of Asia's export industries, typically (4)(account) for 60−80% of jobs in many export sectors, such as textiles and clothing.

Of course, it is not necessarily right to talk of women's "entry" into the workforce. Besides formal employment, women have always worked in the home, looking after children, cleaning or cooking, but because this is unpaid, it is not counted in the official statistics. (5) To some extent, the increase in female paid employment has meant fewer hours of unpaid housework. However, much less time has been spent on housework, because of the increased productivity afforded by dishwashers, washing machines and so on.

Nevertheless, most working women are still responsible for most of the chores in their homes. In developed economies, women produce just under 40% of official *GDP. But if the worth of housework is added, then women probably produce slightly more than half of total output.

The increase in female employment has also accounted for a large part of global growth in recent decades. GDP growth can come from three sources: employing more people, using more capital per worker, or an increase in the productivity of labor and capital due to new technology. Since 1970 women have filled two new jobs for every one taken by a man. The employment of extra women has not only added more to GDP than new jobs for men but has also given more than either capital investment or increased productivity. Analyze the world's economic growth in a different way and (6) <u>another surprising conclusion</u> emerges: over the past decade or so, the increased employment of women in developed economies has contributed much more to global growth than China has.

Women are becoming more important in the global marketplace not just as workers, but also as consumers, managers and investors. Women have traditionally done most of the household shopping, but now they have more money of their own to spend. Surveys suggest that women make perhaps 80% of consumers' buying decisions — from health care and homes to furniture and food.

Women's share of the workforce has a limit. In America it has already slowed down. But there will still be a lot of chances for women to become more productive as they make better use of their qualifications. At school, girls consistently get better grades, and in most developed countries well over half of all university degrees are now being awarded to women. In America 140 women enter higher education each year for every 100 men; in Sweden (7) <u>the number is as high as 150</u>. (There are, however, only 90 female Japanese students for every 100 males.)

In years to come better educated women will take more of the top jobs. At present, for example, in Britain more women than men train as doctors and lawyers, but relatively few are leading surgeons or partners in law firms. The main reason why (8)<u>women still get paid less on average than men</u> is not that they are paid less for the same jobs but that they tend not to climb so far up the career ladder, or they choose lower-paid occupations, such as nursing and teaching. This pattern is likely to change.

(注) 　OECD　経済協力開発機構（先進国から成る国際機関で，経済成長・発展途上国援助・通商拡大を主要目的とする）
　　　 GDP　国内総生産

問1　下線部(1)の do は何を表していますか。英語で言い換えなさい。
問2　下線部(2)のような状態になった背景にはどのような事情がありますか。日本語で答えなさい。
問3　(3)のかっこの中の動詞を文脈に合った適切な形に直しなさい。
問4　(4)のかっこの中の動詞を文脈に合った適切な形に直しなさい。
問5　下線部(5)の文を日本語に直しなさい。
問6　下線部(6)の another surprising conclusion とは具体的にどういうことですか。その内容を日本語で答えなさい。
問7　下線部(7)の数字は何を表していますか。日本語で説明しなさい。
問8　下線部(8)のような状況を生み出している主な理由は何ですか。日本語で答えなさい。

Jimmy worked in New York as a designer and lettering artist. Howard was his assistant. Jimmy, who could become depressed at times, said to Howard one day, "Howard, if I had to give up, and you couldn't get another job, what would you do?" Howard, who was from the South, said, "I would go home to my mama."

Jimmy was as struck by this as I was when Jimmy told me: that Howard had something neither Jimmy nor I had, a patch of the earth he thought of as home, absolutely his. And that was (a) — many months after I had heard this story — I thought I should begin this book about the South: with the home that Howard had.

Howard arranged the visit. Jimmy decided to come with us. We went on the Easter weekend; the timing was pure chance.

It was raining, had been raining in New York for two days.

At La Guardia Howard said, "I hated the place when I was young, for the (1)continuity."

I thought he meant historical continuity, the past living on. But from other things he then said, I felt he meant only that it was a country place where little changed and little happened. (2)I had this trouble with Howard's words sometimes; I was too ready to find in them meanings he didn't intend.

Howard was six feet tall, but slender and light of movement. He was in his late twenties or early thirties. He was very much his (ア) man. He lived alone, and he preferred not to live in Harlem. He was a serious reader of newspapers and magazines, and he had a special interest in foreign affairs. He liked to cook; and he kept himself fit by playing paddle ball* on weekends. He was (イ) to be with, not spiky*; and I put this down in part to the home he was so sure of and still close to.

Howard said, "You see how the South begins. More black people here, on the plane."

Most of the passengers were black, and they were not like an African or West Indian crowd. They were almost subdued*, going home from the big city for

Easter.

We landed at Greensboro. It was a big airport; and then, just a few minutes away, (3) proof of the scale of things here, there was another airport, just as big. We got off there. There were military people in the waiting areas. It was warmer than in New York; I changed into a lighter jacket.

Soon we were on the highway.

Howard said, "Look, the dogwood* and the pines. It is what you see (ウ) of in the South."

The dogwood was a small tree, and it was now in single-petaled* white blossom. Not the dogwood of England, the water-loving red-stemmed shrub or small tree that made a bright autumn and winter show. And there were — Howard identified them for me — oaks and maples, in the freshest spring-green.

The land was flat, like the pampas of Argentina or the llanos* of Venezuela. But trees bordered the fields and gave a human scale to things. We passed tobacco barns, tallish, squarish, corrugated*-iron structures, where in the old days tobacco was cured*. They were in decay, the corrugated iron rusted dark (b), the wood weathered (c). Against the (d) this corrugated-iron rust was a lovely color; it gave an extra beauty to the land.

The highway looked like highways everywhere else in the United States: boards for motels and restaurants and gas stations.

Tobacco was still a crop. We saw the seedlings* being (4) mechanically planted: one black man on the tractor, two men on the trolley* behind dropping earth-rooted seedlings down a shafted dibble*. All this used to be done by hand, Howard said. He picked tobacco in the school holidays. The resin* from the green leaf stained his hands black and was (エ) to clean off. I never knew about this black-staining resin from the green leaf, but it was immediately comprehensible*. It was for that resin, that tar*, that people smoked the cured leaf.

We had driven so fast on the highway that (5) we were in Howard's area almost before I was ready for it. There was a small town center, a small rich white suburb attached to that town, and then outside that a black area. The differences were noticeable. But Howard, near his home now, appeared to claim both the white area and the black area.

(V. S. Naipaul, *A Turn in the South* より)

[注] paddle ball 球技の一種　spiky 怒りっぽい　subdued 控え目な
dogwood ハナミズキ　single-petaled 花弁が一枚の
llanos 大草原　corrugated 波状の　cured 乾燥された
seedlings 苗木　trolley 手押し車
shafted dibble 柄のついた穴掘り具　resin 樹脂状のもの
comprehensible 理解できる　tar タール，やに

問1　空所（ a ）に入る最も適切な語を下から選び，番号で答えよ。
　① because　② where　③ what　④ then
問2　下線部(1)を具体的に表す表現を，本文中から選んで英語（5語）で書け。
問3　下線部(2)を，日本語に訳せ。
問4　下線部(3)と同じような意味になる表現を下から選び，番号で答えよ。
　① as something like the skin of fishes here
　② as the definition of the measure of things here
　③ as evidence of the size of things here
　④ as defense against hurricanes
問5　空所（ b ）（ c ）（ d ）に入る最も適切な語を下から選び，番号で答えよ。
　① blue　② green　③ gray　④ red
問6　下線部(4)と対照的な意味を表す語句を，本文中から選んで英語で書け。
問7　下線部(5)を，日本語に訳せ。

問8　空所（　ア　）～（　エ　）に入る最も適切な語句を下から選び，番号で答えよ。

(ア)　[① unique　　② own　　③ best　　④ only]

(イ)　[① efficient　② serious　③ easy　　④ frightening]

(ウ)　[① a lot　　　② in general　③ in vain　④ with ease]

(エ)　[① struggling　② violent　③ clumsy　④ hard]

次の文章を読み，問1から問8の設問に答えなさい。＊が付いている単語には，本文の後ろに注があります。

Who needs a university in the age of the internet? All the world's digital knowledge is available at a search. We can connect those who want to know with those who know. We can link students to the best teachers for them. We can find experts on any topic. Textbooks need no longer be just printed on the page but can be linked to information and discussion; they can be the products of collaboration, updated and corrected, answering questions and giving quizzes, even singing and dancing. There's no reason my children should be limited to the courses at one school; even now, they can get coursework online from MIT and Stanford. Even I, long out of college, could take these courses too.

You may suspect that because I'm a professor, I'll now criticize these ideas in order to demonstrate that we must preserve universities as they are. But I won't do that. Of course, I value the academy and its tradition and don't wish to destroy it. Universities have a very important function. But just as every other institution is facing fundamental challenges to its essence and existence, (1) so is education. Indeed, education is one of the institutions most deserving of change and with the greatest opportunities to come of it.

I may be a utopian, but I imagine a new educational ecology where students may take courses from anywhere and instructors may select any students, where courses are collaborative and public, where creativity is *nurtured, where making mistakes is valued over sameness and safety, where education continues long past age 21, where tests and degrees matter less than one's own *portfolio of work, where anyone with enough knowledge may become a teacher, where the skills of research and reasoning and *skepticism are valued over the skills of ((2)) and calculation, and where universities teach an abundance of knowledge to those who want it rather than manage empty seats in a class.

Who's to say that college is the only or even the best place to learn? Bill Richardson, who teaches fellow educators how to use the internet in the classroom, wrote an open letter to his children on his blog: "I want you to know that you don't have to go to college if you don't want to, and that there are other avenues to achieving that future that may be more instructive, more meaningful, than getting a degree." He said education may take them to classrooms and lead to certification, but it also may involve learning through games, communities, and networks built around their interests. "Instead of the piece of paper on the wall that says you are an expert," he told his children, "you will have a wide range of products and experiences, reflections and conversations that will show your *expertise, show what you know, make it *transparent. It will be comprised of a body of work and a network of learners that will be useful to you throughout your lives, that will evolve as you evolve, and will capture your most important learning."

(3) If that is what education looks like, what does a university look like? What is its main purpose? I asked that question on my blog, and one of the replies identified the key roles and benefits of universities: teaching, testing, and research. However, there is another unofficial role, which I consider to be equally important: socialization. I'd like to focus on that role here.

Socialization is, of course, a key reason why we go to college and send our children there. (4) Adults see college as a process of maturation and increased independence and responsibility. Students, on the other hand, may see it as a process of getting away from their parents. We should have time to have that experience and live with our peers. However, this is also possible outside the university.

If young people have the luxury of time and resources to explore the world before settling down to a job and starting a family, that's great. That exploration can take the form of backpacking around Asia, hanging out with friends or doing volunteer work. These days it may even mean starting a company. Our young years may be our most creative and productive. Bill Gates and Mark Zuckerberg both dropped out of school to start their corporate giants. Should we be forcing young people to go through 12, 16, or even 18 years of school trying to get them all to think the same way — before they make things?

Perhaps (5) we need to separate youth from education. Education lasts forever.

Youth is the time for exploration, maturation, and socialization. What if we told students that they should take one day a week or one course a term or one year in college to create something: a company, a book, a song, a sculpture, an invention? School could act as an *incubator, advising, pushing, and nurturing their ideas and effort. What would come of it? Great things and *mediocre things. But (6)it would force students to take greater responsibility for what they do and to move away from uniformity. It would make them ask questions before they are told answers. It could reveal to them their own talents and needs.

Another benefit of a university's society is its *alumni network. This network has long held value for getting jobs, hiring, and making connections. But now that we have the greatest connection machine ever made — the ((7)) — do we still need that old mechanism for connections? *Facebook and other new networking services enable us to create and organize extended networks springing out of not just school but employment, conferences, introductions, even blogs. As an internet fan, I celebrate the idea that old networks could be surpassed by new *meritocracies. Facebook didn't just bring elegant organization to universities; it could replace them as a creator of networks.

（注）　　nurtured ＜ nurture：育てる　　　portfolio：作品集
　　　　skepticism：疑いを持つこと　　　expertise：高度の専門的知識・技能
　　　　transparent：わかり易い　　　　incubator：保育器
　　　　mediocre：並みの　　　　　　　alumni：卒業生
　　　　Facebook：フェイスブック。ソーシャルネットワーキングサービス（SNS）
　　　　　　　　として 2004 年にサービスが始まった。
　　　　meritocracies ＜ meritocracy：実力主義社会

問 1　下線部(1)を so の意味が分かるように訳しなさい。
問 2　(2)の空欄に入る最も適切な単語を下から選び，その番号を書きなさい。
　　　①　creativity　　　　②　imagination
　　　③　memorization　　④　questioning
問 3　下線部(3)を日本語にしなさい。

問4　下線部(4)に述べられている「大学」に対する大人と学生の認識の違いについて，説明しなさい。

問5　下線部(5)の意味することに最も近い内容のものを下から選び，その番号を書きなさい。

① Being creative is the most important thing for young people.
② Going to university later in life is more important than going there when we are young.
③ It is a waste of time for young people to go to university.
④ It is wrong to assume that we should receive all our education while we are young.

問6　下線部(6)の it があらわす語句（3語）を文中から抜き出しなさい。

問7　(7)の空欄に入る最も適切な英単語（1語）を文中から抜き出しなさい。

問8　次の英文は本文の要約です。(a)～(d)の空欄に入れるのに最も適切な単語を下の①～⑩から選び，その番号を書きなさい。囲みの中の単語はそれぞれ1回しか使えません。

　The internet provides us with access to (a), so universities may not play the same role as they did in the past. We can use the internet to find teachers and courses from around the world. Although the academic tradition of universities is important, the function of universities is changing. This change can bring about opportunities for different kinds of learning. These include the chance to take courses from other places. There would be more emphasis on (b), reasoning and individual achievement. Furthermore, university is not the only place where we can be (c); we may also learn through other communities and networks that can develop and change throughout our lives. Regarding (d), young people can experience this through other activities such as traveling or doing volunteer work. They should also use their creativity to achieve something while they are still young.

① creativity   ② educate   ③ educated   ④ helped
⑤ knowledge   ⑥ memory   ⑦ school   ⑧ socialization
⑨ value   ⑩ weigh

Read the passage and answer the questions below with the correct corresponding number. Words marked with an asterisk (*) are defined in the glossary. The full score for Questions 1-15 is 45 points.

The amount of foreign development aid given by the U.S. government is about the same as Portugal gives and about half that of the United Kingdom, if it is calculated on the basis of each annual gross national income. Worse still, much of it is directed where it best suits U.S. strategic interests. Iraq, Egypt, Jordan, Pakistan, and Afghanistan rank in the top ten. Less than a quarter of official U.S. development aid goes to the world's poorest nations. As things now stand, (1) the case for philanthropic*1 efforts to relieve global poverty is not easily affected by the argument that the government has taken care of the problem.

Many are of the opinion that our obligation to the poor as a developed nation is not just one of providing assistance to strangers, but one of compensation for harms that we have caused and are still causing them. On the other hand, it might be argued that we do not owe the poor any kind of compensation, because our wealth actually benefits them. Living in luxury, some say, provides employment to (2) those in need, and so wealth trickles down*2, helping the poor more effectively than official aid does. Unfortunately, the rich in industrialized*3 nations buy virtually nothing that is made by the very poor. The past 20 years of economic activities in an expanding global system are evidence of the fact that even though global trade has helped many of the world's poor, it has failed to benefit the poorest 10 percent of the world's population. (3) Some of the extremely poor have absolutely nothing to sell that the rich of the world might want to buy, while others lack the infrastructure to get their products to market.

Bill Gates, (4) the founder of Microsoft, a computer technology corporation, read an article about diseases in the developing world and (5) came across the statistic that half a million children die every year from rotavirus*4. He had never heard of rotavirus. "How could I never have heard of something that kills half a million children every year?" he asked himself. He then learned that in developing countries, millions of children die from diseases that have been virtually eliminated in the United States. That shocked him because he assumed that, if there are vaccines*5 that could save lives, governments would be doing everything possible to get them to the people who need them. As Gates told a meeting of the World Health Assembly*6, he and his wife, Melinda, "couldn't escape the brutal conclusion that (6) some lives are seen as worth saving and others are not." They said to themselves, "This can't be true." But they knew it was. Gate's speech to the World Health Assembly concluded on an optimistic note, looking forward to the next decade when "people will finally accept that the death of a child in the developing world is just as tragic as the death of a child in the developed world."

We are very far from (7) acting in accordance with the belief in the equal value of human life. While more than a billion people live at a level of wealth never known before, roughly a billion people struggle to survive on less than one U.S. dollar per day. Most of the world's poorest people lack (A) food to sustain proper growth and health, lack access to safe drinking water or even the basic health services. More than 10 million children die every year from poverty-related causes. The investor Warren Buffet took a significant step toward reducing those deaths when he pledged $31 billion to the Gates Foundation. Buffet's pledge, together with nearly $30 billion given by Bill and Melinda Gates to their foundation, has made it clear that the first decade of the twenty-first century is a new "golden age of philanthropy*7."

Philanthropy on this scale raises many ethical questions: Should the rich of the world give to the poor? If so, how much? Should we praise them for giving so much or (8) criticize them for not giving still more? Giving away large sums of money is not a sensible strategy for increasing personal wealth. When we read that someone has given away a lot of their money to help others, it makes us think about our own behavior. Should we be following their example?

Perhaps some philanthropists are motivated by their sense of duty. Apart from the equal value of all human life, the other "simple value" that lies at the core of the work of the Gates Foundation is " (9) To whom much has been given, much is expected." That suggests the view that those who have great wealth have a duty to use it for a larger purpose than their own interests.

Aid has always had its critics. Carefully planned and directed with intelligence, private philanthropy may be the best answer to the claim that official nation-to-nation aid doesn't work. Of course, as in any large-scale human enterprise, some aid can be inadequate. However, if people contribute their fair share of support, or, the adequate amount of contribution based on their ability and resources available, the condition of the issue might improve faster. (10) Some philosophers contend that our obligations are limited to carrying our fair share of the burden of relieving global poverty. They would have us calculate how much would be required to ensure that the world's poorest people have a chance of a decent life, and then (B) this sum among the wealthy. That would give us each an amount to donate, and having given that, we would have fulfilled our obligations to the poor. But is it that simple?

Whether we should actually criticize people who are doing their fair share, but no more than that, depends on psychological impact that such criticism will have on them, and on others. If most people are doing little or nothing, setting a higher standard than the fair-share level may seem so demanding that it discourages people who are willing to make a basic contribution from doing even that. So it may be best to avoid criticizing those who achieve the fair-share level. In moving our society's standards forward, we may have to progress one step at a time.

[Modified from Peter Singer, "What Should a Billionaire Give — and What Should You?" 2006]

Glossary
1. philanthropic : seeking to promote the welfare of others
2. trickle down : gradually benefit the poorest as a result of the increasing wealth of the richest
3. industrialize : develop industries on a wide scale
4. rotavirus : a virus that infects the stomach

5. vaccine : a substance that stimulates the body's immune system
6. the World Health Assembly : the main governing body of the World Health Organization, which is the directing and coordinating authority for health within the United Nations system
7. philanthropy : the effort or desire to increase the well-being of humankind through charity or donations

Questions

Q.1. The underlined sentence numbered (1), "the case for philanthropic efforts to relieve global poverty is not easily affected by the argument that the government has taken care of the problem," is closest in meaning to:
1. The government has taken care of the global poverty issue as much as it can, so there is no need for private citizens to help reduce global poverty.
2. The efforts to relieve global poverty are easily affected by the government.
3. The argument that the government has solved global poverty does not influence philanthropic efforts because more work is needed to save the very poor.
4. Global poverty is not affected in the least by the government's efforts to solve the problem.
5. The claim that the government has relieved global poverty is influenced by the fact the private attempts are not needed.

Q.2. The underlined phrase numbered (2), "those in need," is closest in meaning to:
1. those people who need compensation for their work
2. those people who need assistance to make a living
3. those people who need to be financially wealthy
4. those people who need to benefit from the poor
5. those people who need to live in luxury

Q.3. The underlined sentence numbered (3), "Some of the extremely poor have absolutely nothing to sell that the rich of the world might want to buy," indicates that:
1. The poorest people are forced to make goods that rich people would like to buy.
2. Poor people have not failed to sell what they have to the wealthy.
3. Rich people are willing to buy anything from the extremely poor.
4. The poorest people cannot make anything that rich people would spend money on.
5. Rich people are only interested in buying things to show off their wealth.

Q.4. The underlined phrase numbered (4), "the founder of," is closest in meaning to:
1. who was found to like
2. who was found by
3. who sold the foundation of
4. who was founded by
5. who founded

Q.5. The underlined phrase numbered (5), "came across," is closest in meaning to:
1. started collecting
2. added up
3. found by chance
4. went by
5. came to conclude

Q.6. The underlined sentence numbered (6), "some lives are seen as worth saving and others are not," is closest in meaning to:
1. Some people are seen as having more life savings than others.
2. Some people are seen as more valuable to rescue than others.
3. Some people are seen as having little value, so they need to be rescued.
4. Some people have a better financial life.
5. Some people have been rescued, and also other people due to limitations.

Q.7. The underlined phrase numbered (7), "acting in accordance," is closest in meaning to:
1. pretending to agree with a belief without taking action
2. behaving in accordance with the rules of argument

3. copying how other people act so the group behaves similarly
4. agreeing with an idea, and showing it with actions
5. being happy with the behaviors and beliefs of the group

Q.8. Fill in the blank marked (A) with the most appropriate word.
1. excessive 2. limited 3. inadequate
4. sufficient 5. rare

Q.9. According to the author, philanthropists like Bill Gates and Warren Buffet
1. are responsible for a major amount of our global burden of disease and poverty, and should donate even more money.
2. do not know enough about the people who struggle to survive on less than one U.S. dollar per day.
3. raise important questions about the value of human life and our obligations toward the poor.
4. should donate their money to governments, whose aid is more effective, rather than to private organizations.
5. disagree with governments and philosophers about the basic question of the value of human life.

Q.10. The underlined word numbered (8), "criticize," is closest in meaning to:
1. approve of 2. confirm 3. find fault with
4. apologize to 5. praise

Q.11. The underlined sentence numbered (9), "To whom much has been given, much is expected," is closest in meaning to:
1. Those who give much also expect much in return.
2. Those who give a lot should expect a lot.
3. Those who expect a lot will be given a lot.
4. Those who are supposed to give never expect much.
5. Those who have a lot are supposed to give a lot.

Q.12. According to the underlined sentence numbered (10), some philosophers suggest that:
1. relieving global poverty is a limited problem.

2. we are required to help the poor, although our obligations are limited.
3. global poverty is a fair-share burden to rich nations.
4. fair-share poverty should be considered a global obligation.
5. poverty presents an obligation to all of us, although it is not fair.

Q.13. Fill in the blank marked (B) with the most appropriate word.
1. borrow   2. reduce   3. multiply   4. divide   5. spend

Q.14. Why does the author suggest that we should not criticize people who donate their fair share?
1. Because those who are trying to help the poor, at any level, have already accepted more responsibilities than most of us.
2. Because reaching a fair-share level of poverty is an almost impossible goal for most of us.
3. Because relieving global poverty can only be achieved without any kind of criticism.
4. Because we should first move our own society forward, and then think about global poverty.
5. Because a fair-share level of criticism is something most people do not know how to avoid.

Q.15. Based on this text, which of the following statements is NOT true?
1. If we did our fair share, we could solve the issue of global poverty.
2. Global poverty is a problem that affects both developed and developing nations.
3. Foreign development aid given to poor countries by the U.S. is less than most people would think.
4. The actions of philanthropists can inspire people to help others according to their possibilities.
5. Wealth flows naturally to the poorest countries through the global economy.

(1)Who would have thought that the package of notecards my mother gave me for my tenth birthday would have been one of the most valuable gifts I have ever received? They were light blue and said "Tina" in block letters on the top. At that age my mother taught me how to write a thank-you note and how important they are. She couldn't have been more correct. (2), as I grew up and ultimately entered the work world, I often tried to recall my mother, who always seemed to know what to do in social settings. But the importance of writing thank-you notes remains one of her most valuable lessons.

Showing appreciation for the things others do for you has a great effect (イ) how you're perceived. Keep in mind that everything someone does for you has (3)an opportunity cost. That means if someone takes time out of his or her day to attend to you, there's something they haven't done for themselves or for someone else. It's easy to fool yourself into thinking your request is small. But when someone is busy there are no small requests. They have to stop what they're doing, focus (イ) your request, and take the time to respond. With that in mind, there is never a time when you shouldn't thank someone for doing something for you. (2), assume a thank-you note is in order, and look at situations in which you don't send one as the exception. Because so few people actually do this (unfortunately), you will certainly stand out from the crowd.

Some of the other little things that make a big difference in your life are simple, while others are more challenging. Some are intuitive and others surprising. Some are taught in schools but most are not. Over the years I've stumbled many times by not understanding these "little things."

First and foremost, remember that (4)there are only fifty people in the world. Of course, this isn't true literally. But it often feels that way because you're likely to bump into people you know, or people who know the people you know, all over the world. The person sitting next to you might become your boss, your employee, your customer, or your sister-in-law. Over the course of your life, the same people will quite likely play many different roles. I've had many occasions where individuals who were once my superiors later came to me for help, and I've found myself going to people who were once my subordinates for guidance. The roles we play continue to change in surprising ways over time, and you will be amazed by the people who keep showing up in your life.

Because we live (ロ) such a small world, it really is important not to burn bridges, no matter how tempted you might be. You aren't going to like everyone and everyone isn't going to like you, but there's no need to make enemies. For example, when you look (ハ) your next job, it's quite likely that the person interviewing you will know someone you know. In this way your reputation precedes you everywhere you go. This is beneficial when you have a great reputation, but harmful when your reputation is damaged.

I've seen the following scenario play out (5)innumerable times. Imagine you're interviewing for a job that has dozens of candidates. The interview goes well and you appear to be a great match (ハ) the position. During the meeting, the interviewer looks at your resume* and realizes that you used to work with an old friend of hers. After the interview, she makes a quick call to her friend to ask about you. A casual comment from her friend about your past performance can seal the deal or cut you off at the knees. (ロ) many cases you will believe the job was in the bag, right before you receive a rejection letter. You'll never know what hit you.

Essentially, your reputation is your most valuable asset — so guard it well. But don't be terribly upset if you make some mistakes along the way. With time it is possible to repair a stained reputation. Over the years I've come up with a metaphor that has helped me put this in perspective: every experience you have with someone else is like a drop of water falling into a pool. As your experiences with that person grow, the drops accumulate and the pool deepens. Positive interactions are clear drops of water and negative interactions are red drops of water. But they aren't equal. That is, a number of clear drops can dilute* one red drop, and that number differs for different people. Those who are very forgiving only need a few positive experiences — clear drops — to dilute* a bad experience, while those who are less forgiving need a lot more to wash away the red. Also, for most people the pool drains slowly. As a result, we tend to pay attention to the experiences that have happened most recently, as opposed to those that happened a long time ago. This metaphor implies that if you have a large reserve of positive experiences with someone, then one red drop is hardly noticed. It's like putting a drop of red ink into the ocean. But if you don't know a person well, one bad experience stains the pool bright red. You can wash away negative interactions by flooding the pool with positive interactions until the red drops fade, but (6) the deeper the red, the more work you have to do to clean the pool. I've found that sometimes the pool color never clears; when that happens, it's time to stop interacting with that particular person.

（注）　resume：a brief account of your personal details, education, and the jobs you have had

　　　　dilute：weaken, lessen, thin out

1．下線部(1)を日本語に訳しなさい。
2．空所（　2　）には同じ語句が入ります。最も適切な語句を次の中から1つ選び，記号で答えなさい。
　(A)　By the way　　(B)　However　　(C)　In fact　　(D)　On the other hand
3．下線部(3)の an opportunity cost はどのように説明されていますか。日本語で答えなさい。
4．筆者が下線部(4)のように言う根拠について，それを最も適切に言い表しているものを，次の中から1つ選び，記号で答えなさい。
　(A)　The author knows only fifty people in her life.
　(B)　You might cross paths with the same people many times in your life.
　(C)　You tend not to run into the same people in your life.
　(D)　The number of people who help you in your life is small.
5．下線部(5)の innumerable の意味として最も適切なものを，次の中から1つ選び，記号で答えなさい。
　(A)　a few　　(B)　countless　　(C)　few　　(D)　several

6．下線部(6)を日本語に訳しなさい。その際，the red と the pool の表す内容を具体的に示すこと。

7．空所（ イ ）（ ロ ）（ ハ ）には，それぞれ共通する1語が入ります。それぞれに入る最も適切な1語を次の中から選び，記号で答えなさい。ただし，同じものを二度選んではいけません。(本文中で文頭に来る場合でも，選択肢では小文字で始めています。)

(A) at　　(B) for　　(C) in　　(D) of
(E) off　　(F) on　　(G) over

8．次の中から，本文の内容と合っているものを3つ選び，選択肢の順に記号で答えなさい。

(A) The author completely realized the significance of her mother's lesson even before she grew up.

(B) When you are sacrificing yourself to help someone, in most cases he or she realizes it and expresses his / her gratitude.

(C) The author believes that people who once were enemies can be friends in the future.

(D) When you fail to get a job which you thought was already yours, it is possible that someone who knew you spoke about your bad reputation to the employers.

(E) You always need a lot of good experiences to wipe out a bad one.

(F) You should avoid a person only after you try to get along with that person and fail.

(1)The human brain, with its 100 billion nerve cells, is the most complicated object in the known universe. So it is not surprising that nearly everything we know about the brain has been learned in the last half of the 20th century.

Until very recently, the primary method for investigating brain activity was to study patients who had damage to very specific areas of the head, and observe what they could and couldn't do. By the mid-19th century, that research had revealed that certain brain sections were critical to speech. But there was no way to know whether these abilities were completely localized, whether they extended throughout the brain, or how they might be organized at the cell level. Then in 1949, Canadian psychologist Donald Hebb proposed (2)a novel way to think about the brain that influenced research for decades. He theorized that the brain created "cell assemblies" in response to things that happen in the world. For example, if you see enough triangles, you will develop a circuit of cells that is very good at recognizing three-sided figures.

By the 1960s, experiments on animals were revealing the distinctive areas that process visual information and the regions of the outermost layer of the brain that are heavily involved in receiving sensory information and controlling motor responses. (New research has shown that, although certain brain regions have specialized abilities, there is much more interaction among even remote sections of the brain than previously thought.) New technology allowed researchers to record the electrical activity of individual brain cells and the rods* and cones* in the eye. (3)Further study of patients with damaged brain parts identified areas involved in processing memory and integrating feeling with thought.

In the 1980s and '90s work progressed rapidly on three fronts. 4A were using computers to model the way the brain works. 4B were learning to understand and control the complex and subtle chemistry that occurs at the junction between nerve cells, where psychoactive* drugs work. Imaging techniques such as PET* scans were making it possible to see the brain work "in real time." (5)Scientists can now watch which areas of the brain are activated when a subject is asked to spell "Nebraska" or add 17 and 28. And science has begun to probe what may be the final frontier of neuroscience — consciousness — and to explore what aspects of the brain make it able to become aware of its own activity. One of the great scientific journeys of the 21st century will be inside ourselves.

注　*rods ＜ rod　（網膜内の）明暗を感じる細胞
　　*cones ＜ cone　（網膜内の）主に色彩を感じる細胞
　　*psychoactive　affecting the mind
　　*PET　positron emission tomography（陽電子放射断層撮影）のこと

設問
1．下線部(1)を和訳しなさい。
2．下線部(2)の内容を本文に即して具体的に説明しなさい。
3．下線部(3)を和訳しなさい。
4．空所 4A ， 4B に入る最も適切な語の組み合わせを(ア)〜(エ)から選び、記号で答えなさい。
　(ア)　4A．Mechanical engineers　　4B．Mathematicians
　(イ)　4A．Mechanical engineers　　4B．Biochemists
　(ウ)　4A．Information theorists　　4B．Biochemists
　(エ)　4A．Information theorists　　4B．Mathematicians
5．下線部(5)を和訳しなさい。

次の文章を読んで，設問に答えなさい。

What was not made in China and not made *of* china? The answer is glass.

Though the Chinese invented the compass, the flushing toilet, gunpowder, paper, the canal lock and the suspension bridge long before anyone else, the scientific revolution that transformed the West between the sixteenth and eighteenth centuries completely passed them by.

The reason for (1)this is that they also invented tea.

The earliest known glass artefacts are Egyptian and date back to 1350 BC, but it was the Romans who first produced transparent glass. They liked the way it enabled them to admire the colour of their wine.

By the time the Egyptians worked out how to make glass, the Chinese had been drinking tea (traditionally they began in 2737 BC) for almost 1,400 years. (2)Its colour was less important to them than temperature, and they found it was best served in their most famous invention of all, china.

Since they had no particular use for it, early Chinese glass was thick, opaque* and brittle*. They mainly used it for making children's toys — and soon gave up on it altogether. For almost 500 years, from the end of the fourteenth century until the nineteenth, no glass was made in China at all.

Meanwhile, in 1291 the Republic of Venice, concerned about the fire risk to its wooden buildings, moved its glass furnaces offshore to the island of Murano. Here, inspired by migrant Islamic craftsmen, the inhabitants learned to make the finest glass in the world, giving them a monopoly that lasted for centuries.

(3)The impact of high-grade glass on Western culture cannot be overstated. The invention of spectacles towords the end of the thirteenth century added at least fifteen years to the academic and scientific careers of men whose work depended on reading. The precise reflection of glass mirrors led to the discovery of perspective in Renaissance painting. Glass beakers and test tubes transformed ancient alchemy* into the modern science of chemistry.

(4)The microscope and the telescope, invented within a few years of each other at the end of the sixteenth century, opened up two new universes: the very distant and the very small.

　By the seventeenth century, European glass had become cheap enough for ordinary people to use it for windowpanes (as opposed to mere holes in the wall or the paper screens of the Orient). This protected them from the hostile weather and flooded their houses with light, initiating a great leap forward in hygiene*. Dirt and vermin* became visible, and living spaces clean and disease free. As a result, plague was eliminated from most of Europe by the early eighteenth century.

　In the mid-nineteenth century, transparent, easily sterilised* swan-necked glass flasks allowed the French chemist Louis Pasteur to disprove the theory that germs spontaneously generated from decaying matter. This led to a revolution in the understanding of disease and to the development of modern medicine. Not long afterwards, glass light bulbs changed both work and leisure forever.

　(5)Meanwhile, new trade links between East and West in the nineteenth century meant that a technologically backward China soon caught up. Today it is the world's third-largest industrial power and its largest exporter, with total exports in 2009 of £749 billion.

　It is also the world's largest producer of glass, controlling 34 per cent of the global market.

注　*opaque　difficult to see through　　*brittle　hard but liable to break easily
　　*alchemy　錬金術　　　*hygiene　衛生　　　*vermin　害虫，害獣
　　*sterilised ＜ sterilise　殺菌消毒する

設問
1．下線部(1)の内容を本文に即して説明しなさい。
2．下線部(2)を和訳しなさい。
3．下線部(3)の根拠となっている具体的な事実を，同じ段落から二つあげなさい。
4．下線部(4)を和訳しなさい。
5．下線部(5)を和訳しなさい。

17 次の英文を読んで設問に答えなさい。

A growing number of clever studies show that disgust has the power to shape our moral judgments. This is the argument that some scientists studying human behavior have begun to make: that a significant part of morality can be explained by our feelings of disgust. (1)When people are placed in a bad-smelling room, it makes them more strict judges of a morally questionable film, or of a person who will not turn in a lost wallet. Moreover, washing their hands makes people feel less guilty about their own moral wrongs.

Today, some psychologists and philosophers are developing a theory of the moral role of disgust, and the evolutionary forces that determined it: just as our teeth and tongue first evolved to process food, then were used for complex communication, disgust first occurred as an emotional response of our ancestors to avoid spoiled meat. But over time, this reaction came to be used by the social brain to help define the rules of acceptable behavior. (2)Today, some psychologists argue, we feel disgust at something wrong just as we do at spoiled food. And when someone says that a politician's frequent dishonesty makes them sick, they are feeling the same disgust they might get from a plate of worms.

"Disgust was probably the most underappreciated moral emotion, the most unstudied one," says Jonathan Haidt, a psychologist at the University of Virginia. Psychologists like Haidt are leading a wave of research into the so-called moral emotions — not just disgust, but others like anger and compassion* — and the role that basic feelings play in how we form moral rules and apply them in our daily lives. A few, like Haidt, claim that all the world's moral systems can best be defined not by what their followers believe, but by what emotions they rely on.

There is, however, deep doubt in parts of the psychology world about claims like these. There is a lively debate over how much power moral reasoning* has: whether our behavior is mostly controlled by thinking and reasoning, or whether thinking and reasoning are just shallow ideas made to explain our emotions. Some argue that (3)morality is simply how human beings and societies explain the instincts that evolved to help our ancestors survive in a world very different from ours.

　The origins of disgust remain somewhat mysterious, but it may have first come about when the diet of our hunter-gatherer ancestors began to contain more meat; spoiled meat is much more dangerous than spoiled vegetables, and even today we're far more disgusted by things that come from animals than things that come from plants. But because disgust worked so well at getting people to avoid certain dangerous foods as well as the outward signs of infectious disease in other people, Haidt and others believe that as human society grew more complex, disgust began to serve a social function. Plenty of psychologists and philosophers are not yet willing to believe (4)this, however. To separate out emotion and reasoning as Haidt does, critics say, simply makes no sense; the two are part of the same process.

　Haidt admits that the field is still new, but he sees more and more evidence supporting his theory. The most interesting, and perhaps most important, question to answer is how flexible disgust is, how much it can change. Fifty years ago, many white Americans freely admitted to being disgusted by the thought of drinking from the same drinking fountain* as a black person. (5)Today far fewer do. How did that change? Did their sense of disgust weaken as black and white people spent more time together in restaurants, workplaces, and buses? Or did they find ways to actively suppress their feelings? More research is needed to answer such questions.

注：compassion　思いやり　　　reasoning　推論
　　　drinking fountain　噴水式水飲み場

（問1）　下線部(1)を日本語に直しなさい。
（問2）　下線部(2)を日本語に直しなさい。
（問3）　下線部(3)を日本語に直しなさい。
（問4）　下線部(4)が指す内容を日本語で説明しなさい。
（問5）　下線部(5)の内容を日本語で説明しなさい。

次の英文を読んで，下の問いに日本語で答えなさい。

(a) Although he had an overwhelming tendency toward conservative architecture derived from European forms, Ralph Adams Cram was aware of and interested in the ideas and forms of other cultures. He associated with a group of intellectuals, the "Boston Orientalists," who included experts on Japanese art and culture such as Sylvester Morse and Okakura Tenshin. No doubt he learned a great deal about Japan from these men, but he also was exposed to Japanese art and architecture in other ways. Examples of Japanese architecture had been built in the United States as early as 1876 at the Centennial Exposition in Philadelphia and at the Chicago Columbian Exposition in 1893. Visitors to Japan in the late nineteenth century had published books on the country's architecture, gardens, and art, including Edward S. Morse's *Japanese Homes and their Surroundings*, published first in 1886, and Josiah Conder's *Landscape Gardening in Japan* (1893). Still, Japanese architecture and gardens were much less known at the time than was Japanese art. "(b) In nearly every instance those who have written most intelligently of Japan and her art have shown no basic appreciation of her architecture: it is dismissed with a sentence," said Cram.

Cram's first in-depth study of Japanese architecture began before he ever considered traveling to Japan. He was commissioned by Arthur May Knapp, the father of a friend and a churchman who served as a missionary to Japan, to design a Japanese-style house in Massachusetts. Cram studied *Japanese Homes and their Surroundings* to get a sense of Japanese residential architecture. The end result, completed in 1889, was hardly an exact copy of a Japanese dwelling, as the house combined Eastern and Western ideas and forms and had a Japanese-style roof as its main feature. Although noting that the house had "genuine Japanese characteristics," Clay Lancaster observed in *The Japanese Influence in America* that "on the whole the details were rather temple-like for a residence."

Though perhaps not a complete success, (c) the Knapp house project provided Cram with an in-depth introduction to Japanese architecture. The commission paid off in yet another way. It was the same Arthur Knapp who encouraged Cram to go to Japan in 1898. Living in Tokyo in the 1890s, Knapp made strong contacts within the Japanese government and became aware of the need for a new parliament building, after the former building had been destroyed in a fire. The Japanese government had hired German architects Wilhelm Böckmann and Hermann Ende to design the Parliament, but their designs were not accepted. Knapp saw the possibility for Cram and his partner Bertram Goodhue to design an appropriate building and present it to government officials in Tokyo. "We had previously acknowledged the unrighteousness of the general principles of Westernizing this ancient land, with its unique and beautiful culture, and particularly we deplored the very terrible new architecture then being perpetrated under third grade German influence," said Cram.

They took up Knapp's idea and created a design which incorporated aspects of traditional architecture, including a castle-like tower. Cram sailed to Japan to make the presentation. The prime minister, Itō Hirofumi (the first prime minister of Japan, who was at that time in the middle of the short-lived third of his four terms), appreciated the efforts of the architects to base the design of the parliament houses on the traditional buildings of Japan, creating a functional and symbolic building worthy of housing the Japanese government. A deal was struck to provide funds in the next year's budget to complete the preliminary designs. However, by the time Cram returned to the United States, Prime Minister Itō had been ousted, and the new government was not interested in a historical design.

Although his trip did not pay off in architectural work, Cram "fell seriously in love with Japan." He took advantage of the four months he spent in Japan to travel and learn more about Japanese architecture and art.

(Adapted from Mira Locher, "Foreword" to *Impressions of Japanese Architecture* by Ralph Adams Cram, 2010)

〔注〕 the Centennial Exposition 米国建国百周年記念国際博覧会　the Chicago Columbian Exposition シカゴ万国博覧会　pay off 報われる　unrighteousness 不当性, 罪深さ　perpetrate へたに作る, (悪事などを) 行う　preliminary 当初の　oust 追い出す

問1．(a)を和訳しなさい。
問2．(b)を和訳しなさい。
問3．(c)の内容を，句読点を含め，30字以内で述べなさい。
問4．日本の国会議事堂の設計について，クラム (Cram) たちがどのような提案をし，それがどのような経緯をたどったかを，句読点を含め，80字以内で述べなさい。

19 次の"Effective Listening"を妨げる要因に関する英文を読み，設問 A ～ G に答えなさい。

A listening barrier exists when someone hears what he wants to hear, not what is really communicated. Barriers to listening happen because of one or some of the following filters. For example, past experience filters can make a listener become anxious to hear something that fulfills his or her wishes or desires.

This often happens in business settings, where one person is selling merchandise to another and the salesperson wants the sale to be as large as possible. Diana related this story:

I was working on the order desk for a company that supplied materials for large conferences. One week before, my supervisor had checked with a client about how many packets they needed for their program. She was told that they had only eight registrants. However, they expected more, and she was asked to check back with them.

My supervisor was called out of town, and I was asked to follow up on this client. Well ... I checked with them for the number of registrants they had now. The client told me eighteen. In my desire to sell the most materials possible, I heard eighty.

Three of us spent three hours getting the materials ready! When the delivery man brought the materials to the client, he was told they only needed eighteen packets, not the eighty we had prepared. I could have fallen through the floor when he told me. I was so embarrassed!

Diana expected to hear a larger number because of her anticipation and desire to fill a large order. This caused her to hear incorrectly! As a result, the company lost three hours of work by three people. (1)<u>Diana could have avoided a loss of three hours of work, and a great deal of embarrassment, had she used the clarifying technique.</u> When the client said how many packets they wanted she could have said, "Let me make sure how many packets you want delivered; was the number eighty?" The client would have corrected her right then and there, and the problem would never have occurred.

Another block to listening occurs when we form an opinion about the level and value of what will be said. We label the information ahead of time as unimportant, too boring, too complex, or nothing new, and we are anxious for the speaker to get to the point.

Our listening can be biased because of a negative experience we had with a person we are communicating with. We can often let our negative past experiences filter through into a present situation. These negative past experiences are held subconsciously in our heads. This results in biased listening because we aren't totally in the here and now with that person. Steven related this example:

> I have a technician from another department who takes what seems forever to return my calls. These calls have to do with information I need to complete my part of the projects we are both working on. Instead of bringing up (2) <u>my frustration</u> to him directly, I let my feelings burn inside of me, mainly my stomach. Whenever we were in a project meeting I wouldn't listen to him. As a result I missed hearing important details; then I'd have to call him to get those missed details. Talk about putting myself in a no-win situation. I guess it's time for me to bring up the issue and work it through.

As you can see from the examples above, a biased listener tends to distort the message negatively (and sometimes positively), often getting so emotionally involved that listening efficiency suffers. Certain emotionally laden words, sometimes referred to as "red flag" or "buzz" words, can evoke strong feelings and thus create barriers to effective listening. (3) <u>We sometimes respond to a word or phrase in a way that has been conditioned by our past experiences</u>. In other words, we have attached meanings to the same word from prior, emotion-laden situations. Sometimes words can affect listeners to such an extent that their reactions will result in a low level of listening, as their emotions are causing internal distractions, thus interfering with efficient listening. Unconsciously, we tune out what we negatively label.

Another internal barrier we will cover is the physical barrier: what happens physically that influences an individual's listening efficiency. At certain *times of the day*, we have less energy than at others. *Fatigue* is a factor in listening, since listening takes concentration and effort. When we don't feel as good as usual, we have a more difficult time being attentive.

It is easier to daydream and become preoccupied when our energy level is low. (4) When we have personal problems, our energy is often used to deal with the problems, which lessens the amount of energy we have available to listen. Personal problems sometimes manage to creep into our minds while someone else is talking.

Another element that can cause fatigue is the "time-lag factor"; the average talker speaks about 200 words per minute, but a listener can process information at around 300 to 500 words per minute. It is easy to spend (5) this time lag daydreaming, going on mental tangents, and thinking of personal problems. It takes energy to use this time difference for more productive use, such as internally summarizing what the person said, visualizing what is being said, or associating what is being said with something already stated. Listeners tend to go the easy way, which takes less energy and less concentration, allowing these factors to interfere with (6) it.

The fatigue barrier is often prevalent during meetings, especially those held at the end of the day or in the evening. People attending have already expended considerable energy getting the day's work done. Along with this low-energy factor, listening at meetings can be boring. Most often, the agenda does not have the same interest for all those who are attending.

In this case, it would be important to listen at a level on which you can make sure you aren't missing information you will need. (7) If what is being said relates to you, you could then move to a higher level of listening, in which you would process the information. You might even want to write some notes to be used later as memory triggers.

A. 下線部(1)について，"the clarifying technique"の具体的内容を明確にしながら日本語に訳しなさい。
B. 下線部(2)について，「私」はなぜ相手に対し"frustration"を感じているのか，20字以上30字以内の日本語で答えなさい。
C. 下線部(3)を日本語に訳しなさい。
D. 下線部(4)を日本語に訳しなさい。
E. 下線部(5)はどういうことを指しているか，60字以上70字以内の日本語で答えなさい。なお，算用数字（例：100）は1字として扱うものとする。
F. 下線部(6)の"it"が指すものを，本文から抜き出し，英語で答えなさい。
G. 下線部(7)を日本語に訳しなさい。

Research has shown that the illusion of control over chance events is enhanced in financial, sports, and especially, business situations when the outcome of a chance task is preceded by a period of strategizing (those endless meetings), when performance of the task requires active involvement (those long hours at the office), or when competition is present (this never happens, right?). The first step in battling the illusion of control is to be aware of it. But even then it is difficult, for, as we shall see in the following pages, once we think we see a pattern, we do not easily let go of our perception.

Suppose I tell you that I have made up a rule for the construction of a sequence of three numbers and that the sequence 2, 4, 6 satisfies (ア)<u>my rule</u>. Can you guess the rule? A single set of three numbers is not a lot to go on, so let's pretend that if you present me with other sequences of three numbers, I will tell you whether or not they satisfy my rule. Please take a moment to think up some three-number sequences to test.

Now that you have considered your strategy, I can say that if you are like most people, the sequences you present will look something like 4, 6, 8 or 8, 10, 12 or 20, 24, 30. Yes, those sequences obey my rule. So what's the rule? Most people, after presenting a handful of such test cases, will grow confident and conclude that the rule is that the sequence must consist of increasing even numbers. But actually my rule was simply that the series must consist of increasing numbers. The sequence 1, 2, 3, for example, would have fit; there was no need for the numbers to be even. Would the sequences you thought of have revealed this?

When we are in the grasp of an illusion — or, for that matter, whenever we have a new idea — instead of searching for ways to prove our ideas wrong, we usually attempt to prove them correct. Psychologists call this the confirmation bias, and (イ)<u>it presents a major barrier to our ability to break free from the misinterpretation of randomness</u>. In the example above, most people immediately recognize that the sequence consists of increasing even numbers. Then, seeking to confirm their guess, they try out many more sequences of that type. But very few find the answer the fast way — through the attempt to falsify their idea by testing a sequence that includes an odd number. As philosopher Francis Bacon put it in 1620, "the human understanding, once it has adopted an opinion, collects any instances that confirm it, and though the contrary instances may be more numerous and more important, it either does not notice them or else rejects them, in order that this opinion will remain unshaken."

To make matters worse, not only do we preferentially seek evidence to confirm our preconceived notions, but we also interpret ambiguous evidence in favor of our ideas. This can be a big problem because data are often ambiguous, so by ignoring some patterns and emphasizing others, our clever brains can reinforce their beliefs even in the absence of convincing data. For instance, if we conclude, based on weak evidence, that a new neighbor is unfriendly, then any future actions that might be interpreted in that light stand out in our minds, and those that don't are easily forgotten. Or if we believe in a politician, then when she achieves good results, we credit her, and when she fails, we blame circumstances or the other party, either way reinforcing our initial ideas.

In one study that illustrated the effect rather vividly, researchers gathered a group of undergraduates, some of whom supported the death penalty and some of whom were against it. The researchers then provided all the students with the same set of academic studies on the effectiveness of capital punishment. Half the studies supported the idea that the death penalty has a deterrent effect; the other half contradicted that idea. The researchers also gave the subjects clues hinting at the weak points in each of the studies. Afterward the undergraduates were asked to rate the quality of the studies individually and whether and how strongly their attitudes about the death penalty were affected by their reading. The participants gave higher ratings to the studies that confirmed their initial point of view even when the studies on both sides had supposedly been carried out by the same method. And in the end, though everyone had read all the same studies, both those who initially supported the death penalty and those who initially opposed it reported that reading the studies had strengthened their beliefs. Rather than convincing anyone, the data polarized the group. Thus even random patterns can be interpreted as compelling evidence if they relate to our preconceived notions.

The confirmation bias has many unfortunate consequences in the real world. When a teacher initially believes that one student is smarter than another, he selectively focuses on evidence that tends to confirm the hypothesis. When an employer interviews a prospective candidate, the employer typically forms a quick first impression and spends the rest of the interview seeking information that supports it. (エ)When counselors in clinical settings are advised ahead of time that an interviewee is combative, they tend to conclude that he is even if the interviewee is no more combative than the average person. And when people interpret the behavior of someone who is a member of a minority, they interpret it in the context of preconceived stereotypes.

The human brain has evolved to be very efficient at pattern recognition, but as the confirmation bias shows, we are focused on finding and confirming patterns rather than minimizing our false conclusions. Yet we needn't be pessimists, for (オ)it is possible to overcome our prejudices. It is a start simply to realize that chance events, too, produce patterns. It is another great step if we learn to question our perceptions and our theories. Finally, we should learn to spend as much time looking for evidence that we are wrong as we spend searching for reasons we are correct.

(出典　*The Drunkard's Walk*　より)

Notes
enhance : to improve (something).
strategize : to make up or determine strategy.
confirmation (*n.*) ＜ confirm (*v.*)
misinterpretation (*n.*) ＜ misinterpret (*v.*) : to interpret incorrectly.
randomness (*n.*) ＜ random (*adj.*)
falsify : to prove to be false.

unshaken : not having changed your attitude or belief.

preferentially (*adv.*) < preferential (*adj.*)

preconceived : formed before having the evidence for its truth or usefulness.

deterrent : serving or tending to deter.

supposedly : according to what is generally believed.

polarize : to divide into two sharply contrasting groups.

selectively (*adv.*) < selective (*adj.*)

pessimist : someone who always expects that bad things will happen.

(1)　下線部(ア)はどのようなものか具体的に日本語で説明しなさい。

(2)　下線部(イ)を和訳しなさい。ただし it が何を指しているのかを明確にすること。

(3)　下線部(ウ)とは何か，本段落に示された具体例に即して日本語で説明しなさい。

(4)　下線部(エ)を和訳しなさい。

(5)　下線部(オ)の方法を本文に即して日本語で説明しなさい。

国公立標準問題集
CanPass 英語

駿台受験シリーズ

国公立標準問題集
CanPass
英語

山口玲児・高橋康弘　共著

駿台文庫

はじめに

　近年の国公立大の標準的な入試問題は大きく3つのパターンに分けることができるでしょう。① 比較的読みやすい英文を大量に（1000語以上）読ませて，客観式問題が中心のもの，② 適度に難しい構文を一部に含んでいる中程度の長さの英文（700〜800語）を読ませて，記述式問題と客観式問題を併用しているもの，③ 本文は短め（500〜600語）だが難度が高めで，設問がすべて記述式であるもの，です。なお，これらのうちのいくつかが組み合わされて出題されることも多いです。

　本書は，上記のうち，記述式のものを中心に掲載した問題集です。記述式問題と言えば，「英文和訳；下線部の内容・理由説明；指示語が指す具体的内容説明」が代表的な出題形式ですが，本書ではこのような問題に対し，解説に加えて，配点と採点基準を想定し，それを明示しました。この「採点基準」が本書の最大の特長であると言っても過言ではありません。また，受験生に特に人気のあると思われる大学は複数題掲載したこと，必要にして十分な語句解説をつけたことも本書の大きな特長です。

　英語の入試問題と言えば，とかく英語の力だけに焦点が当てられがちです。しかし，記述式の問題は日本語で答えるものが大半です。つまり，英語の力だけでなく，日本語の力も同時に問われているということなのです。問題の解答として適切な，そして，他人（＝採点者）が読んでわかりやすい解答を書くためには，日本語の表現力を磨くことも忘れてはなりません。

　本書を通して，国公立大学の標準的な問題の内容・レベルを知り，そして，記述式問題では何がポイントなのか，何をおさえれば点が取れるのかを研究することにより，見事栄冠を勝ち取ってください。

　最後に，本書の企画から編集まで貴重な助言を数多くいただいた，駿台文庫の蛭田氏，上山氏にこの紙面を借りて厚くお礼申し上げます。

2013年2月　著者記す

Contents

はじめに ……………………………………………………………… 2
本書の特長と利用法 ………………………………………………… 4

1	金沢大学	いらだつ娘，苦悩する母 ……………………………	8
2	岡山大学	日本における国際結婚の広がり ……………………	13
3	筑波大学	人生の変化への対処法 ………………………………	20
4	埼玉大学	人を行動させるもの …………………………………	28
5	横浜国立大学	需要と供給モデル ……………………………………	37
6	お茶の水女子大学	書くということ ………………………………………	42
7	信州大学	生態地域という考え方 ………………………………	48
8	静岡大学	一番強かったのは… …………………………………	56
9	大阪府立大学	病を乗り越えて ………………………………………	64
10	千葉大学	女性労働についての考察 ……………………………	74
11	大阪市立大学	南部逍遥 ………………………………………………	82
12	千葉大学	現代の大学教育とインターネット …………………	90
13	埼玉大学	貧困援助のあるべき姿 ………………………………	100
14	筑波大学	他者との交流 …………………………………………	112
15	奈良女子大学	20世紀における脳研究の発展 ………………………	122
16	奈良女子大学	ガラスの発達と中国についての歴史的考察 ………	130
17	熊本大学	嫌悪についての研究の新潮流 ………………………	140
18	新潟大学	建築家クラムと日本の関わり ………………………	150
19	首都大学東京	聞き取りの障害はなぜ起こるのか …………………	158
20	横浜市立大学	確証バイアス …………………………………………	170

本書の特長と利用法

1. 本書は国公立大学を志望する受験生のための問題集です。
   収録した問題はすべて実際に国公立大学で出題された入試問題で（学習の効果を高めるために一部内容を改変したものもあります），分野は英文読解です。極端に難しい問題や易しい問題は避け，標準的な問題を中心に選んであります。
2. 設問及び本文に関する詳細な解説を付けて，受験生が自分で学習できるように配慮しました。
3. 現時点での自分の力を知る目安となるように，各問題には，難易度と標準的な解答目安時間，解説には，配点と採点基準を示してあります。
   これらを活用することによって，入試問題演習がより実戦的に行えます（なお，本書の中で示した配点及び採点基準は，実際の入学試験のものとは異なります）。
   以上の特長を大いに活用して本書に取り組み，志望大学への合格を確実なものにしてください。

本書は ◆問題編，◆解答用紙，◆解答・解説編の３つの冊子で構成されています。

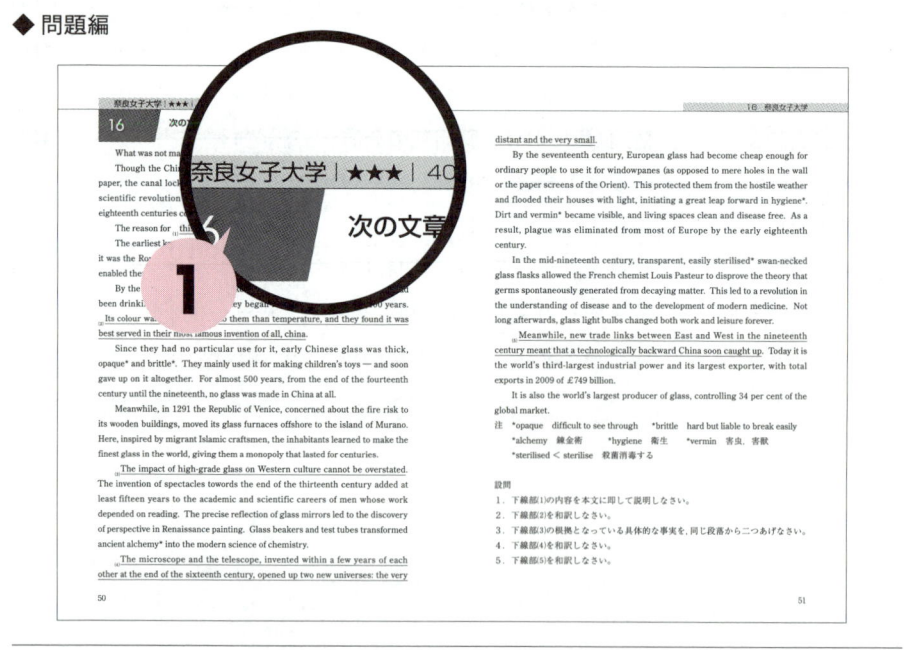

◆問題編

❶ 出題大学名，難易度，解答目安時間が表示してあります。

・難易度

　　★　… 比較的易しい問題
　　★★ … 標準的な問題
　　★★★… やや難しい問題

・解答目安時間

　問題に取り組む上で，目安となる解答時間です。ここに示した時間を目標に問題に取り組んでみてください。この時間内に全問題に解答できれば，ペースとしては十分です。

◆ 解答用紙

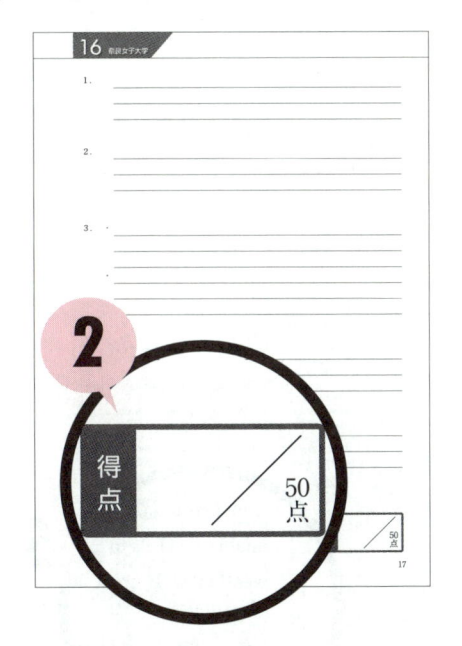

すべての問題に解答用紙がついています。

　この解答用紙に実際に自分の答えを書き込んで，読みやすい字で的確な解答をまとめる練習をしてください（なお，実際の入試で用いられた解答用紙とは異なります）。

❷ 解き終わったら解答・解説を見ながら採点をして，合計点を記入してみましょう。

◆ 解答・解説編

16 ガラスの発達と中国についての歴史的考察

■奈良女子大学■

解答（50点）

1. 中国人は様々な偉大な発明をしたが、16〜18世紀の間に西洋を大きく変えた科学革命ともいえるガラスの高度の利用法は中国人に全く影響を与えなかったこと。(8点)
2. 彼らにとっては、お茶の色は温度より重要ではなく、お茶は、中国人のあらゆる発明品の中で最も有名なものである磁器で供するのが一番ということが彼らにわかった。(10点)
3. 以下のうちから2つを解答。(12点)
   ・13世紀末にかけてメガネが発明されたおかげで、仕事が読むこと編みだった学者や科学者の経歴が少なくとも15年は伸びたこと。(6点)
   ・ガラス製の鏡に映る正確な像が、ルネサンス絵画における遠近法の発見につながったこと。(6点)
   ・ガラスのビーカーと試験管のおかげで、古くからの錬金術が化学という現代科学に変わったこと。(6点)
4. 顕微鏡と望遠鏡は、16世紀末に数年の間に相次いで発明され、2つの新しい宇宙を切り開いた。それは、非常に遠い宇宙と、非常に小さい宇宙である。(10点)
5. 一方、19世紀の東洋と西洋の間の新しい貿易のおかげは、技術的に遅れている中国がすぐに追いつくということを意味した。(10点)

解説・配点基準

1. 配点8点

この this は直前の文 (Though the Chinese ...) の内容を指している。文意は「中国人は、他の誰よりもずっと以前に、羅針盤、水洗トイレ、火薬、紙、運河の閘門、吊り橋を発明していたが、16世紀から18世紀の間に西洋を変えた科学革命は、中国人には全く影響を与えなかった」である。

① Though が導く副詞節部分（1点）
和訳ではなく説明の問題なので、個々の発明品を挙げる必要はなく、<解答例>

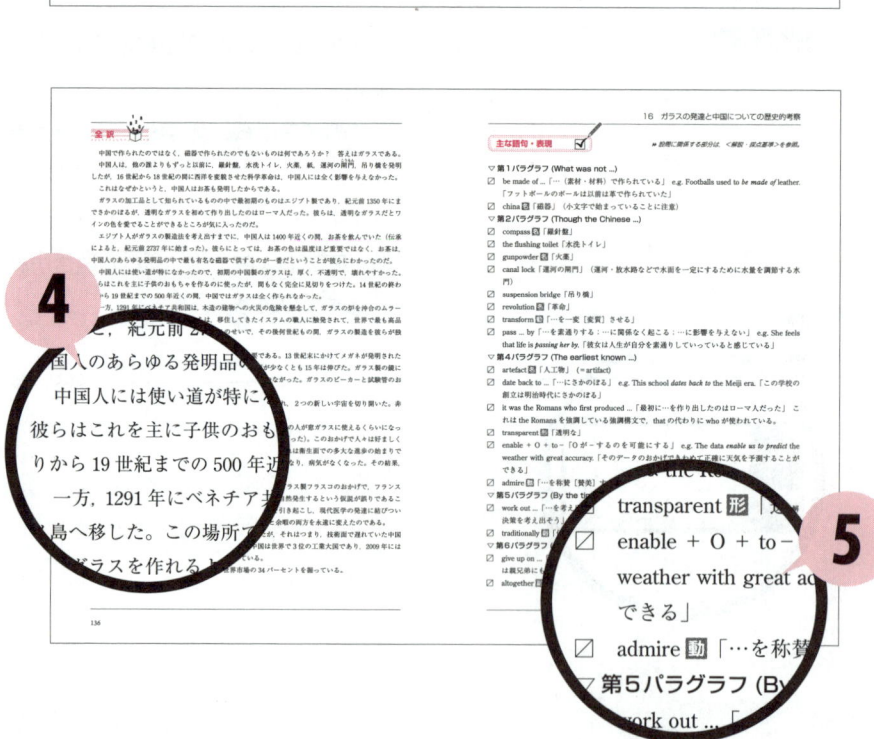

16 ガラスの発達と中国についての歴史的考察

のようにまとめられて十分である。この部分を全く抜かしているものは1点減点。

② the scientific revolution（2点）
文字通りには「科学革命」という意味だが、第9〜第10パラグラフにその内容が具体的に述べられているように、「ガラスの高度な利用法」ということなので、この一読が頻繁に含められているが、単に「科学革命」としただけのものも認める。

③ that transformed the West between the sixteenth and eighteenth centuries（2点）
この部分は和訳するだけでよい。ここを抜かしているものは2点減点。

④ completely passed them by（3点）
・この pass (人) by は「(人) を素通りする」が直訳で「(人)に影響を与えない」ということである。したがって、「中国人...
する。pass (人) by を直訳したも...って」(1点)
および them を「中国人」以外と...
・completely の抜けは1点減点。

2. 配点10点

① Its colour was less ...を修飾する副詞句である
・its は「その」でも...ているものは1点減点。
・less ... than 〜は ...
逆の意味に解して...e「温度ほど」(1点)
だった」としても減点...
② to them「彼らにとって...
形容詞の important 修飾する方...
別のものに変えているものは1点減点。
③ than temperature「温度ほど」(1点...ない。
・「温度よりも」としても減点しない。

全訳

中国で作られたのではなく、磁器で作られたのでもないものは何であろうか？答えはガラスである。中国人は、他の誰よりもずっと以前に、羅針盤、水洗トイレ、火薬、紙、運河の閘門、吊り橋を発明したが、16世紀から18世紀の間に西洋を変えた科学革命は、中国人には全く影響を与えなかった。これはなぜかというと、中国人はお茶も私用していたからである。

ガラスの加工品として知られているもの中で最初期のものはエジプト製であり、紀元前1350年にはできるのだが、透明なガラスを作って作り出したのはローマ人で、彼らは、透明なガラスでワインの色を愛でることができるところが気に入ったのである。

エジプト人がガラスの製造技術を考え出すまでに、中国人は1400年近くの間、お茶を飲んでいた (伝説によると、紀元前2737年に始まったが、彼らにとっては、お茶の色は温度ほど重要ではなく、不透明で、壊れやすかった。中国のあらゆる発明品の中で最も有名な磁器で供するのが一番ということが彼らにわかった。

中国人は使い道が特に...、初期の中国製のガラスは、厚く、不透明で、壊れやすかった。...らはこれを主に子供のおもちゃを作るのに使ったが、関心を完全に失いはけて、14世紀の終わりから19世紀までの500年近くガラスは作られなかった。

一方、1291年にベネチア共和...、木造の建物への火災の危険を軽減したし、ガラスの町をまるごと小さな...に、移してきたスラムの輸入は阻止することができた。しかし、...のあらゆる発明品の...少なくとも15年は伸びたこと。ガラス製の...人が科学がガラスを使えるくらいになって...、13世紀末にかけてメガネが発明された...の、2つの新しい宇宙を切り開いた。非...人がガラスを使えるくらいになって...ルネサンス絵画における遠近法の発見につな...ガラスのビーカーと試験管のおかげで...現代科学の発展に道びい...島へ移した。この場所で、...、技術的に遅れ...ガラスを作れる...に当時で3足の工業大国であり、2009年には...バーセントを担っていた。

主な語句・表現

▽ 第1パラグラフ (What was not ...)
□ be made of ...「〜(材料・材料）で作られている」e.g. Footballs used to be made of leather.「フットボールのボールは以前は革で作られていた」
□ china 名「磁器」（小文字で始まっていることに注意）
▽ 第2パラグラフ (Though the Chinese ...)
□ compass 名「羅針盤」
□ the flushing toilet「水洗トイレ」
□ gunpowder 名「火薬」
□ canal lock「閘門」（運河・放水路などで水面を一定にするために水量を調節する水門）
□ suspension bridge「吊り橋」
□ revolution 名「革命」
□ transform 他「〜を一変（変貌）させる」
□ pass ... by「〜を素通りする」「...に関係なく起こる」「...に影響を与えない」e.g. She feels that life is passing her by.「彼女は人生が自分を素通りしていっていると感じている」
▽ 第3パラグラフ (The earliest known ...)
□ artefact 名「人工物」(= artifact)
□ date back to ...「...にさかのぼる」e.g. This school dates back to the Meiji era.「この学校の創立は明治時代にさかのぼる」
□ It was the Romans who first produced ...「最初に...を作り出したのはローマ人だった」これは the Romans を強調した強調構文で、that の代わりに who が用いられている。
□ transparent 形「透明な」
□ enable + O + to 〜「Oが〜するのを可能にする」e.g. The data enable us to predict the weather with great accuracy.「そのデータのおかげで私たちは正確に天気を予測することができる」
□ admire 他「〜を称賛（賞賛）する」
▽ 第4パラグラフ (By the time the Ro...
□ work out ...「〜を考え出す」...
□ traditionally 副「伝統的に」...
▽ 第5パラグラフ (By the time ...
□ give up on ...「...
□ altogether 副...

冒頭に問題の合計点と解答（例），各設問の配点がまとめてあります。その後に詳細な＜解説・採点基準＞，＜全訳＞が載っています。最後に問題文中に出てくる＜主な語句・表現＞を取り上げて解説しています。

❸　記述式の設問には詳細な採点基準が載っています。採点ポイントの分け方，各ポイントの配点，どのような解答が許容範囲か，あるいは不可になるのかを，紙面の許す限り詳細に記しました。これにより，今までは漠然と「何割くらいの出来」としかつかめなかったものが，具体的な点数として算出することができ，その結果，現在の自分の実力を正確に測ることができるようになっています。
　採点の仕方は以下の通りです。

> ・各項目ごとに採点を行います。内容に誤りがある場合は，特に指定した部分を除いて，カッコ内に示した点数を減点します。各項目内で，カッコ内に示した点数を超える減点は行いません。
> ・誤字や脱字などの単純なミスは，1語につき1点減点とします。

❹　設問とは直接関係のない部分も，本文の全訳を読んで意味を確認しましょう。その上で本文全体を繰り返し読むのが，効果的な復習法です。

❺　本文中の主な語句と表現をまとめてあります。全文訳と合わせて活用して，本文への理解度を高めてください。また，単語や表現を覚える際のチェックリストとしても役に立ちます。

1　いらだつ娘，苦悩する母

■金沢大学■

解答（35点）

(a) 多くの母親は，ただ娘を見るだけで，自分を批判したとか，自分を「太った」と思っていたことで責められると述べている。（10点）

(b) 私たちが絶えずいがみ合っていたら，これからの数年間，娘が切り抜けていくのを私が助けることなど望むべくもありません。（9点）

(c) 母親たちは，娘との関係が失われたと感じて絶望するだけでなく，つかんでいたかもしれない操(あやつ)りひもを1本も残さず手放してしまうことを恐れるようになる。（16点）

解説・採点基準

(a) 配点10点

> ① **Many a mother has commented that ...**「多くの母親は…と述べている」
> （2点）

- 「many a ＋ 単数名詞」は，「many ＋ 複数名詞」と同じ意味を表し，「多くの…」という意味になる。
- comment は「述べる；言う」という意味。「コメントする」も可とする。
- that は接続詞で，文末までを commented の目的語となる名詞節にまとめている。

> ② **she has only to look at her daughter to—**「彼女は娘を見るだけで—する」
> （3点）

- she は「母親」を指している。
- have only to V は「V しさえすればよい」という意味の表現だが，have only to V_1 to V_2 とすると，「V_2 するためには V_1 しさえすればよい」という意味から，「V_1 するだけで V_2 する」と訳される表現である（to V_2 は副詞用法で「目的」を表す to 不定詞）。

> ③ **be accused of criticizing her**「彼女［娘］を批判していたと責められる」
> （3点）

- be accused of ... は「…という理由で責められる［非難される］」という意味。be accused を「訴えられる」としたものは×。
- criticize は「批判［非難］する」という意味。これと同じ意味にとれるものは可とする。
- her は「娘」を指している。この点を明らかに誤解している場合は×。

> ④ **or thinking she is fat"!**「あるいは自分［私］のことを『太っている』と思っている」（2点）

- or は be accused of に続く2つの動名詞 (criticizing と thinking) をつないでいる。この点を誤解して，「〈自分を批判していたかと責められるか〉あるいは自分が『太っている』と思っている」のように訳した場合は×。
- "fat" の引用符 (" ") は採点対象としない。fat に「デブ」も可とする。

(b) 配点9点

> ① **If we're constantly at each other's throats**「もし私たちが絶えずいがみ合っているなら」（3点）

- be at each other's throats は「(互いに) いがみ合っている」という意味の慣用句。これと同じ意味にとれるものは可とする。
- constantly は「絶えず；いつも」という意味の副詞。これのみを誤った場合は1点減点にとどめる。

> ② **how can I hope to—?**「私は−することをどうして望むことができるだろうか」（3点）

これは修辞疑問文なので，「私には−することなど望み得ない」のように，実質的な意味を書いてもよい。

> ③ **help her through these next years**「彼女がこれからの数年間を切り抜けるのを助ける」（3点）

- help O through ... は「O を助けて…を切り抜けさせる」という意味の表現。
- these next years は「これからの［次の］数年間」という意味。「これからの長い年月」という訳も可とする。

(c) 配点 16 点

> ① **Not only ... , but ~**「…するだけでなく，~（も）する」（3 点）

- 「…ではなく~」のように，only の意味が欠けているものは×。
- but を「しかし」と訳した場合は×。

> ② **do mothers despair over feeling that ...**「母親（たち）が…と感じることに絶望する」（3 点）

- do mothers despair は「助動詞＋主語＋（原形の）動詞」という形。本問のように，Not only と but との間に，主語と動詞を持つ「文」が入ると，その文は助動詞が先頭に出た（疑問文と同じ）倒置形になる。do は訳出する必要はない。
- despair over は「自動詞＋前置詞」の形で，「…に絶望する」という意味。「感じて絶望する」のように訳してもよい。
- that は接続詞で，lost までを名詞節にまとめている。

> ③ **their relationships with their daughters have been lost**「（自分の）娘との関係が失われ（てしまっ）た」（3 点）

have been lost は「絶たれてしまった；なくなってしまった」のように訳してもよい。

> ④ **they become terrified about ...**「（彼女たちは）…について恐れるようになる」（2 点）

become terrified は「恐れる；怖がる」という意味。

> ⑤ **surrendering any threads of control**「操りひもを 1 本も残さず手放してしまうこと」（3 点）

- surrendering は動名詞で，前にある前置詞 about の目的語として働く。surrender は「…を引き渡す［放棄する；捨てる］」という意味。
- threads of control は，文字通りには「制御［支配］の糸」である。これは，操り人形を動かすひものように，母親が娘をコントロールする力を比喩的に表したものである。

> ⑥ **they may have held**「（自分が）つかんでいたかもしれない」（2 点）

- they の前には，held の目的語として働く関係代名詞が省略されている。
- may have p.p. は「…したかもしれない」という意味。
- held には「持っている」なども可とする。

全訳

　10代の少女は，少々がっかりするようなことから，否定しようのない悲しい出来事まで，ほとんどすべてのことに，ほとんど同じくらいの激しさで，いらだち腹を立てる。青春期の若者は，全く悪意のない言葉でも，軽く見られたとか，場合によってはひどい侮辱を受けたと思ってしまうことはよく知られている。多くの母親は，ただ娘を見るだけで，自分を批判したとか，自分を「太った」と思ったとして責められると述べている。逆説的な言い方になるが，母親の疑いなき愛情のせいで，娘は安心感を抱くために，母親がほとんど関係のない場合でも，いらだちや反感の多くを遠慮なく母親に向ける。そのような人はおそらく，自分はどんなことも決して正しく言ったり行ったりできないと感じてうんざりしている母親の仲間入りをしたのであろう。

　ときに，娘との関係がさらに悪化することもある。35歳のシングルマザーであるアンの言葉を借りれば，「私は今までに想像したことのないレベルのいさかいと取っ組み合っています。13歳になってからモーガンは，私の話を聞いたり私を敬う必要はないと決め込んだも同然です。彼女が私に接する態度は軽蔑以外の何物でもありません。私たちの関係がこんなになってしまったことがショックで，これから先のことを考えるとぞっとします。私たちが絶えずいがみ合っていたら，これからの数年間，彼女が切り抜けていくのを私が助けるなど望むべくもありません。私が彼女をアルコールやドラッグや，その他もろもろの危険から守ることなどどうしてできるでしょう」

　母親たちは，娘との関係が失われたと感じて絶望するだけでなく，つかんでいたかもしれない操りひもを1本も残さず手放してしまうことを恐れるようになる。

主な語句・表現

▶ 設問に関係する部分は，＜解説・採点基準＞を参照。

▽ 第1パラグラフ (Teenage girls bristle ...)
- ☐ bristle 動「いらだつ；けんか腰になる」
- ☐ rage 動「激怒する」
- ☐ disappointment 名「がっかりさせること；失望のもと」
- ☐ undeniable 形「否定できない；明白な」
- ☐ tragedy 名「悲劇」
- ☐ intensity 名「強烈さ；激しさ」
- ☐ adolescent 名「青年」
- ☐ perceive O as ... 「O が…であることがわかる」　e.g. This discovery was *perceived as* a major breakthrough.「この発見は大きな躍進であると考えられた」

- ☐ the most harmless of comments「コメントの中で最も悪意のないもの」→「まったく悪意のないコメント」
- ☐ slight 名「軽蔑；侮辱」
- ☐ insult 名「侮辱」
- ☐ paradoxically 副「逆説的に」
- ☐ unquestioned 形「疑いのない；絶対的な」
- ☐ feel free to－「自由に［遠慮なく］－する」
- ☐ direct 動「向ける」
- ☐ hostility 名「敵意；反感」
- ☐ regardless of whether S V「S V かどうかに関係なく」 e.g. *Regardless of whether* he is right or wrong, we have to abide by his decisions.「彼が正しくても間違っていても，私たちは彼の決定には従わなければならない」
- ☐ be involved「関係［かかわり］がある」
- ☐ remotely 副「ほんのわずか」
- ☐ likely 副「たぶん；おそらく」
- ☐ join the ranks of ...「…の仲間入りをする」 e.g. He has *joined the ranks of* the unemployed.「彼は失業者の仲間入りをした」
- ☐ be tired of ...「…にうんざりしている」

▽ 第2パラグラフ (At times your relationship ...)
- ☐ at times「時々」
- ☐ worsen 動「さらに悪くなる」
- ☐ as S put it「S が言ったように［S の言葉を借りれば］」
- ☐ deal with ...「…を扱う［処理する］」
- ☐ pretty much「だいたい；ほとんど；まさに」
- ☐ nothing but ...「…以外の何物でもない；ただ…のみ」
- ☐ contempt 名「軽蔑；侮辱」
- ☐ and all the rest「その他もろもろ；などなど」 e.g. Bob, Mark, Betty *and all the rest* are coming to the party tonight.「ボブ，マーク，ベティ，その他もろもろが今夜のパーティーにやって来る」

2　日本における国際結婚の広がり

■岡山大学■

解答　（40点）

(1)　日本に短期滞在のつもりで来たが，日本人と結婚して家庭を持ち，仕事も安定してきたため，日本に長期に滞在することになっている状況。（63字）（10点）

(2)　しかしながら，時が経つにつれ，そして彼らが日本の生活様式をより快適に感じ，そしてもしかすると，さらにその特別な人に出会うと，彼らはまもなく仮の住まいが長期の，いやそれどころか永住の家になったことに気づく。（12点）

(3)　(a)　9,000　　(b)　日本人男性が外国人女性と結婚するケース（各4点）

(4)　日本人の外国人に対する見方がより肯定的で柔軟なものになったため。また，日本を訪れる外国人が増えたため。（51字）（10点）

解説・採点基準

(1)　配点 10 点

　　第1パラグラフで述べられているフェン氏の置かれている状況を，指定された字数の中でまとめることを考える。フェン氏の状況を箇条書きにしてみると，以下のようになる。

> ①　短期滞在のつもりで日本にやって来た。（2点）

　　この点は，フェン氏の「現在の状況」とは直接関係がないが，現在の状況に至るまでに起こった重要な精神面での変化を説明するために，ぜひ触れておきたい点である。

> ②　日本人女性と出会い，結婚した。（3点）

　　国際結婚をしたという点は，本文全体の内容から考えても非常に重要であるので，必ず解答に含めたい内容である。配点も当然高くなる。なお，「女性」は特に明記しなくてもよい。

> ③　子供ができて家庭を持った。（1点）

　　これは②を補足する内容なので，それほど配点としては高くないが，字数が許せば含めておきたい内容である。なお，「子供ができる」と「家庭を持つ」はどちら

か一方のみを書くだけでもよい。

> ④ **仕事が安定してきた。**（1点）

　これもフェン氏が日本に長期滞在するようになった理由の1つなので含めたいが，③と同様にそれほど重要なポイントではないので，配点は1点となる。

> ⑤ **日本に長期滞在することになり，いつ祖国へ帰るかわからずにいる。**（3点）

　これはフェン氏の現在の状況の中心となる部分なので，必ず含めなければならない。なお，「いつ祖国へ帰るかわからずにいる」という部分は省略してもよい。

(2) 配点12点

> ① **However, ...**「しかし（ながら）；ところが；だが…」（1点）

> ② **as time goes by**「時が過ぎるにつれて」（2点）

　as は接続詞で，「…するにつれて」という意味だが，「時が過ぎると」のように訳しても誤りではない。「時が過ぎる<u>ので</u>」は誤り。go by は「過ぎる」という意味。

> ③ **and as they become more comfortable with the Japanese lifestyle**「そして彼らが日本の生活様式［ライフスタイル］をより快適に感じるようになる…と」（2点）

　この as も②の as と同じ接続詞。as はこの後の④の部分までを副詞節にまとめるので，as の意味は，④の部分の後に訳すのがよい。この as は「…するにつれて」が基本の意味だが，④の部分とのつながりから，「…する<u>と</u>」のように訳してもかまわない。become comfortable with ... は「…を快適に［心地よく］感じる（ようになる）；…に満足を感じる（ようになる）；…に慣れる（ようになる）」などの訳し方が可能。

> ④ **and maybe also meet that special person**「そしてもしかするとさらにその特別な人に出会う〈と〉」（2点）

　この部分は，③の as がまとめる副詞節の中で働く。as の訳し方は上の③を参照のこと。maybe や also の訳抜けは各1点減点とする。that special person「その特別な人」とは「結婚相手」のことを指しているが，文中の特定の人物を指しているわけではないので，that「その」は訳さなくてもよい。この部分が as 節の中にあ

ることがわかっていない場合は，構文上の大きな誤りなので２点減点する。

> ⑤　**they soon find that ...**「彼らはすぐに［まもなく］…に気づく」（１点）

　they と find が主節の主語と動詞である。find の訳語は「知る；見つける；わかる」などでもよい。

> ⑥　**their temporary residence**「彼らの一時的な住居」（２点）

　that 節内の主語となる表現。their は訳さなくてもよい。temporary は「一時的な［仮の；つかの間の］」という意味の形容詞。residence は「住居［住まい；家］」という意味の名詞。

> ⑦　**has become a long-term, or even permanent, home**「長期の，いやそれどころか永住の家になった」（２点）

　has become が現在完了形の動詞で，home がその補語である。has become の訳として「…になった；…になっている」はよいが，「…になる」は誤りである。long-term は「長期の」という意味の形容詞で，home を修飾している。or は home にかかる２つの形容詞 long-term と（even）permanent を接続している。permanent は「永久の」という意味の形容詞。even は permanent を修飾する副詞。even は「…さえ」と訳す場合が多いが，本問ではこれでは訳しにくいので，「（いや）それどころか…」のように訳すとよい。even の訳抜けや訳の誤りは１点減点する。

(3)　配点８点（各４点）
(a)　one-quarter は「４分の１」という意味だが，具体的には，直前の文（According to the Ministry ...）に「厚生労働省によると，1985 年から 2003 年に，日本人と外国人の間の結婚は，約１万２千件から<u>３万６千件</u>へと３倍に増えた」とあることから，この「３万６千」の「４分の１」であることがわかる。したがって（36,000 ÷ 4 =）9,000 が正解となる。なお，解答は数字のみを答えてもよいし，「<u>9,000 件の（国際）結婚の数</u>」のように補ってもよい。
(b)　the opposite case「正反対のケース」とは，この文の前半部で述べられている marriages of Japanese women to non-Japanese men（日本人の女性と外国人の男性との結婚）と「正反対」になる国際結婚の事例を表すので，「日本人の男性が外国人の女性と結婚すること」と答えればよい。なお，解答の結び方は，単に「結婚」

でもよいし,「結婚する<u>ケース</u>」のように補ってもよい。

(4) 配点10点

　　日本において国際結婚 (international marriage) が増えた理由については,第4パラグラフと第5パラグラフで述べられている。まず,第4パラグラフ第1文 (This increase in ...) に「このような多文化結婚の増加は,<u>国内と世界の両方の傾向と関係がある</u>」とあることから,「国内的な理由」と「国際的な理由」を書けばよいことがわかる。60字以内という字数指定なので,1つの理由を30字以内でまとめる目安となるので,あまり多くのことは書けない。あまり欲張ろうとせずに,最も大事な点を端的にまとめるよう心がけるべきである。

① **国内的な理由**については,第4パラグラフの中で以下のような指摘がなされている。特に重要な点は下線部の(1)から(5)であるが,指定字数から見て,これらをすべて書くことは不可能であり,しかも5つの下線部は基本的に同趣旨のことを述べているため,5つの下線部の中のいずれか1つに相当する内容が書いてあれば正解(**5点**)とする。明らかな誤解を含む表現や,下線部について全く触れていないものは5点減点(0点)する。下線部以外のことは,書いてあってもなくても得点には影響しない。

・第2文 (As the Japanese ...):「日本人が国際化されるにつれて,(1)<u>彼らの外国人に対する見方は,今はより肯定的で柔軟なものになっている</u>」

・第3文 ("Japanese have a ..."):「『(2)<u>日本人の世界的な認識は昔より高まっている</u>』と述べるのは,日本社会の変化を研究している社会学教授デービッド・シッパー博士である」

・第4文 ("In areas such ..."):「環境,大衆文化,国際交流といった分野では,日本の人々,特に若者は,(3)<u>外国文化に対して彼らの親や祖父母たちよりもより開かれた態度をとるようになっています</u>。彼らは(4)<u>外国の人々と関わり合って友達になることにそれほど抵抗がなく</u>,そのことが時に,外国人との恋愛関係や結婚につながることがあるのです」

・最終文 (According to Dr. Schipper, ...):「シッパー博士によると,今日では(5)<u>国際結婚を否定するような文化的態度は少なくなり</u>,この事実は,若者が外国人の配偶者を真剣に考えるのをより容易にしている」

2 日本における国際結婚の広がり

② **国際的な理由**については，第5パラグラフに以下のように述べられている。特に重要なのは以下に示した第1文と第2文中の下線部である。この2つも基本的に同趣旨なので，いずれかに相当する内容であれば正解（**5点**）とする。その他の採点の仕方は，上記の①に準ずる。

- 第1文 (Another explanation for ...)：「国際結婚が増加したもう1つの説明は，(1)<u>日本で旅行や生活や仕事をする外国人が増えたこと</u>と関わっている」
- 第2文 (Because of relaxed ...)：「この国がアジアからの，そして世界中の旅行者を引きつけようとますます努力しているのと同様に，熟練労働者に対する入国法が緩和されたために，(2)<u>日本を都合のよい旅行先だと感じる旅行者はますます増えている</u>」

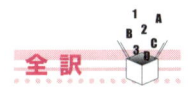

全訳

　2004年にフェン・チェンが，ある国際企業の東京支社で働くため，上海から日本に初めてやってきた時，彼はこの国に1年か2年以上滞在するつもりはなかった。その後彼は将来妻になるチエコに出会い，すべてが変わった。「その時まで，私は日本文化にあまり愛着を感じませんでした」とフェンは言う。「仕事をしていない時，私はたいてい家にいるか他の中国人と一緒に外出していました」今では子供が2人できて会社での地位もより安定したので，フェンは日本での自分の将来のことを考え直している。「最初の頃は，私は中国の家族の所へ帰れる日が来るのを楽しみにしていました。でも今は，ここにいる中国人の友達の何人かと同じように，私には日本に家族がいるので，いつ帰るのか，あるいは帰るのかどうかさえ私にはよくわかりません」

　フェンの状況は，決して珍しくない。若者らしい冒険や定職を求めて来訪する人は，短期間滞在してから旅を続けるか自分の国へ帰るというつもりで，この国にやって来ることが多かった。しかしながら，時が経つにつれ，そして彼らが日本の生活様式をより快適に感じ，そしてもしかすると，さらにその特別な人に出会うと，彼らはまもなく仮の住まいが長期の，いやそれどころか永住の家になったことに気づく。

　実際，国際結婚は最近では日本においてますます広まっている現象となっている。かつてはかなり珍しかったが，このような結婚は，現在1年間の日本における全結婚件数の5パーセント近くを占めている。厚生労働省によると，1985年から2003年に，日本人と外国人の間の結婚は，約1万2千件から3万6千件へと3倍に増えた。これらの中では，4分の3が日本人の女性と外国人の男性との結婚で，残りの4分の1はそれとは逆のケースである。国籍の点では，これらの国際結婚の統計で示されている上位3カ国は，韓国と米国と中国である。

　このような多文化結婚の増加は，国内と世界の両方の傾向と関係がある。日本人が国際化されるにつれて，彼らの外国人に対する見方は，今はより肯定的で柔軟なものになっている。「日本人の世界に対する認識は昔より高まっている」と述べるのは，日本社会の変化を研究している社会学教授デービッド・シッパー博士である。「環境，大衆文化，国際交流といった分野では，日本の人々，特に若者は，外国文化に

対して彼らの親や祖父母たちよりもより開かれた態度をとるようになっています。彼らは外国の人々と関わり合って友達になることにそれほど抵抗がなく，そのことが時に，外国人との恋愛関係や結婚につながることがあるのです」 シッパー博士によると，今日では国際結婚を否定するような文化的態度は少なくなり，この事実は，若者が外国人の配偶者を真剣に考えるのをより容易にしている。

　国際結婚が増加したもう１つの説明は，日本で旅行や生活や仕事をする外国人が増えたことと関わっている。この国がアジアからの，そして世界中の旅行者を引きつけようとますます努力しているのと同様に，熟練労働者に対する入国法が緩和されたために，日本を都合のよい旅行先だと感じる旅行者はますます増えている。そしてこれらの一時的な旅行者の中には，結婚して子をもうけるなど，当初予想していたよりも長く滞在する理由を見つけ出している人もいる。これはフェン・チェンなどの本土の中国人に特に言えることである。1985 年には，およそ 10 件に 1 件の国際結婚に中国国籍の人が含まれていたのに対し，今日ではその数は 3 件に 1 件に近づいている。だからフェン・チェンは上海の家族から離れていて少し寂しく感じるかもしれないが，日本国民と結婚しているますます多くの中国人が，この国を故国と呼ぶことがどんどん多くなっているという事実に，彼は慰めを見いだすことができる。

主な語句・表現

▶ 設問に関係する部分は，＜解説・採点基準＞を参照。

▽ 第１パラグラフ (When Feng Chen ...)
- ☐ feel attached to ...「…に愛着を感じる」
- ☐ stable 形「安定した」
- ☐ at first「最初（の頃）は」 e.g. I didn't like the job much *at first*.「私は最初の頃はその仕事があまり好きではなかった」
- ☐ look forward to ...「…を楽しみに待つ」 e.g. He is *looking forward to* going home.「彼は故郷へ帰るのを楽しみにしている」
- ☐ I'm not sure when, or if, ...「いつ…するか，あるいは…するかどうかが私にはわからない」

▽ 第２パラグラフ (Feng's situation is ...)
- ☐ youthful 形「若者らしい」
- ☐ steady 形「変わらない；決まった」
- ☐ with the intention of －ing「－する意図を持って［－するつもりで］」 e.g. He left America *with the intention of traveling* in Africa.「彼はアフリカを旅するつもりでアメリカを発った」
- ☐ travel on「旅を続ける」

▽ 第３パラグラフ (In fact, international ...)
- ☐ phenomenon 名「現象」
- ☐ wedding 名「結婚式」
- ☐ account for ...「…の割合を占める」 e.g. African-Americans *account for* 12% of the US population.「アフリカ系アメリカ人は米国の人口の 12 パーセントを占める」
- ☐ marriage 名「結婚」
- ☐ in a given year「１年間の」 この given にあまり強い意味はない。

2　日本における国際結婚の広がり

- [ ] triple 動「3倍になる」
- [ ] quarter 名「4分の1」
- [ ] in terms of ...「…の点から；…に関して」　e.g. *In terms of* money, I was better off in my last job.「お金の点から言えば，前の仕事の方がよかった」
- [ ] represent 動「（実例として）示す」

▽ 第4パラグラフ (This increase in ...)
- [ ] multi-cultural 形「多文化の」
- [ ] is related to ...「…と関係がある」　e.g. Physics *is* closely *related to* mathematics.「物理学は数学と密接な関係がある」
- [ ] domestic 形「国内の」
- [ ] global 形「地球の；世界の」
- [ ] positive 形「肯定的な」
- [ ] flexible 形「融通の利く；柔軟な」
- [ ] global awareness「世界的な認識」
- [ ] relate to ...「…と関わり合う［共感する］」　e.g. Many parents find it hard to *relate to* their children when they are teenagers.「ティーンエイジャーの子供とうまく接することが苦手な親が多い」
- [ ] a fact which makes it easier for young people to −「若者が−するのをより容易にする事実」　この a fact は，直前の today ... marriage を言い換えたもの。
- [ ] partner 名「つれあい；配偶者」

▽ 最終パラグラフ (Another explanation for ...)
- [ ] relaxed 形「〈規則などが〉あまり厳しくない，緩やかな」
- [ ] immigration law「移民法」
- [ ] skilled worker「熟練労働者」
- [ ] as well as ...「…と同様に」　e.g. Women, *as well as* men, have a fundamental right to work.「男性と同様に女性にも，基本的な労働の権利がある」
- [ ] efforts to −「−しようとする努力」
- [ ] attract 動「引きつける」
- [ ] favorable 形「有利な；都合のよい」
- [ ] destination 名「目的地」
- [ ] anticipate 動「予想する」
- [ ] such as ...「…のような」　e.g. Cartoon characters *such as* Snoopy are still popular.「スヌーピーのようなアニメキャラクターは今でも人気がある」
- [ ] start a family「子をもうける」
- [ ] mainland Chinese「本土［大陸］の中国人」
- [ ] national 名「…国籍の人」
- [ ] take comfort in ...「…に慰めを見いだす」
- [ ] call(V) this country(O) home(C)「この国を故国と呼ぶ」

19

3　人生の変化への対処法

■筑波大学■

解答　（40点）

1．(D)（3点）
2．(C)（4点）
3．(B)（3点）
4．変化を受け入れて新しいことに柔軟に対応するのか，あるいは，変化を拒んで未来を失い，立ち往生するのかという選択権は，あなたにあるということ。

(14点)

5．change　（3点）
6．あなたが何かについて語ることができる方法の数が，それについてあなたが考えることができる方法の数を決定する。（10点）
7．(A)（3点）

解説・採点基準

1．配点3点

　空所を含む文中の the idea とは，第1パラグラフから，舞台負けという感情を表すのに「怖い」とか「緊張して」という言葉ではなく，もっとよい言葉（後で示されているように newfeeling という言葉）で表す方がよい，という考え方であることがわかる。また，その言葉が助けとなって，筆者は人生における変化を受け入れてきたという記述もある。

　第2パラグラフ以降には，この考え方は筆者の息子も採用していて，新しい学校に通い始める時にも役に立ったことが述べられている。以上のことから，筆者はこの考え方を非常に肯定的にとらえていることがわかる。したがって，「この考え方は（　　　）する価値がある」の空所には肯定的な内容が入ることがわかる。

　選択肢を見ると，(A)「…を避ける」，(B)「…を恐れる」，(C)「…を飛ばす；…から逃げる」，(D)「…を（人と）分かち合う」であり，この中で肯定的内容を持つのは(D)だけである。したがって，正解は(D)に決まる。

3 人生の変化への対処法

2. 配点 4 点

　第 12 パラグラフに，「学校の初日に，コナーは『恐怖』を感じないように，自分はただ『新感覚 (newfeeling)』を持っているのだと自分に言い聞かせた。私たちはこれについて家でよく話し合っていたので，彼はこれが普通で自然な感じなのだとわかっていた」とある。

　以上から，息子は newfeeling という言葉を使うことにより，「恐怖」という否定的な感情を持たないようにしていたことがわかる。したがって，正解は(C)「彼は否定的になりたくなかったから」である。

　他の選択肢の意味は，(A)「彼は『怖い』という言葉を忘れたから」，(B)「彼の父親が『新感覚』という言葉が嫌いだったから」，(D)「彼は新しい言葉を作る才能を見せたかったから」であり，いずれも適切ではない。

3. 配点 3 点

　下線部の over the moon は「大喜びして，有頂天になって」の意味の慣用表現である。したがって，正解は(B)「とてもうれしい」である。

　この慣用表現を知らなくても，第 6 パラグラフの「newfeeling という言葉については何年も前からコナーと話していて，この言葉が学校の初日という子供にとっては最大の変化の日に対処する助けとなった」という内容から，父親が喜んでいたことは推測できるだろう。

　他の選択肢の意味は，(A)「とても怒って」，(C)「とても孤独で」，(D)「とても怖がって」であり，いずれも適切ではない。

4. 配点 14 点

① The choice（12 点）

　下線部の The choice の内容は，直前にある Flexible or stuck? という二者択一を指しているが，本問では flexible と stuck の訳語だけを示しても満点は期待できない。この 2 語については，ある程度の具体的説明が要求されていると考えられる。flexible は「柔軟な；自由に変えられる」，stuck は「立ち往生する；前に進めない」という意味であるが，それぞれの具体例は第 8 パラグラフの事実 2 ．の項目に示されている。すなわち「変化するのを拒む人は，未来を失う (= stuck)」，「昔のガールフレンドにしがみつく (= stuck) のをやめてはじめて，新しいガールフレンドが

できる (= flexible)」である。この例から，flexible については「**変化を受容；新しいことへの対応；『柔軟さ』などの訳語**」の3要素（2点×3＝6点）を，stuck については「**変化を拒絶；未来を失う；『立ち往生』などの訳語**」の3要素（2点×3＝6点）を解答に入れるべきであると判断できる。これらの要素を欠いているものは，1つにつき2点減点とする。

> ② 〈The choice〉 is yours.（2点）

「〈その選択の権利［自由］〉はあなたにある；〈どちらを選ぶのも〉あなたの自由だ」の意味に解釈できないものは2点減点とする。

5．配点3点

下線部は「我々は決まった型を捜し求め，確実性を愛する傾向がある」という意味である。ここで「決まった型」や「確実性」は，「変化を拒むこと」の象徴であると考えることができる。

したがって，下線部を言い換えた「我々は（　　）したくないのが普通だ」という文の空所には，「変化」を入れればよいことがわかる。空所には to 不定詞の to に続く動詞の原形が入るので，正解は **change** である。

6．配点10点

> ① **The number of ways you can talk about something determines ...**「（あなたが）あることについて話すことができる方法の数が，…を決める」（**6点**）

- The number が主語で，determines が動詞である。この関係がわかっていないものは6点減。of ways は，主語の The number を修飾する形容詞句である。the number of ... は「…の（総）数」の意味。これを，a number of ...「多くの［いくつかの］…」と混同しているものは6点減点。
- determine は「…を決定する［決める］」の意味。この語の誤解は3点減点。
- ways S + V は「SVする方法；SVの仕方」の意味である。ways の後には in which または that（関係副詞）が省略されていて，S + V が ways を修飾する形容詞節になっている。you は一般人称なので，訳出しなくてもかまわない。ways you can talk about something は「（あなたが）あることについて話すことができる方法」が直訳だが，「あなたが何通りの方法であることについて語ることがで

3　人生の変化への対処法

きるか」のような訳出も可。この部分の誤解は3点減点。

> ②　**the number of ways you can think about it**「（あなたが）それについて考えることができる方法の数」（4点）

- the number が determines の目的語になっている。この部分の文構造は，①で述べたこととまったく同じである。a number of ...「多くの［いくつかの］…」との混同は4点減点。
- you は一般人称なので，訳出しなくてもかまわない。it は something を指しており「それ」と訳出すればよい。全体を「（あなたが）それについて考えることができる方法の数；（あなたが）何通りの方法でそれについて考えることができるか」などとする。この部分の誤解は4点減点。

7．配点3点

　アドレナリンについては，第1パラグラフ第2文 (I mentioned all ...) に記述があり，「快適ゾーンの外にいるときに誰もが経験するアドレナリンの奔流」と述べられている。ここで「快適ゾーン」とは，文脈から「不安や恐怖を感じない状況［状態］」と考えることができるので，アドレナリンが出るのは，「快適ゾーンの外」すなわち「不安や恐怖を感じているとき」であると判断できる。
　つまり，アドレナリンは「不安・恐怖」の象徴とも考えることができる。以上から，正解は(A)「不安；心配」となる。
　他の選択肢の意味は，(B)「限界」，(C)「自然さ」，(D)「情熱」であり，適切ではない。

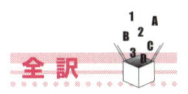

全訳

　私は自分が舞台であがることについての感じ方を変えるつもりであったなら，それを表すのに使っている言葉を変えなければならなかった。私はこうしたことすべてを古い友人に話した。そして私たちは一緒に，快適ゾーンの外にいるときに誰もが経験するアドレナリンの奔流を表すのに，「怖い (scared)」とか「緊張して (nervous)」よりもよい言葉を考え出した。何年もの間，この言葉は，人生とともにやってくる変化を私が受け入れる助けとなってきた。しかし昨年，あることが起こり，そのせいで私はこの考え方は分かち合う価値があるということがわかったのである。
　私は5歳の息子コナーを，新しい学校のオリエンテーションの日に連れて行く途中だった。私たちは一緒に歩いていて（私は彼を肩車していた），彼は私の頭の後ろにしっかりつかまりながら，なかなか幸福そうだった。
　彼はおしゃべりをして，5歳児にとってはとても重要な質問をした。「学校ではテレビゲームはどこに

しまっておくの？」「学校にケーブルテレビはあるの？」「アイスキャンディーを買うにはどこへ行けばいいの？」といった質問だ。

その後私たちは角を曲がると，コナーは言葉の途中で凍りついてしまった。彼は堂々とした校門と，騒がしい年長の子供の集団を目にしたのだ。私は彼の小さい両手が私の髪の毛をぎゅっと握るのを感じると，彼はとてもおとなしくなってしまった。

「父さん，おなかの中がとても変な感じで，少し恥ずかしいよ」と彼はささやいた。怖いのか，と私は聞いた。「ちがうよ！」彼は言った。「怖いなんかない。新しい感じ (newfeeling) がするだけだよ」

新しい感じ (Newfeeling) だって！ 何年も前に私が作って，コナーと話していたこの言葉が，彼のこれまでの短い人生の中で，最大の変化の日に対処する助けとなっていたのだ。私は大喜びしていた。

変化が好きな人はいない。私は薬剤師からコピーライターになり，コメディアンになり，ワインについて書く記者になり，作家兼講演者になったが，変化はとても難しいものだといまだに思っている。「変化なんて全く怖くないさ！ 私は変化の達人だ」とうそぶく人がいるならば，そいつを指さしてこう言えばいい。「それはうそだ！」 しかし，何度も転職してきたせいで，私は結局，変化するには何が必要かについての研究家になったのだ。

それはつまるところ，次の２つの重要な事実に行き着く。

１．人生は変化である。これが理解できればあと半分だ。私は「人生は変化に満ちている」とか「変化は人生のとても大きな部分だ」などと言っているのではない。違うのだ，人生こそが変化なのである。私は若いころ，人生とは，妻と２人の子供と一緒に座っていられて，すべてが順調であるように十分な資産を築くことだといつも考えていた。しかし，事実２の中で扱われている過ちを犯すことで私は事実１を体得したのだ。

２．変化するのを拒む人は，過去を手放さないのではなく，未来を失うのだ。昔のガールフレンドにしがみつくのをやめるまで，新しいガールフレンドはできない。私は広告の仕事を辞めるまでコメディーの世界に身を投じることができなかった。柔軟性を持つのか，それとも立ち往生するのか？ どちらを選ぶのもあなたの自由だ。

我々は決まった型を捜し求め，確実性を愛する傾向がある。何か違うことを試みていると，脳の一部がアドレナリンを分泌させ，そのせいで掌に汗をかいたり，内臓が締めつけられるような感じがする。このようなことを言い表すのに我々が持っている英単語は否定的なものだけであるのはとても残念なことだ。これを恐怖感 (fear) や不安 (nerves) と呼ぶ人もいれば，胃の締めつけ感 (knots) と呼ぶ人もいる。悲しいことに，一部の人にとっては，「言葉を勉強するのを妨げている／事業を始めるのを妨げている／あの娘に電話するのを妨げているのはそういうこと」なのである。

そういうわけで私は「新感覚」(newfeeling) の方が好きである。これは中立的だ。暑い日に外を歩くと「暑い」と感じるのと同じように，快適ゾーンの外に出ると「新感覚」を得るのだ。「暑い」と「新感覚」がいいのか悪いのかはあなた次第である。

適切な言葉を選ぶことの真の重要性を説明するために，哲学者のウィトゲンシュタインの言葉を引用しよう。「ある人の言語の限界は，その人の世界の限界である」 何かについて語ることができる方法の数が，それについて考えることができる方法の数を決定し，そしてそれについてどう感じるのかを決定するのだ。だから言葉を変えて，意味を変えて，感覚を変えようではないか。

学校の初日に，コナーは「恐怖」を感じないように，自分はただ「新感覚」を持っているのだと自分に言い聞かせた。私たちはこれについて家でよく話し合っていたので，彼はこう感じるのが普通で自然なことだとわかっていたのだ。

3 人生の変化への対処法

私は演壇に上がる時はいつでも、部屋の奥に立ち、「マーティー、お前は怖がっているんじゃない、新感覚を持っているんだ」と自分に言い聞かせる。これでアドレナリンが消えてなくなることはないのだが、こうすることでアドレナリンが出るのは普通のことで、恐ろしいことではないのだと考えられるのだ。

主な語句・表現 ✓

▶ 設問に関係する部分は、＜解説・採点基準＞を参照。

▽ 第1パラグラフ (If I was ...)
- ☐ stage fright「舞台であがること；舞台負けして物おじすること」
- ☐ mention A to B「A を B（人）に話す」 e.g. Don't *mention* the matter *to* anyone.「それを誰にもしゃべらないでくれ」
- ☐ mate 名「仲間，友達」
- ☐ come up with ...「〈提案など〉を考えつく」 e.g. He *came up with* an answer to our problem.「彼は私たちの抱える問題の1つに解決策を見い出した」
- ☐ scared 形「怖い」
- ☐ the adrenaline rush we all get「我々皆が経験するアドレナリンの奔流」 rush と we の間には get の目的語となる関係代名詞が省略されている。adrenaline rush は「アドレナリンの奔流［ほとばしり］」の意味。
- ☐ when out of our comfort zones「我々が快適ゾーンの外にいるとき」 これは when we are out of ... から we are が省略された形（副詞節中の「S + be 動詞」の省略）。one's comfort zones「快適ゾーン」とは「不安や恐怖を感じない状況［状態］」といった意味で使われている。
- ☐ embrace 動「…を受け入れる」
- ☐ something happened to make me realize ...「私に…を理解させることが起こった」 to make 以下は something を修飾する形容詞用法の不定詞。

▽ 第2パラグラフ (I was taking ...)
- ☐ my five-year-old son「私の5歳の息子」 この five-year-old は形容詞。
- ☐ carry ... on one's shoulders「…を肩車する」
- ☐ hang onto ...「…にしっかりつかまる［しがみつく］」 e.g. He fell because he could no longer *hang onto* the rope.「それ以上ロープにしがみついていることができず彼は転落した」

▽ 第3パラグラフ (He chatted away, ...)
- ☐ chat away「おしゃべりする」 e.g. They were *chatting away* in the restaurant.「彼らはレストランでおしゃべりをして過ごした」
- ☐ a five-year-old「5歳の子供；5歳児」 この five-year-old は名詞。

▽ 第4パラグラフ (Then we turned ...)
- ☐ freeze 動「〈人が恐怖などで〉凍りつく，血の気が引く」
- ☐ in mid-sentence「文［言葉］の途中で」
- ☐ imposing 形「〈人・建物などが〉堂々たる，人目を引く」

- ☐ grip 動「…をぎゅっとつかむ［握りしめる］」

▽ **第5パラグラフ (He whispered, "Dad, …)**
- ☐ whisper 動「ささやく」
- ☐ all funny「とても変な」 この all は「とても，あまりにも」の意味の強調の副詞。
- ☐ stomach 名「腹；おなか；胃」

▽ **第6パラグラフ (New feeling! This word …)**
- ☐ This word I'd made up years earlier and had talked about with Conner「私が何年も前に作り出し，コナーと話題にしていたこの言葉」 word の後には，made up，および前置詞 about の目的語となる関係代名詞が省略されている。
- ☐ cope with …「〈問題など〉に対処する」 e.g. He'll *cope with* all the work.「彼なら仕事をすべてなんとかうまくやるだろう」
- ☐ so far「これまでに；今までは」 e.g. I think we've done pretty well *so far*.「今までのところうまくやっていると思う」

▽ **第7パラグラフ (No one loves …)**
- ☐ I'm a pharmacist turned copywriter turned …「私は薬剤師からコピーライターになり，…になった」 この turn は「…になる」の意味だが，このように turned … という表現を繰り返すことで，筆者の職歴を表している。
- ☐ I still find change very challenging「私はいまだに変化は非常に難しいものだと思っている」 I(S) still find(V) change(O) very challenging(C) の第5文型。
- ☐ scare 動「…を怖がらせる」
- ☐ master 名「達人」
- ☐ career 名「職業」
- ☐ end up -ing「結局-することになる」 e.g. The restaurants were all full and we *ended up eating* hamburgers at home.「レストランはどこもいっぱいだったので，結局家でハンバーガーを食べるはめになった」
- ☐ student 名「研究家」
- ☐ what it takes to change「変化するのに必要なもの；変化するのに何が必要か」 前置詞 of の目的語になっている名詞節だが，what は関係代名詞と考えても，疑問代名詞と考えてもよい。

▽ **第8パラグラフ (It all comes …)**
- ☐ come down to …「結局…に行き着く［落ち着く；集約される］」 e.g. It *comes down to* a single choice: war or peace.「結局は戦争か平和かのどちらか1つを選ばなければならないということだ」
- ☐ be halfway there「〈仕事などを〉半分終えたところである；道半ばである」
- ☐ the mistake covered in …「…で扱われている過ち」 この covered は過去分詞の形容詞用法。
- ☐ throw oneself into …「…に身を投じる」 e.g. He *threw himself into* the labor movement.「彼は労働運動に身を投じた」
- ☐ flexible 形「柔軟な，融通のきく」
- ☐ stuck 形「立ち往生して」

3　人生の変化への対処法

▽ 第9パラグラフ (We tend to ...)
- ☐ release 動「…を分泌［放出］する」
- ☐ sweaty palms「汗をかいた掌」
- ☐ tight feeling「締めつけられる感じ」
- ☐ guts 名「内臓」
- ☐ It's such a shame that ...「…ということはとても残念なことだ」　It は形式主語で，that 以下が真主語になっている。
- ☐ nerves 名「不安」
- ☐ knot 名「締めつけ感」
- ☐ it's "that thing that stops me －ing「私が－するのを妨げるのはそういうことなのだ」　この it's ... that ～は強調構文になっている。

▽ 第10パラグラフ (That's why I ...)
- ☐ That's why ...「そういうわけで…」　That's the reason why ... の the reason が省略された形で，「それが…する理由だ」が直訳。
- ☐ neutral 形「中立的な」　ここでは「否定的でもないし，肯定的でもない」といった意味。
- ☐ In the same way that ...「…するのと同じように」　この that は in which の意味の関係副詞である。
- ☐ It's up to you if ...「…かどうかはあなた次第だ」　この if は whether の意味の接続詞。e.g. *It's entirely up to you whether* you take the job.「その仕事を引き受けるかどうかは全く君次第だ」

▽ 第11パラグラフ (To explain the ...)
- ☐ quote 動「…を引用する」
- ☐ philosopher 名「哲学者」
- ☐ Wittgenstein 名「ウィトゲンシュタイン」　オーストリア生まれの英国の哲学者（1889 － 1951）。
- ☐ change the word「言葉を変えなさい」　これは命令文。これに続く2つの文も同様である。

▽ 第12パラグラフ (On his first ...)
- ☐ a normal and natural thing to feel「感じるべき普通で自然なこと」　to feel は形容詞用法の不定詞で，a normal and natural thing を修飾している。

▽ 最終パラグラフ (Every single time ...)
- ☐ Every single time ...「…するたびごとに」　これは Every time ... よりも強調的な表現。
- ☐ back 名「奥」
- ☐ say to oneself「自分に言い聞かせる；心の中で思う」　e.g. Always *say to yourself*, "I can do it."「いつも自分自身に言い聞かせなさい『僕には絶対できる』と」
- ☐ go away「消え去る；なくなる」　e.g. The anger won't *go away*.「その怒りは消えないだろう」
- ☐ see A as B「A を B とみなす［考える］」　e.g. I *see* her *as* an able woman.「彼女のことを有能な人だと思う」
- ☐ frightening 形「恐ろしい」

4　人を行動させるもの

■埼玉大学■

> **解答 （36点）**
> Q.1. 1　　Q.2. 3　　Q.3. 1　　Q.4. 1　　Q.5. 5　　Q.6. 4
> Q.7. 5　　Q.8. 3　　Q.9. 2　　Q.10. 3　　Q.11. 3　　Q.12. 4
>
> （各3点）

解説・採点基準

問1　コリーン・ゾットの職業は何か。
1．「広告作家」　2．「コンピュータプログラマー」　3．「運動器具の発明家」
4．「顧客サービスの責任者」　5．「電話オペレーター」
　第1パラグラフ第1文 (Colleen Szot is ...) の「番組制作業界では最も成功している作家の1人」および，第2文 (In addition to ...) の「人気のあるエクササイズ器具のよく知られたいくつかの『インフォマーシャル』を書いた」という内容から，正解は1に決まる。

問2　空所（　A　）に適切な語を入れよ。
　1．one　2．her　**3．it**　4．them　5．this
　空所に入る語は，these three words(S) made(V) (　) (O) clear(C) ... that ～という第5文型で使われているが，実際に目的語になっているのは that 以下の部分である。したがって，空所には形式目的語として it を入れると，that 以下は真目的語となり，文法的，意味的に文が成立する。
　他の選択肢の語には，このような文法的な働きはなく，文意も通じない。

問3　下線部(1)「製品を注文する手順がたぶんやや面倒になるだろう」に最も意味が近いのは：
1．「その品目を買うことに関してやや手間がかかるかもしれない」
2．「その製品を買う方法はおそらくかなり便利であろう」
3．「その品目が注文されたことを証明するのは不可能かもしれない」

4．「その品目は，電話で注文する方がほかの方法よりも便利であるという証拠である」
5．「人々が買う製品は多くの不要な手間をとらせるかもしれない」

　下線部の語句を解説すると，the process of ordering the product「製品を注文する手順が」（この文の主部），might well prove ...「…であると判明するだろう；…となるだろう」（この文の述語動詞。might well ＋原形は「たぶん－するだろう」の意味），somewhat of a hassle「ちょっとした面倒［手間］」（prove の補語になっている部分。somewhat of a ... は「ちょっとした…；いくぶん；やや」の意味）となる。全体の意味は上述の通りであり，正解は 1 である。

　他の選択肢は，下線部を正しく解釈していないものであり，誤り。

問4　本文によると，決断を下すのが難しい時に人は何をするか。
1．「他人が何をしているかを探り出し，同じように行動する」
2．「助言を求めて，友人や親せきに電話をして多くの時間を費やす」
3．「自分の行動に，ばかげて見えるが実際にはそうではない小さな変化を加える」
4．「自分の問題を調査して，最も理にかなった選択をする」
5．「同じ状況にいる他者に従わないようにする」

　第 2 パラグラフ第 4 文 (Yet, that surface ...) の後半に「人は行動方針に自信がない場合，自分の外部や<u>自分の周囲の人を見て，決定や行動の舵をとる傾向がある</u>」とあることから，正解は 1 に決まる。

　他の選択肢はこの文の内容に全く合っていないものなので，誤り。

問5　空所（　B　）に適切な語を入れよ。
1．「安定した」　2．「狭い」　3．「長い」　4．「高い」　**5．「悪い」**

　空所を含む文は，「オペレーターが待機しています」と聞いたときに浮かびそうなイメージについて述べたものである。それは「退屈した電話オペレーターたちが鳴らない電話のそばで待機している」というものであり，「需要があまりなく，売り上げも（　　）というイメージ」と述べられている。この内容から，空所には否定的な内容の語が入ることがわかる。名詞 sales（売上）を「悪い」の意味で修飾できる形容詞は **5** の **poor** である。

　他の選択肢はこの意味で使えないので，誤り。

問6　本文によると，ゾットの行った変化に視聴者はどのように影響されたか。
1．「視聴者は，示される製品のイメージを覚えておくのがより得意になった」
2．「視聴者は，オペレーターが待っていたので，製品を買えという圧力を感じた」
3．「視聴者は，自分たちのような人に向けた製品の利点を理解した」
4．「視聴者は，他の多くの視聴者がその製品を買うために電話をしていると考え始めた」
5．「視聴者は，その製品を買うことがどのように地球によいのかを想像した」

　　第3パラグラフ第3〜最終文 (In the case ... 〜 After all, "if ...) の「変更された『オペレーターの手がふさがっている場合は，おかけ直しください』というセリフの場合は，家でテレビを見ている人は，他者（どんな人なのか全くわからないにもかかわらず）の行動を認識してそれに従ったのである。結局，『電話がつながらないのなら，それはやはりこのインフォマーシャルを見ている私のような人たちも電話をかけているということなのだ』」という内容から，正解は4に決まる。
　　他の選択肢はこの内容に全く合っていないので，誤り。

問7　空所（　C　）に適切な語を入れよ。
1．for　　2．to　　3．through　　4．by　　**5．without**

　　第4パラグラフでは，科学者のスタンレー・ミルグラムらの行った実験について述べられている。アシスタントに，人通りの多い通りで立ち止まって60秒間空を見つめさせて，通行人の反応を試すものであったが，アシスタントが1人の場合は，空所を含む文の前半に「大部分の人がその男性のそばをただ通り過ぎるだけ」と述べられている。これは通行人が無関心であったことを示すものなので，空所以下は「彼が何を見ているのかちらっと見ることさえしなかった」という内容にすれば矛盾なく前後がつながる。したがって，正解は「…することなしに」の意味の**5．without**である。
　　他の選択肢にこのような意味はないので，誤り。

問8　下線部(2)「自分の行動に影響を与える要因を理解する人々の能力は驚くほど低い」に意味が最も近いのは：
1．「他者の行動の効果を理解する能力は人によって異なる」
2．「貧しい人は自分が置かれている経済的状況の理由がわからない」
3．「人々は，何が自分の行動に影響するのかよく理解していない」

4．「原因と結果についての事実を理解する人々の能力は非常に低い」
5．「自分はなぜ特定の行動の仕方をするのかがわかっていない人は貧しい傾向がある」

　下線部の語句を解説すると，people's ability to understand the factors「要因を理解する人々の能力は」（この文の主部である。不定詞は ability を修飾する形容詞用法），that affect their behavior「自分の行動に影響を与える〈要因〉」（that は the factors を先行詞とする関係代名詞），〈people's ability〉... is surprisingly poor「〈…人々の能力は〉驚くほど低い」（この文の述部である。surprisingly は「驚くほど」の意味の副詞），となる。全体の意味は上述の通りであり，正解は**3**である。

　他の選択肢は下線部を正しく解釈しておらず，誤り。

問9　下線部(3)の単語「…を考慮に入れなかった」に意味が最も近いのは：
1．「…を軽蔑した」　　**2．「…を無視した」**　　3．「…を発見した」
4．「…を理解した」　　5．「…に動機を与えた」

　下線部の動詞 discount はここでは「…を考慮に入れない；…を無視する」の意味で使われているので，正解は**2**である。仮にこの意味を知らなくても，第5〜6パラグラフの内容から推測することは十分可能である。

問10　筆者たちの行った実験で使われたメッセージの目的は何だったか。
1．「他者が何をしていたのかをテレビで伝えること」
2．「人々を説得して空を見上げさせること」
3．「人々に，他者が自分にどのように影響を及ぼすのかをもっと気づかせるようにすること」
4．「人々を説得してタオルを2回以上使わせること」
5．「インフォマーシャルの売り上げを口コミで増やすこと」

　第5パラグラフ第1〜3文 (Although there's ... 〜 We know that ...) の「人は，他者の行動に影響を受けないと考えているが，実際にはそうではなく，我々には，自分の行動に影響を与える要因を理解する人々の能力は驚くほど低いことがわかっている」という内容から，筆者たちは「人は他者の行動に影響を受けやすい」と考えていたことがわかる。設問文の「筆者たちの行った実験で使われたメッセージ」は，第6パラグラフ第4文 (One was designed ...)〜第6文 (A second sign ...) に示されているよう

に,「基本的な環境保護のメッセージ（客に，環境を救う助けとなり，この計画に参加することで自然に対する敬意を表すことを求めるという内容）」と,「社会的証拠の情報を利用したもの（ホテルの客の大部分は滞在中に少なくとも一度はタオルを再使用したという内容）」である。筆者たちは，前者を見た客よりも後者を見た客の方がタオルの再利用率が高いことを示したかったのである（結果は26％後者が高かった，とある）。言い換えると，人は自分が考えているよりも他者の影響を受けやすいことを示したかった，ということなので，正解は3である。

他の選択肢はいずれも本文には述べられていない内容であり，誤り。

問11　下線部(4)の表現「大いに役立つ」の意味に最も近いのは：
1.「あまりにも多くの費用がかかる」　　2.「もっとお金が儲かる」
3.「大いに役立つ」　4.「あなたの時間を分割する」　5.「問題を引き起こす」

pay dividends は「利益を生む；（将来）役に立つ」の意味の慣用表現で，下線部では big により意味が強調され,「大いに役立つ」の意味で使われている。したがって，正解は3である。仮にこの表現を知らなくても，次問の解説で述べる本文の趣旨を理解していれば,「社会的証拠の真の力に気づくこと」は肯定的にとらえられていることがわかるので，正解を得られるだろう。

問12　この文章が主に伝えたいことは何か。
1.「他者のまねをして行動することは友情を築く助けになるし，人があなたを助ける可能性をより高めてくれる」
2.「電話回線が混んでいるために人がつかまらない場合は，もう一度電話するべきだ」
3.「他者に従うよりも，自分で決断を下そうと努力するべきだ」
4.「他者も同じことをしていると人に考えさせることで，人を説得して何かをさせることができる」
5.「人を説得する最良の方法は，彼らに大いに迷惑をかけることである」

本文では「人は他者の影響を受けやすく，人に何かをさせようと思ったら，他者も同じことをしていると示せばよい」ということが，3つの例（コリーン・ゾットのインフォマーシャル番組；ニューヨーク市の路上での実験；ホテルのタオルを再使用することを促すカードの文例）を用いて示されている。そして，最終パラグラフは「社

会的証拠の真の力に気づくことは、他者を説得して望んでいる行動方針をとらせようとする試みに大いに役立つことがある」という結論で締めくくられている。以上から、正解は4である。

他の選択肢は、上述の本文の趣旨とは全く異なる内容であり、誤り。

全訳

コリーン・ゾットは番組制作業界では最も成功している作家の1人である。人気のあるエクササイズ器具のよく知られたいくつかの「インフォマーシャル」を書いたことに加えて、彼女は最近、ある通販チャンネルで売り上げ記録をほぼ20年ぶりに破った番組を作った。ゾットの作る番組では、大部分のインフォマーシャルに共通する要素の多くが保たれているのだが、彼女は標準的なインフォマーシャルのセリフの3語を変更し、その3語によって彼女の製品を買う人の数が大幅に増えたのだ。より一層注目するべきは、この3語は潜在顧客に、製品を注文する手順がたぶんやや面倒になるだろうということをはっきりさせたことである。その3語は何であり、それがどのように売り上げを急増させたのであろうか。

ゾットはあまりにもなじみのある「オペレーターが待機しています、今お電話ください」というセリフを、「オペレーターの手がふさがっている場合は、おかけ直しください」に変えたのだ。一見したところ、この変更はばかげているように見える。だって、このメッセージは、潜在顧客は販売員にようやくつながるまで何度もその番号に電話をかけて時間を浪費しなければならないのかもしれないということを伝えているように思われるからだ。しかし、そのような表面的な見方は、社会的証拠の原則の力を過小評価している。その原則とは、人は行動方針に自信がない場合、自分の外部を見て、自分の周囲の人に、決定や行動の舵をとってくれるよう期待する傾向がある、というものである。コリーン・ゾットの例で、「オペレーターが待機しています」と聞いたときにどんなイメージが頭に浮かびそうかを考えてみよう。退屈している電話オペレーターたちが鳴らない電話のそばで待機しているという、需要があまりなく、売り上げも悪いことを示すイメージである。

次に、「オペレーターの手がふさがっている場合は、おかけ直しください」というセリフを聞いた場合、製品の人気に対する認識はどのように変わるのかを考えてみよう。あの退屈した、活動していないオペレーターではなく、オペレーターが休みなく注文の電話を次から次へとさばいているのをおそらく想像していることだろう。変更された「オペレーターの手がふさがっている場合は、おかけ直しください」というセリフの場合は、家でテレビを見ている人は、他者（どんな人なのか全くわからないにもかかわらず）の行動を認識してそれに従ったのである。結局、「電話がつながらないのなら、それはやはりこのインフォマーシャルを見ている私のような人たちも電話をかけているということなのだ」。

社会心理学における多くの古典的な発見が明らかにしているのは、社会的証拠が他者の行動に影響を与える力である。科学者のスタンレー・ミルグラムと同僚たちが行った実験では、研究者たちのアシスタントが1人、ニューヨーク市の人通りの多い通りで立ち止まり、60秒間空を見つめた。大部分の人がその男性のそばをただ通り過ぎるだけで、彼が何を見ているのかちらっと見ることさえしなかった。しかし、研究者たちが空を見つめる人をさらに4人追加すると、彼らに加わる通りの人の数は4倍を超えた。

他者の行動は社会的影響の強力な源であることにほとんど疑いはないが、我々が行った研究で、人々に他者の行動は自分の行動に影響を与えるかと尋ねると、そんなことはないと言い張るのだ。しかし社

会心理学者はそうではないとわかっている。我々にはわかっているが，自分の行動に影響を与える要因を理解する人々の能力は驚くほど低いのだ。おそらく，このことが１つの理由で，ホテルの宿泊客にタオルを再使用することを促す小さなカードを作成する業界の人たちは，社会証拠の原則を活用しようとは思わなかったのだろう。「何であれば自分を動かすだろうか」と自問する際に，他者が自分の行動に与える非常に重大な影響を彼らはたぶん考慮に入れなかったのだろう。

我々が行ったホテルの実験では，タオルを再使用する表示を目にする宿泊客の大部分は，ともかく滞在中のいずれかの時点で実際にタオルを再使用するという発見を我々は考察した。我々が客にただこの事実を伝えたらどうであろうか。ホテルの支配人の協力を得て，我々は２つの表示を作り，それをホテルの部屋に置いた。１つは，ホテル業界のほとんどを通じて採用されている，基本的な環境保護のメッセージが書いてあるものを反映するよう作られた。それは客に，環境を救う助けとなり，この計画に参加することで自然に対する敬意を表すことを求めていた。２つ目の表示は，ホテルの客の大部分は滞在中に少なくとも１度はタオルを再使用することを客に知らせることで，社会的証拠の情報を利用していた。これらの表示は無作為にホテルの部屋に割り当てられた。

他の客の大部分がタオルを再使用したことを知った客は，基本的な環境保護のメッセージを見た人よりも，タオルを再使用する可能性が26％高かった。その参加率は，業界水準比26％の増加であったが，我々は，単に表示の中の数語を変えて他者が何をしているかを伝えるだけで，それを達成したのである。

このような発見が示しているのは，社会的証拠の真の力に気づくことが，他者を説得して望んでいる行動方針をとらせようとする試みにどのようにして大いに役立ちうるのかということである。

主な語句・表現 ✓

▶ 設問に関係する部分は，〈解説・採点基準〉を参照。

▽ 第１パラグラフ (Colleen Szot is ...)

☐ programing industry「〈テレビ・ラジオの〉番組制作産業」
☐ sales record「売り上げ記録」
☐ home-shopping channel「〈テレビの〉通販番組専門チャンネル」
☐ element 名「要素」
☐ common to ...「…に共通な」
☐ Szot changed three words to a standard infomercial line「ゾットは標準的なインフォマーシャルのセリフの３語を変更した」　この change は「…を〈新しい [別の] ものに〉変更する [取り換える]」の意味。e.g. You should *change* your password frequently.「パスワードは頻繁に変えるべきだ」　前置詞句の to a standard infomercial line は three words を修飾する形容詞句になっている。この to は「…に属する；…の」という意味。e.g. Where is the top *to* this box?「この箱の蓋はどこにあるのか」　standard は「標準的な；一般的な；広く使われている」の意味の形容詞。line はここでは「セリフ」の意味。なお，「変更した３語」は，具体的には，第２パラグラフ第１文 (Szot changed the ...) の内容から，「If / busy (← waiting) / again (← now)」であることがわかる。
☐ that caused ...「〈その３語は〉…を引き起こした」　この that は，three words を先行詞とす

4　人を行動させるもの

る関係代名詞である。three words は，上述の「変更した3語」を指すと考えることができる。

- ☐ a huge increase in ...「…の大幅な増加」　　☐ purchase 動「…を購入する」
- ☐ Even more remarkable「より一層注目するべきなのは」　even は比較級を強調する副詞で「さらに；（より）一層」の意味。e.g. He is *even* taller than his father.「彼は〈背の高い〉父親よりさらに背が高い」
- ☐ potential customers「潜在顧客」
- ☐ cause + O + to -「〈S が原因で〉O に－させる」
- ☐ jump 動「急増する」

▽ 第2パラグラフ (Szot changed the ...)

- ☐ change A to B「A を B に変える」
- ☐ all too + 形容詞「あまりにも…すぎて」　all は強調の副詞で「全く；すっかり；完全に」の意味。e.g. The fate that was reserved for me was *all too clear*.「私に予定されていた運命はあまりにもはっきりしていた」
- ☐ on the face of it「一見したところでは；見かけでは」　e.g. *On the face of it*, it seems a reasonable claim.「表面的には筋の通った主張のようだ」
- ☐ silly 形「ばかげた」　　☐ After all, ...「だって，…だから」
- ☐ convey 動「…を伝える」
- ☐ waste + O - ing「O（時間）を－して浪費する」
- ☐ sales representative「セールスマン；営業マン」
- ☐ surface 形「表面の」　　☐ underestimate 動「…を過小評価する」
- ☐ principle 名「原則；原理」　　☐ social proof「社会的証拠」
- ☐ course of action「行動指針；採るべき道」　e.g. He argued in favor of that *course of action*.「彼はその行動方針を取るべきだと主張した」
- ☐ look to ... to -「…に－してくれるよう期待する［当てにする］」
- ☐ guide 動「…を導く；…の舵をとる」
- ☐ image likely to be generated「生み出されそうなイメージ」　likely 以下は image を修飾している。
- ☐ demand 名「需要」

▽ 第3パラグラフ (Now consider how ...)

- ☐ perception 名「認識」　　☐ break 名「休み；休憩」
- ☐ modified 形「変更された」　　☐ anonymous 形「匿名の」

▽ 第4パラグラフ (Many classical findings ...)

- ☐ social psychology「社会心理学」
- ☐ demonstrate 動「…を証明する；…の証拠となる；…を明らかに示す」
- ☐ experiment 名「実験」　　☐ colleague 名「同僚」
- ☐ pass by ...「…のそばを通り過ぎる」　　☐ glance 動「…をちらっと見る」

▽ 第5パラグラフ (Although there's little ...)

- ☐ there's little doubt that ...「…ということに疑いはほとんどない」　that 以下は doubt と同格の名詞節。

- ☐ insist that ...「…だと言い張る」
- ☐ it does not = other people's behavior doesn't influence their own
- ☐ know better「もっとよくわかっている」が文字通りの意味だが，この文脈では「そうではないとわかっている」という意味。e.g. At first it was thought to be a virus, but now we *know better*.「最初はウイルスだと考えられていたが今ではそうではないことがわかっている」
- ☐ factor 名「要因」
- ☐ this is one reason that ...「このことが…する1つの理由だ；これが1つの理由で…する」 that は why と同義の関係副詞。e.g. That wasn't the reason *that* (= *why*) he dismissed you.「それは彼があなたを解雇した理由ではない」
- ☐ encourage + O + to −「O を−するよう促す［勧める］」
- ☐ think to −「−しようかと思う」
- ☐ use ... to one's advantage「…を活用する」 e.g. He *used* his influence *to his personal advantage*.「彼は自分の影響力を個人的利益のために用いた」
- ☐ motivate 動「…に動機を与える」
- ☐ might well have + p.p.「たぶん…しただろう」 e.g. Otherwise he *might well have lost* his life.「さもなかったら彼は命を落としていたかもしれない」
- ☐ real 形「重大［重要］な」

▽ 第6パラグラフ (In our hotel ...)
- ☐ the finding that ...「…という発見」 that 以下は the finding と同格の名詞節。
- ☐ some time「ある時（に）」
- ☐ What if ... ?「…したらどうか；…したらどうなるだろうか」 e.g. *What if* I fail the math exam next week?「来週の数学の試験に落ちたらどうしよう」
- ☐ inform A of B「A に B を知らせる」
- ☐ reflect 動「…を反映する［表す］」
- ☐ adopted throughout ...「…中で採用されている」 adopted は過去分詞の形容詞用法で，前の environmental-protection message を修飾している。
- ☐ assign A to B「A を B に割り当てる」 e.g. The father *assigned* a room *to* each of his daughters.「父親は娘1人1人に部屋を割り当てた」

▽ 第7パラグラフ (Guests who learned ...)
- ☐ be more likely than ... to −「…よりも−する可能性が高い」 e.g. Statistics indicate that depressed patients *are more likely to* become ill *than* are normal people.「統計の示すところではうつ状態の患者は普通の人よりも病気になる可能性が高い」
- ☐ relative to ...「…と比較して」

▽ 最終パラグラフ (These findings show ...)
- ☐ being aware of the true power of social proof「社会的証拠の真の力に気づくこと」 how 節の主語になっている動名詞句で，これを受ける動詞は can pay である。
- ☐ persuade + O + to −「O を説得して−させる」

5　需要と供給モデル

■横浜国立大学■

解答　(40点)

1. 市場の需要あるいは供給の側における状況の変化が，売買される品物の量と価格に，どのように影響を及ぼす傾向があるかということ。(20点)
2. グラフに描かれている単純な理論は，私たちが周囲に目にする，しばしば複雑で矛盾した現実世界の市場よりもどういうわけかより「本物」で基本的である。

(20点)

解説・採点基準

1．下線部(A)の内容を説明せよ。答えは日本語で書け。

　「内容を説明せよ」という指示はややわかりにくいかもしれないが，下線部の訳を書くことを基本にして，訳のままではわかりにくい部分を説明するという考え方で取り組めばよい。解答に記すべきポイントは以下のとおりである。

> ①　**how … might tend to affect ～**（…がいかにして～に影響を及ぼす傾向がありうるか［ということ］）に相当する内容（**5点**）

- how は might tend to affect を修飾する疑問副詞で「どのようにして」という意味。how 以下は名詞節として働くので，「…する方法」のように訳してもよい。how の意味が欠けている場合は2点減点する。
- might は仮定法過去形の助動詞で，「…かもしれない」という意味だが，この意味は欠けていても可とする。
- tend to − は「−する傾向がある；−しがちである」という意味。この意味が欠けている場合は2点減点する。
- affect は「…に影響する」という意味。この意味を誤った場合は3点減点する。

> ②　**changes in conditions on either side of the market**（市場の需要と供給のいずれの側における状況の変化も）に相当する内容（**5点**）

- changes in … は「…の［…における］変化」という意味。名詞 changes が how 節内の主語である。

- conditions は「状況；状態」という意味。「条件」としたものは1点減点する。
- on either side of the market は，「市場のどちらの［いずれの］側の」という意味だが，本問は「内容を説明せよ」という指示なので，「需要［買い手の］あるいは供給［売り手の］側の」のように，具体的に書く必要がある。このように具体的に述べていない場合は3点減点する。

> ③ **the quantity of the good that gets exchanged**（交換される品物の量）に相当する内容（**5点**）

- quantity は「量」という意味の名詞。これを誤った場合は2点減点する。
- good は「品物；商品」という意味の名詞。通常は goods という形で用いる。この意味を誤っている場合は2点減点する。
- that は関係代名詞で，exchanged までを形容詞節にまとめる。先行詞は good。この点を誤っている場合は3点減点する。
- gets exchanged は「get + 過去分詞」の形の受身の表現で，「交換される」という意味を表す。ここでは「売買［取引］される」のように訳してもよい。この意味を間違えた場合は3点減点する。

> ④ **and its price**（そしてその価格）に相当する内容（**5点**）

- and は the quantity of the good that gets exchanged と its price を接続している。この点を誤解した場合（例：「交換される品物とその価格の質」）は5点減点する。
- its は the good that gets exchanged を指している。

2．下線部(B)の内容を説明せよ。答えは日本語で書け。

　1と同じように，基本的には訳を書くという方針で取り組めばよい。

> ① **the simple theory portrayed in the graph**（グラフに描かれている簡単な理論）に相当する内容（**5点**）

portrayed「描かれた」は過去分詞で，simple theory を修飾している。

> ② **is somehow more "real" and basic**（どういうわけかより「本物」で基本的だ）に相当する内容（**5点**）

- somehow は「どういうわけか」という意味の副詞で，more "real" and basic を修飾している。この意味を誤ったり，この意味を抜かしている場合は，1点減点する。

- "real" の引用符 (" ") は採点対象としない。

③ **than the ... real-world markets we see around us**（私たちが周囲に目にする現実世界の市場よりも）に相当する内容（**5点**）

- real-world は「現実（世界）の」という意味の形容詞で，markets「市場」を修飾している。
- markets の後には，see の目的語として働く関係代名詞が省略されている。

④ **often messy and contradictory**（しばしば複雑で矛盾した）に相当する内容（**5点**）

- この部分は前後にダッシュを付けて，the と real-world markets の間に挿入されている。特にダッシュにこだわらずに＜解答＞のように訳してもよいし，この部分をカッコに入れて訳してもよい。
- messy は「複雑な；めちゃくちゃな」という意味の形容詞。この意味を誤っている場合は3点減点する。
- contradictory は「矛盾した」という意味の形容詞。この意味を誤っている場合は3点減点する。

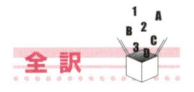

全訳

需要と供給モデル

1つの「学派」ほどではないにしても，「市場原理」のモデルとも呼べるかもしれないこのモデルは，それ自体注目に値する。

このモデルは，19世紀末のアルフレッド・マーシャル（1842–1921）の著作が起源であった。このモデルは学習者に，市場の需要（買い手の）側と供給（売り手の）側を区別すること，そして市場のいずれの側における状況の変化も，売買される品物の量とその価格に，どのように影響を及ぼす傾向があるかもしれないのかを考えることを教えている。このモデルは，あらゆる経済学の入門書に見られる。多くの場合，あらゆるレベルの学生にとって，このモデルは経済学教育において最も有用な面であり，最も長く頭に残る面でもある。

このモデルは，あるトピックについての，人間が創り出した考え方として（すなわち1つの「思考実験」として）提示される時には，概して有用なものである。それは，物価がなぜ現在の水準にあるのか，そしてなぜ変動する可能性があるのかを説明するのに役立つかもしれないいくつかの要因を，学生が特定するのを助けてくれる。簡単なグラフは学生に，現実世界における経済事象を理解しようとする際に「すがる」ことのできるものを提供してくれる。

危険なのは，この単純な需要供給の構造が，まるで実際の現実世界の市場の仕組みを本当に表してい

るかのように，このモデルが示されることがあるということだ。このモデルは多くの場合，あたかも価格と量が単純に2つの曲線の交点によって常に決定されるかのように，新古典主義色の強い枠組みの中で示される。そのように示すことで学生は，グラフに描かれている単純な理論は，私たちが周囲に目にする（しばしば複雑で矛盾した）現実世界の市場よりもどういうわけかより「本物」で基本的だと信じるようになる。すると学生は誤って，慣習，制度，差別，貧困，権力，不確実性といった現実世界の要因は，市場行動に何の影響も及ぼさないし，経済一般に対して何の関連性も持たないと信じてしまうかもしれない。

主な語句・表現

▶ 設問に関係する部分は，＜解説・採点基準＞を参照。

▽ 第1パラグラフ (While not really ...)

- While not really a "school"「1つの『学派』ほどではないにしても」 While の後には this model is が省略されている。
- market forces「市場原理；市場要因」
- deserve attention「注目に値する」
- on its own「それだけで；それ自体で」

▽ 第2パラグラフ (The model originated ...)

- originate in ...「…に由来する；…に始まる」
- be common to ...「…に共通している」 e.g. English has some features *common to* many languages.「英語は多くの言語に共通するいくつかの特徴を持っている」
- aspect 名「側面」 この後の the one は the aspect と同じ。

▽ 第3パラグラフ (When presented as ...)

- When presented ＝ When the model is presented
- present 動「示す；見せる」
- identify 動「…が何であるかわかる」
- hold onto ...「…にすがりつく」 e.g. The politician knew how to *hold onto* power.「その政治家は権力にすがる方法を知っていた」
- puzzle out「（答えなどを）見つけ出す；（状況などを）理解する」

▽ 最終パラグラフ (The danger is ...)

- as though ...「まるで…のように (＝ as if)」 e.g. She looked at me *as though* I were a complete stranger.「彼女は私が赤の他人であるかのように私を見た」
- construct 名「構成物；構造物」
- how ... markets work「市場がどのように機能しているか」 how は動詞 work を修飾している。
- intersection 名「交点」
- institution 名「制度；機関」
- discrimination 名「差別」

5　需要と供給モデル

- [ ] uncertainty 名「不確かさ」
- [ ] effect 名「効果；影響」
- [ ] relevance 名「関連性」
- [ ] in general「全般に；概して」　e.g. *In general*, men are taller than women.「概して，男性は女性よりも背が高い」

6　書くということ

■お茶の水女子大学■

解答　（40点）

設問1　修正を行った順序や，書かれたものを創り出すのに費やされた時間が失われてしまうから。（9点）

設問2　in order for our message to be understood　（3点）

設問3　(A) with　(B) into　(C) while　(D) to　(E) for　（各2点）

設問4　書くことによって，自分の言いたいことは完全になるということ。（6点）

設問5　書くとは，単なる機械的な作業，言葉を紙の上に書き出すという単純なことではなく，それは創造のプロセス，発見の行為であるということ。（12点）

解説・採点基準

設問1　配点9点

　下線部の意味は，「書いたものをじかに観察しても，非常に限られた情報しか得られない」であるが，この直後に「理由」を表す接続詞の for があるので，解答としては，for 以下の内容を書けばよい。書くべきポイントは以下の通りである。なお，英文和訳の問題ではないので，英語と同じ内容であれば，表記の仕方は広く認めることとする。

> ① **it fails to preserve …**（書かれた産物は…を保存できない）に相当する内容
> （3点）

- it は the written product「書かれた産物」を指している。これを「書いたもの」のように表してもよいし，この部分は書かなくてもよい。ただし it の内容を明らかに取り違えている場合は2点減点する。
- fail to ー は「ーできない〔しない〕」と表すのがよい。
- preserve は「保存する」という意味。fail to preserve を「失う」のように表してもよい。

> ② **the order in which revisions are made**（修正が行われる順序）に相当する内容（3点）

- order は「順序」という意味の名詞。「秩序」は×。
- revisions は「修正」という意味の名詞。「改訂」や「書き直し」と表してもよい。
- in which revisions are made は，order を修飾する形容詞節。which は関係代名詞で，前置詞 in の目的語として働く。

> ③ **the amount of time devoted to producing any part of it**（その中のどの部分であれ，それを創り出すのに充てられた時間［の量］）に相当する内容（**3点**）

- devoted は過去分詞で，amount of time を修飾している。(be) devoted to ... は「〈時間などが〉…に充てられた［向けられた］」という意味。この to は前置詞で，後の producing（…を作り出す）は動名詞である。
- produce に相当する意味は，「書く」なども含めて広く認める。また，any part of の意味は明示していなくても可とする。

設問2　配点3点

正解は，**in order for our message to be understood**（私たちのメッセージが理解されるために）である。in order to − は「−するために」という「目的」を表す。この表現は，to 不定詞の前に「for + 名詞」の形の意味上の主語を置いて，in order for ... to −（…が−するために）という形で用いることもできる。e.g. He brought his fiancée to the club *in order for* his friends *to* meet her.（彼はフィアンセを友達に引き合わせるため，彼女をクラブに連れていった）　本問では to の後に受動態の不定詞 (be understood) を置き，「私たちのメッセージが理解されるために」という意味で用いる。

設問3　配点10点（各2点）
(A) 正解は **with**。supplement A with B で「A を B で補う」という意味になる。
(B) 正解は **into**。take O into account で「O を考慮に入れる」という意味になる。本文では，O が account の後ろに置かれて，take into account O という語順になっている。
(C) 正解は **while**。while + − ing は「接続詞 + 分詞」の形で，「−している間に」という意味になる。while composing は，while they are composing と同じである。
(D) 正解は **to**。close to ... で「…に接近した」という意味になる。本文中の close は形容詞で，stay の補語として働く。

(E) 正解は **for**。allow for ... で「…を考慮に入れる」という意味になる。

設問4　配点6点

　　下線部の意味は「そのプロセスは逆方向に働く」だが，この意味を具体的に説明することが求められている。セミコロンの前 (Full meaning ... writing) で「完全な意味は，書く前から常に存在しているとはかぎらない」ということから明らかなように，完全な意味が先に決まっていて（つまり言いたいことが先に決まっていて），それを言葉で表現するという，「完全な意味→書く」という順序が，通常のプロセスと考えられがちであるが，時にはそのプロセスは逆順になると下線部は述べている。つまりここでの「逆方向に」というのは，「書く→完全な意味」という順序を表しているので，この点が解答に表現できているかどうかがポイントとなる。この意味にとれるものであれば **6点** となり，とれないものは0点となる。full meaning には「十分な意味」などの標記も認めることとする。ただし，full の意味が欠けているものは **2点減点** とする。また，meaning に相当する表現は，「自分の言いたいこと」や「自分の考え」のようなものも含めて，広く認める。

設問5　配点12点

　　下線部の意味は，「書くプロセスの研究から学ぶことのできる主な教訓」である。この教訓については，直後のコロン以下の文 (it is not ...) と最終文 (It is truly ...) に示されているので，この2つの文の内容を書けばよい。最も重要なのは最終文であるが，解答用紙の解答欄に余裕がある場合は，コロン以下の文も含めるのがよい。したがって解答に含めるべきポイントは以下のようになる。

> ① **it is not a merely mechanical task**（書くとは単なる機械的作業ではない）に相当する内容（**3点**）

- it は writing「書くこと」を指しており，これは解答に明示する必要がある。it を単に「それ」とした場合や，it が指すものを間違えている場合は，1点減点とする。
- merely「単に」の意味は欠けていても可とする。
- mechanical task「機械的作業」の意味を大きく取り違えた場合は2点減点する。

6 書くということ

> ② **a simple matter of putting speech down on paper**（言葉を紙の上に書き出すという単純な問題）に相当する内容（3点）

- simple や matter の意味は欠けていても可とする。
- put ... down は「…を書く」という意味。この意味を大きく取り違えている場合は2点減点する。
- speech は「（話し）言葉」という意味。「演説；スピーチ」のように，意味を取り違えている場合は1点減点する。
- on paper（紙の上に）の意味は欠けていても可とする。

> ③ **It is truly a creative process**（それはまさに創造的なプロセスである）に相当する内容（3点）

- truly（まさに；本当に）の意味は欠けていてもよい。
- creative（創造的な）に「クリエイティブな」は可とする。「想像的な」は1点減点する。creative の意味が完全に欠けているものは2点減点する。
- process（プロセス；過程）に相当する表現は，「作業；行為」なども含めて，広く認めることとする。

> ④ **an act of discovery**（発見の行為）に相当する内容（3点）

- act の意味が欠けている場合は1点減点する。
- discovery を「発明」とした場合は1点減点する。

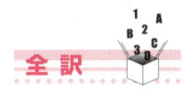

全訳

　人がものを書く時に何が起こるのかを見つけ出すのは極めて難しい。書くことやタイプすることに従事している人をじかに観察しても，「水面下で」何が起こっているのかはほとんどわからない。そして書いたものをじかに観察しても，非常に限られた情報しか得られない。修正を行った順序や，どの部分であれ，それを創り出すのに費やされた時間は保存できないからである。

　すべての書く行為には構想の段階が含まれており，その段階において私たちは考えをまとめ，言いたいことの概略を準備する。最も短いメッセージでさえ，ほんのわずかの間であっても構想を練る必要がある。少なくとも，自分のメッセージが理解されるために，読み手が何を知る必要があるかをつきとめる必要がある。自分の言葉が及ぼしうる影響についても予想する必要がある。

　より複雑なメッセージを書く時には，はるかに多くのことが必要となる。特に，「書く」という概念を，「書き直す」という概念で補強しなければならない。私たちが書く時に起こることを表すモデルは何であれ，メモを取るという最初の段階から，さまざまな草稿段階を経て，最終稿に至るまで行われる修正と

いう行為を考慮に入れたものでなければならない。ものを書く人はすべて，文章を書く間に誤りを犯して自ら修正を行う。

　ものを書いていると，休止することもよくある。ペンや，タイプする指の動きを止めるのだ。これらの休止の間に，体は他の種類の動きを行う。書いた文章に目を走らせたり，あるいは文章から目を離すかもしれない。両手をページやキーボードから離さないかもしれない（これは書き手が問題を素早く解決しようとしていることを示唆している）し，遠ざけるかもしれない（これはより真剣な熟考の過程に入っていることを示唆している）。休止は頭が計画を練っていることを反映するものであり，書く仕事の難しさを解決する手がかりを与えてくれる。

　文章構成のモデルはまた，書く時に見るものが，思考方法に影響を及ぼすかもしれないという事実を考慮に入れたものでなければならない。「書いてみると，ふさわしく見えない」とか「それは私の言おうとしていることではない」といった著者たちのコメントはこの点を明らかにしてくれる。完全な意味は，書く前から常に存在しているとはかぎらない。しばしばこのプロセスは逆方向に進む。ある有名な劇作家による次のような象徴的なコメントがある。「私は自分が何について考えているかを知るために書く」。このような言葉によって，書くプロセスの研究から学ぶことのできる主な教訓が浮き彫りになる。つまり，それは単なる機械的な作業，言葉を紙の上に書き出すという単純なことではないということである。それはまさに創造のプロセス，発見の行為なのである。

主な語句・表現 ✓

▶ 設問に関係する部分は，〈解説・採点基準〉を参照。

▽ 第1パラグラフ (It is extremely ...)
- ☐　go on「起こる」
- ☐　(be) engaged in ...「…に従事している」

▽ 第2パラグラフ (All writing involves ...)
- ☐　involve 動「…を含む［必要とする］」
- ☐　during which ...「その間に…する」　which は関係代名詞で，a planning stage を先行詞として，前置詞 during の目的語として働く。
- ☐　at the very least「少なくとも」
- ☐　work out「計算する；解く；わかる」　e.g. We have to *work out* the total cost of the project.「私たちはそのプロジェクトの総費用を計算しなければならない」
- ☐　anticipate 動「予想する」

▽ 第3パラグラフ (Much more is ...)
- ☐　in particular「特に；とりわけ」
- ☐　draft 名「草稿」
- ☐　self-correction 名「自己修正」
- ☐　compose 動「文を書く」

▽ 第4パラグラフ (Writers also pause ...)
- ☐　pause 名 動「休止（する）」

6 書くということ

- ☐ take place「起こる；行われる」
- ☐ scan 動「調べる；精査する」
- ☐ reflection 名「熟考；熟慮」
- ☐ reflect 動「反映する」
- ☐ clue 名「手がかり；ヒント」

▽ **最終パラグラフ (A model of ...)**
- ☐ illuminating 形「明らかにする；啓発的な」
- ☐ now (that) ...「今や…だから」
- ☐ prior to ...「…より前に；…に先だって」 e.g. All the arrangements should be completed *prior to* your departure.「あなたの出発前にすべての手はずを整えておくべきだ」
- ☐ operate 動「働く；作動する」
- ☐ in reverse「逆の方向に」 e.g. The secret number is my phone number *in reverse*.「暗証番号は私の電話番号の逆です」
- ☐ remark 名「意見；発言；感想」
- ☐ emphasize 動「強調する」
- ☐ speech 名「話すこと；話し；言葉」

7　生態地域という考え方

■信州大学■

解答　(50点)

問1　(イ) with　(ロ) on　(ハ) in　(ニ) of　(ホ) for　(各2点)

問2　(a) ⑧　(b) ⑤　(c) ⑦　(d) ③　(e) ①　(f) ②　(g) ⑥
(各2点)

問3　I'm not trying to make people living in cities sleep with bears.　(6点)

問4　ある特定の地域内での自然の特徴の継続，及び人間がこれらの特徴と共に生きるのに必要な適応方法。(46字)(10点)

問5　(1) 環境保護主義の限界を越えて　(3点)
　　　(3) 持続可能性志向の企業の発展　(4点)
　　　(4) 地元経済を回復させる　(3点)

解説・採点基準

問1　配点10点（各2点）
(イ)　interaction with ... で「…との相互作用［触れ合い］」という意味になる。
(ロ)　have a ... impact on ~ で「~に…な影響を及ぼす」という意味になる。
(ハ)　in ... direction で「…の方向［方角］に」という意味になる。to [toward] ... direction ではないことに注意。
(ニ)　make A out of B で「Bを材料にして［Bから］Aを作る」という意味になる。
(ホ)　provide A for B で「AをBに供給［提供］する」という意味になる。provide A to B とすることもあるが，for の方が標準的である。provide A with B は「AにBを供給する」という意味になるので，with は誤り。

問2　配点14点（各2点）
(a)　直後の名詞 communities「地域社会；共同体」を修飾する形容詞として，「〈場所などが〉活気に満ちた」という意味になる⑧の **vibrant** が最適である。
(b)　⑤の **preserving** を動名詞と考えて空所に入れれば，the idea 以下は「人間が住む場所に野生の状態を保存するという発想」という適切な表現となる。

7 生態地域という考え方

(c) (be) **suspicious** of ... で「…に対して疑い深い」という意味になる。those suspicious of ... は，those who are suspicious of ... と同じで，「…に対して懐疑的な人々」という意味。

(d) be **harmonizing** with ... で「…と調和している」という意味になる。なお，be friendly with ...「…と友好的である」という表現もあるが，friendly は後の(f)で必要となるので，ここでは使えない。

(e) 空所に①の **finding** を入れれば，これは前の restoring や maintaining と並んで動名詞として働き，The key is ... finding sustainable ways to – で「鍵となるのは，–する持続可能な方法を見つけることである」という適切な意味の表現となる。

(f) environmentally **friendly** で「環境にやさしい」という意味になる。friendly は形容詞で，後の businesses を修飾する。

(g) ⑥の **progressive** は形容詞で，「〈人・政策などが〉進歩的な；前進的な」という意味。

問3　配点6点

> ①　「私は…しようとしているのではありません」　I'm not trying to –　（1点）

・この部分は，空所直後の I'm trying to – を否定の形にすればよい。
・trying が欠けているものは×。

> ②　「…を寝かせる」　make〈people ...〉sleep　（2点）

・ここは「make ＋目的語＋原形不定詞」の形で表すのが最適である。
・make〈people ...〉to sleep のように，make の語法を間違えている場合は×。

> ③　「都市に住む人々」　people living in cities　（2点）

・people who live in cities も可とする。
・「都市」に the city や a city も可とする。ただし the cities としたものは1点減点とする。
・the people living in cities としたものは減点しない。
・city dwellers や urban dwellers も可とする。

> ④　「熊と一緒に」　with bears　（1点）

・ここは前置詞 with の導く副詞句で表せばよい。

49

- 「熊」に a bear や the bear も可とする。the bears は×。

問 4　配点 10 点

　下線部中の the continuity of natural features ... those features の部分をまとめればよい。指定字数が 50 字以内とやや少ないので，必ずしも英文を直訳する必要はなく，表現は簡略化してもかまわない。解答に含めるべきポイントは以下の通りである。なお，以下のポイント以外のことを書いても減点はしないが，そのことにより得点が増えることはない。

> ① **the continuity of ...**「…の連続［継続］」（2点）

　「継続する〈自然の特徴〉」のような表現も可とする。

> ② **natural features**「自然の特徴」（2点）

　features「特徴」の意味を明らかに誤解している場合は×。

> ③ **within a certain geographic area**「ある特定の地理的地域内における」（2点）

- certain は「ある（特定の）」という意味。この意味が完全に欠けている場合は 1 点減点とする。
- geographic は「地理的な」という意味。これはそれほど重要な意味ではないので，欠けていても可とする。ただし明らかに意味を誤解している場合は×。

> ④ **and the adaptive ways**「そして適応方法」（2点）

- and が the continuity of ... と the adaptive ways ... を接続していることがわかっていないものは 2 点減点とする。
- adaptive は「適応［順応］の」という意味の形容詞。この意味が欠けている場合は 1 点減点とする。

> ⑤ **people would need to live with those features**「人間［人々］がそれらの特徴と共に生きるのに必要となるであろう〈適応方法〉」（2点）

- people の前には，need の目的語となる関係代名詞が省略されている。to 不定詞は副詞用法で「目的」を表している。この点を誤解しているもの（例：「人々がそれらの特徴と共に生きる必要がある〈適応方法〉」）は 2 点減点とする。
- would の意味は欠けていても可とする。

7　生態地域という考え方

・features に関して，上の②の項目で減点している場合は，ここでは重ねて減点はしない。

問5　**配点**：(1)　3点　　(3)　4点　　(4)　3点

(1)　① **beyond ...**「…を越えて」（1点）

　　　　beyond は前置詞で，can move を修飾する副詞句を導く。

　　② **the limitations of ...**「…の限界」（1点）

　　　　limitations は「限界；制限」という意味の名詞。

　　③ **environmentalism**「環境保護主義」（1点）

　　　　「環境主義」は可とする。単に「環境」は×。

(3)　① **the development of ...**「…の発展［発達］」（1点）

　　② **sustainability-oriented**「持続可能性を重視する」（2点）

　　・この部分は形容詞として，後の enterprises を修飾している。
　　・sustainability は「（資源を枯渇させない開発の）持続可能性」という意味。この意味のみを間違えた場合は1点減点とする。
　　・-oriented は「…志向の，…本位の，…を重視する」という意味の形容詞を作る。この意味のみを間違えた場合は1点減点とする。

　　③ **enterprises**「企業；会社」（1点）

(4)　① **give ... a shot in the arm**「…を回復させる」（2点）

　　　　a shot in the arm は「腕への注射」が原義だが，ここから「元気を回復させるもの；カンフル剤」という意味で用いられるようになった慣用表現。したがってここは「…を回復させる［活気づける］」という意味で訳せばよい。「…にカンフル剤を打つ」も可とする。これらとは違う意味になっている場合は2点減点とする。

　　② **the local economy**「地元の経済」（1点）

　　　　local は「地元の；現地の」という意味。「田舎の；地方の」は×。また，「ローカル」というカタカナで書いたものも×。

全訳

　ピーター・バーグは67歳で，サンフランシスコに拠点を置き，地域生態教育，持続可能性，文化の振興を行う組織であるプラネット・ドラム協会の理事を務めている。彼はよりよい世界を求める自分のビジョンに，強い情熱を持っている。町や市は環境保護主義の限界を越えることができ，経済的にも生態学的にも持続可能な活気ある地域社会を作り出すことができると彼は確信しており，生態地域がその鍵となると考えている。

　生態地域とは，人間の文化的概念であるが，それは人間を中心とするものではないと，バーグは最近行われたインタビューの中で説明した。むしろそれは，人間の生活と，人間社会が依存する自然体系の両方を再発見し，再活性化し，保存する理論的枠組となるものである。

　「生態地域という考え方は，環境保護主義とはいくつかの点で異なっています」とバーグはまず言った。「しかし柱となるのは，人間が住む場所に野生の状態を保存するという考え方に，それが基づいているということです。生態地域的なアプローチは，個々の場所と，気候，地形，流域，土壌，土着の動植物といったその土地特有の自然的特徴を見て，これらの特徴と人間が持続可能な形で相互に作用する方法を模索するのです。人間は生態地域の一部ですから，それは人間を生態系に帰す試みなのです。人間が住むこの生態系は，人間の住む場所であり，同時にそれが持つ野生の自然体系なのです」とバーグは言った。

　この生態地域的な考え方は，環境保護論者に対して懐疑的な人々に誤解されうることをバーグは痛感している。「私は都市に住む人々を熊と一緒に寝かせようとしているのではありません。私は自然体系を復元しようとしているのです。なぜなら私たちは究極的にはそれに依存するからです。私たちは土から生まれる食物を食べ，水を必要とし，汚水を作り出すなど，私たちが住むところに非常に大きな影響を及ぼすこういったあらゆることをしているのです。だから私たちは，そのような自然環境と調和していなければなりません。そして鳥が戻ってきたり，動物が戻ってくるのを見たら，それは私たちが正しい方向に向かっていることのしるしなのです」と彼は説明した。

　バーグによると，生態地域という用語の起源は，19世紀ドイツの自然主義である。1970年代に彼と，著名なアメリカ人生態学者レイモンド・F・ダスマンは，ある特定の地理上の地域内において継続する自然の諸特徴，及び人間がこれらの特徴と共に生きるのに必要とするであろう順応の方法を意味するものとしてこの用語を借用した。

　バーグが目指しているのは，町や市が，自分たちの地域社会を支えている自然の生態システムを再発見するのを助けることである。私たちにできるのは，この極めて重要な支援システムを利用してその制約の中でやっていくか，あるいはそれを無視して悪化させ，遠いところから資源を輸入せざるを得なくなり，ついにはこれらの資源も使い果たされるかのどちらかであると彼は考えている。「私たちは，人間の必要と人間の社会を，生物圏と再び調和させる方法を見つけなければなりません。その鍵となるのは，自然の体系を回復して維持し，人間が基本的に必要とするものを提供することのできる持続可能な方法を見つけることです」と彼は言った。

　建設廃材から公園のベンチを作ったり，水の再利用装置を設置する新興企業などの，持続可能性を志向する企業の発展を助ける小企業の起業支援プログラムを，全ての都市は持つべきだとバーグは強く主張している。地方自治体が資金を提供する起業支援プログラムは，起業家が環境にやさしく都市部に基盤を置く持続可能な事業を展開するのを助けるために，補助金や貸付金や作業空間を提供できる。

　「これには実際に多くの仕事があります」とバーグは指摘した。「地元経済を活気づけたいと思っている進歩的な市長は，市の経済に対する処方箋を書くことができ，職がなかったり，今の仕事が好きでは

ない人々に，仕事を提供できるのです」

主な語句・表現

▶ 設問に関係する部分は，＜解説・採点基準＞を参照。

▽ 第1パラグラフ (Peter Berg, 67, …)
- [ ] director 名「（団体の）理事」
- [ ] bioregional 形 ＜ bioregion 名「生態地域」
- [ ] sustainability 名「持続可能性」
- [ ] singularly 副「きわだって；非常に」
- [ ] passionate 形「情熱的な；夢中な」

▽ 第2パラグラフ (A bioregion is …)
- [ ] human-centered 形「人間中心の」
- [ ] paradigm 名「理論的枠組；方法論」
- [ ] revitalize 動「再活性化する」
- [ ] conserve 動「保存［保護］する」

▽ 第3パラグラフ ("The bioregional idea …)
- [ ] in several regards「いくつかの点で」
- [ ] feature 名「特徴」
- [ ] land form「地形」
- [ ] watershed 名「分水嶺；流域」
- [ ] that are sustainable「持続可能な〈方法〉」 that は関係代名詞で，先行詞は ways。
- [ ] inhabit 動「住む」

▽ 第4パラグラフ (Berg is keenly …)
- [ ] ultimately 副「究極的には」
- [ ] sewage 名「下水；汚物」
- [ ] it's a sign that …「それは…という兆候［しるし］である」 it は前文の内容を受けている。that は同格名詞節を導く接続詞。

▽ 第6パラグラフ (Berg's quest is …)
- [ ] quest 名「探求（の目標）」
- [ ] underpin 動「下から支える」
- [ ] embrace 動「喜んで応じる；取り入れる」
- [ ] degrade 動「悪化させる；破壊する」
- [ ] shore 名「岸；(海に囲まれた) 国；(海に面した) 地方」
- [ ] re-balance A with B「A を B と再び調和させる」
- [ ] biosphere 名「生物圏」
- [ ] provide for …「…に備える；…を提供する」 e.g. We have *provided for* such an emergency.「我々はこのような非常事態に対する備えをしてきた」

▽ 第7パラグラフ (Berg is adamant ...)
- ☐ be adamant that ...「…だと頑強に主張する」 e.g. The prime minister *is adamant that* he will not resign.「首相は辞任はしないと強く主張した」
- ☐ incubator 名「孵化器；起業」
- ☐ start-up company「新興企業」
- ☐ construction waste「建設廃材」
- ☐ fund 動「資金を提供する」
- ☐ grant 名「補助金」
- ☐ loan 名「貸付金」
- ☐ entrepreneur 名「起業家」

▽ 最終パラグラフ ("There are actually ...)
- ☐ point out「指摘する」 e.g. He *pointed out* the dangers of driving alone.「彼は1人で運転することの危険性を指摘した」
- ☐ prescription 名「処方箋」
- ☐ unemployed 形「失業した；仕事のない」

7　生態地域という考え方

8 　一番強かったのは…

■静岡大学■

解答（38点）

問1　（家の裏手にあった）電柱の頂上に登り，そこで長い横木の上に座っていること。（9点）

問2　かなりのいじめっ子であるトムが，退屈して時間つぶしを探しながら家から出てきたのを見て，見つかりたくないと思ったから。（9点）

問3　恐怖と不安で頭を後ろに反り返らせながら，（歩いて行った）道路を走って戻ってきたという状況。（6点）

問4　【解答例1】　しかし，もっと重要なことは，彼が，彼らが2人ともそんなに速く走っていなかったならば投げていたであろう石を手に持っていたということだ。（8点）

　　　【解答例2】　しかし，もっと重要だったのは，彼が石を持っていて，2人が両方ともそんなに速く走っていなかったならば，それを投げていたであろうということだ。（8点）

問5　単に言葉だけで叱るのではなく，子供を捕まえて何らかの制裁［(体) 罰；お仕置き］を加えるといった行動。（6点）

解説・採点基準

問1　配点9点

　下線部を含む文の意味は「こうすることで父は，6人のきょうだいと住む小さな家の狂気から逃れて，人間観察というお気に入りの趣味を楽しむことができた」である。下線部のThisが指すのは，直前の文のclimb to the top, where he would sit on the long wooden barの部分である。ポイントは以下の3つである。

> ①　**climb to the top**「（家の裏手にあった）電柱の頂上に登る」（3点）
> ②　**where he would sit**「そこで座っていたものだった」（3点）
> ③　**on the long wooden bar**「長い横木の上に」（3点）

　解答はこの3ポイントを含めてはじめて完璧なものになるが，中でも①と②は必須である。採点は，①と②を両方とも含んでいるものだけを採点対象とし（①と②がな

いものは０点），その上で③を含んでいれば３点を加算するという方法で行う。なお，「過去の習慣的行為」を表す助動詞 would に対する訳語（よく…したものだ）はなくてもかまわない。また，「家の裏手にあった」（電柱自体の説明）も解答には含めなくともよい。

問２　配点９点

下線部の意味は「トムを見て，父は息を殺した」である（hold one's breath は「息を殺す；息を殺して待つ；〈心配などで〉固唾を飲む」の意味）。つまり本問は「トムを見て父が息を殺したのはなぜか」を問うていることになる。ポイントは以下の３つである。

> ①　下線部直後の文から**「トムは（かなりの）いじめっ子である」（３点）**ことがわかる。
>
> ②　下線部直前の文から**「外に出てきたトムはその時退屈していて，時間つぶしを探していた」（３点）**ことがわかる。解答には「退屈していた」「時間つぶしを探していた」のどちらか一方を書いていればよいこととする。「時間つぶし」の代わりに，第２パラグラフ最終文 (However, to my ...) 中の「もめごと」としてもよい。
>
> ③　第２パラグラフ最終文に「父はトムに見つからずに安心した」とあるので，**「父はトムに見つかりたくなかった」（３点）**ことがわかる。このことが「息を殺した」直接的な理由である。なお，解答上は「トムに見つからないようにしようとした」などとしてもよい。

解答は①～③をすべて含めてはじめて完璧なものとなる。中でも①は必須である。採点は，①を含んでいるものだけを採点対象とし（①がないものは０点），その上で，上記各ポイントを１つ含んでいれば３点を加算するという方法で行う。

問３　配点６点

下線部「そのような状態」が具体的に指しているのは，前文中の who was now running back up the road, his head back in panic and fear の部分である。この部分を和訳すれば解答になる。

> ①　**who was now running back up the road**「（今は）道路を走って戻ってき

ていた」（3点）

　　これは，第2パラグラフ最終文中の Tom ... walked down the road「トムは道路を歩いて行った」に対する表現であり，「（歩いて行った）道路を走って戻ってきた」ということ。now の訳語はなくてもよい。

② **his head back in panic and fear**「恐怖と不安で頭を後ろに反り返らせながら」（3点）

　　これは独立分詞構文である。元にする文は，His head was back in panic and fear. である。his head back は「頭を後ろにのけぞらせて」のような表現も可だが，「後ろを振り返りながら」などは不可とする。in panic and fear は「パニックと恐怖で」なども減点しない。
　採点は，上の2つのポイントにつき，誤り1つについて3点減点とする。
　なお，such ...「そのような…」は，後に as や that が続かなければ，すでに述べられたことを指すのが原則なので，下線部の後にある he was being chased by a McMullen の部分を解答にすることはできないことに注意。

問4　配点8点

① **but more importantly**「しかし，さらに重要なことには」（2点）

　　more importantly が文修飾の副詞句であることがわかっていないものは2点減点。

② **he was carrying a rock**「彼は石を手に持って（運んで）いた」（2点）

・この carry は「…を手に持って運ぶ［持ち運ぶ］」という意味。ここは「手に持っていた」としてもよい。
・rock は「砕石［細かく砕かれた岩石］；石」の意味。ここは文脈から考えて「岩」とするのは不適切（1点減点）。

③ 〈**a rock**〉 **which he would have thrown**「彼が投げたであろう〈石〉」（2点）

　　これは，④の仮定法過去完了の主節部分である。which は関係代名詞で，先行詞は a rock である。which 以下は，【解答例2】のように前から訳し下ろしてもよい。なお，②で he を訳出していれば，③で he を繰り返し訳出する必要はない。

> ④ **if they both hadn't been running so fast**「彼らが２人ともそんなに速く走っていなかったならば」（２点）

- 仮定法過去完了の if 節で，これに対する帰結節は③である。この if 節を②にかけるなどのかけ違えをしているものは２点減点。
- both は they と同格の代名詞。so は副詞 fast を修飾する副詞で「それほど；そんなに」の意味である。both と so の訳抜けはそれぞれ１点減点。

問5　配点６点

下線部の意味は「明らかに，この人はただ単に叱るだけの人ではなかった」である。この to scold は形容詞用法の不定詞で，a person を修飾している。scold は「〈特にいたずらなどをした子供〉を叱る；小言を言う」の意味であり，「制裁；（体）罰；お仕置き」といった意味は含んでいない。最終パラグラフ前半で示されている「祖母は大柄で豪快な性格であり，怒るととても怖い」といった内容も併せて考えると，ポイントは以下の２つになる。

> ①　「言葉だけで叱るのではない」（１点）
> ②　「子供を捕まえて，何らかの制裁［（体）罰；お仕置き］を加える」（５点）

- ②の「子供を捕まえて」の部分がないものは１点減点とする。
- 「予想される行動は何か」という設問なので，①だけを書いても得点にはならないことに注意。採点は，②を正しく書けているものだけを採点対象とし（①だけ書いたものは０点），①が書いてあれば１点を加算するという方法で行う。

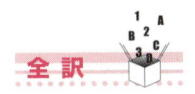

全訳

父が子供のころに住んでいた家の裏手の狭い道に古い電柱があった。それは他の電柱と違って，低い塀の隣に造られていた。その塀に登ると，父はなんとか電柱の基部にある取っ手の最初のいくつかに手が届いて，てっぺんまで登ることができた。そこで父は長い横木に座っていたものだった。こうすることで父は，６人のきょうだいと住む小さな家の狂気から逃れて，人間観察というお気に入りの趣味を楽しむことができたのである。電柱のてっぺんから見ると，よその家の庭だけでなく，道路が数百メートルにわたって両方向に伸びているのを見ることができた。しかし，何年も後になって父が私たちに語るのをよく楽しんでいたのは，ほとんどが自分の家の庭の内側で起きたことだったのである。

蒸し暑くて，セミの鳴き声がやかましい典型的な夏の１日だった。少し体を動かすのも難しく思われるような日だった。父は家の中でする楽しみをすぐにやりつくしてしまい，台所で働いていた私たちの

祖母から外に送り出されてしまった。父は他に何もやることがなかったので，退屈な朝を過ごすのに最適な場所へ自然に足が向かった。木製の横木に腰を下ろすと間もなく，兄のトムが，退屈して時間をつぶしてくれるものを探しながら，裏口から歩いて出てきた。トムを見て，父は息を殺した。トムはかなりのいじめっ子で，自分より体が小さくて弱い者に意地悪をして時を過ごす方を好むのは明らかだった。しかし，父が安心したことに，トムは父に気づかずに道路を歩いていったが，明らかにもめごとを求めていた。

トムが見えなくなると，通りに平和が戻った。父は周囲を見回し，普通と違うことは何もないことがわかると，すぐに自分の考えの中へと浮遊していった。セミが鳴き，太陽は焼けつくように熱く，時間が止まるように思われた。すると，その平穏は小さな叫び声で破られた。最初，父はそれが人なのか動物なのかわからなかった。しかし，その声は人間のものであるだけでなく，兄のトムの声でもあった。トムはその時，恐怖と不安で頭を後ろに反り返らせて，道路を駆け戻ってきていた。トムがそんな状態になっているのを父が見るのは珍しいことだったが（トムは普通，恐怖の原因であって，犠牲者ではなかった），その理由はすぐに明らかになった。彼はマクマレン家の1人に追いかけられていたのである。

マクマレン家は，男の子が何人かいる一家で，父の一家よりも人数が多くて貧しく，近所のいじめっ子だった。そのあたりで最も頑強な子供でも，マクマレン家の者が通りを歩いているのを見ると走って身を隠したものだった。特にこのマクマレン家の少年は，トムと同じくらいの年だったが，頭丸1つ分背が高くて腕が太く，片方の目の下に傷跡があった。しかし，もっと重要だったのは，彼が石を持っていて，2人が両方ともそんなに速く走っていなかったならば，それを投げていたであろうということだ。トムがマクマレン家のその少年に何をしてそんなに怒らせたのか父には全くわからなかったが，その石に関することであることは確信していた。

その後いくつかのことがあっという間に起こった。トムが自宅の庭に通じる門にたどり着いて，門を走り抜けると，それと同時に私たちの祖母が，その叫び声が一体何事なのかを確認するために家の裏口から歩いて出てきた。トムが安全な台所へ向かって彼女のそばを走り去ったのとまったく同時に，すでに門に着いていたマクマレン家の少年が石を投げると，石は短時間空中を飛び，祖母の片足に見事に着地した。

私の記憶の中では，祖母は常に大柄な女性で，大声で笑い，身体的な存在感が強かった。その時の彼女は実際どんなにか恐ろしかったに違いない。マクマレン家の少年はこの体の大きい怒った女性がメガネ越しに自分を見下ろしているのを目にすると（この人は単に叱るだけの人ではないことは明らかだった），ぴたっと止まってしまった。セミでさえも鳴くのをやめてしまったように思われる沈黙の瞬間があった。その後別の追跡が始まった。この時ばかりは，マクマレン家の少年が，自分の主張が正しいことを示すのに石を必要としない私の祖母から逃げているのだった。

主な語句・表現 ✓

▶ 設問に関係する部分は，〈解説・採点基準〉を参照。

▽ 第1パラグラフ (In the narrow ...)
- ☑ telephone pole「電柱」
- ☑ unlike the others「他のもの［電柱］とは違って」 the others = the other telephone poles
- ☑ it was just possible for my father to reach ... and climb to 〜「父が…に手が届いて，〜に登る

8 一番強かったのは…

のがなんとか可能だった」 it は形式主語で，to 以下が真主語。副詞の just は「なんとか；かろうじて」の意味。

- [ ] handle 名「取っ手」
- [ ] where he would sit ...「そこで彼は座っていたものだった」 where は直前の the top を先行詞とする関係副詞。would は過去の習慣的動作を表す。
- [ ] allow + O + to −「O が−するのを許す；O が−するのを可能にする」 e.g. My car *allows me to drive* on rough roads.「私の車は荒れた道でも運転できる」
- [ ] craziness 名「狂気；異常」
- [ ] people-watching 名「人間観察」
- [ ] point of view「視点」
- [ ] in either direction「(左右) 両方向に」
- [ ] A as well as B「B だけでなく A も」 e.g. She is intelligent *as well as* beautiful.「彼女はきれいなうえに頭がよい」
- [ ] the thing that he used to enjoy telling us about years later「何年も後になって父が私たちに語るのをよく楽しんでいたこと」 that は関係代名詞で，前置詞 about の目的語になっている。used to は過去の習慣的動作を表す助動詞。
- [ ] pretty much within his own yard「ほとんど自分の家の庭の内側で」 pretty much = almost e.g. I have *pretty much* the same view on that as he.「それに関して私は彼とほぼ同じ見解を持っている」

▽ **第2パラグラフ (It was a ...)**

- [ ] hot and sticky「蒸し暑い」
- [ ] run out of ...「…を使い果たす [切らす]」 e.g. I was making a cake and *ran out of* butter.「ケーキを作っていてバターを切らしてしまった」
- [ ] With nothing else to do「他に何もやるべきことがなかったので」 to do は形容詞用法の不定詞で，nothing を修飾している。With は「理由」を表す。
- [ ] naturally 副「自然に」
- [ ] head for ...「…へ向かう」 e.g. The train is *heading for* Tokyo.「その列車は東京に向かっている」
- [ ] unexciting 形「退屈な」
- [ ] seat oneself「座る；着席する」 e.g. He *seated himself* on the sofa.「彼はソファーの上に座った」
- [ ] bored and looking for something to occupy his time「退屈して，時間を埋めてくれるものを探しながら」 この部分は分詞構文。
- [ ] something of a ...「ちょっとした [かなりの] …(ある性質をもつ人・もの)」 e.g. He's *something of* an artist.「彼はちょっとした芸術家だ」
- [ ] pass ... − ing「…〈時間〉を−して過ごす」 e.g. He *passed the time reading* books all day.「彼は1日中本を読んで過ごした」
- [ ] mean 形「意地の悪い」

- ☑ to one's relief「…がほっとしたことには」 e.g. *To my relief*, she didn't recognize me.「彼女が私に気づかなかったのでほっとした」
- ☑ not A but B「A ではなく B」 本文では，A = notice，B = walked で使われている。
- ☑ in search of ...「…を探し求めて」 e.g. He examined the evidence *in search of* clues.「彼は手がかりを求めてその証拠を調べた」

▽ 第3パラグラフ (With Tom out ...)
- ☑ With Tom out of sight「トムが見えなくなると」 この with は付帯状況を表す。Tom と out of sight（見えなくなって）は「主語＋述語」の意味関係になっている。
- ☑ seeing nothing out of the ordinary「普通の状態から逸脱しているものは何もないことを確認すると」 この部分は分詞構文。
- ☑ float off into ...「…の中へと漂って行く」
- ☑ burn hot「焼けつく［燃える］ように熱い」 e.g. The child's forehead *was burning hot*.「その子の額は〈発熱で〉燃えるように熱かった」
- ☑ come to a stop「止まる」 e.g. The train *came to a stop*.「列車が停車した」
- ☑ cannot tell if S + V「S V かどうか識別できない」
- ☑ he was being chased by a McMullen「彼はマクマレン家の1人に追いかけられているところだった」 was being chased は受身の進行形。a McMullen は「マクマレン家の1人」という意味。

▽ 第4パラグラフ (The McMullens were ...)
- ☑ The McMullens「マクマレン一家」
- ☑ at the sight of ...「…を見ると」
- ☑ this particular ...「特にこの…」 e.g. It was *this particular* incident that broke up their friendship.「彼らの友情を引き裂いたのは特にこの出来事のせいだった」
- ☑ be about one's age「…とほぼ同じ年（頃）である」
- ☑ a full head taller「頭丸1つ分背が高い」
- ☑ mark 名「傷跡」
- ☑ have something to do with ...「…と関係がある」 e.g. Her illness *has something to do with* this weather.「彼女の病気はこの天気に関係がある」

▽ 第5パラグラフ (Several things then ...)
- ☑ ran through「〈門を〉走って通り過ぎた」 ここは ran through the gate の意味。
- ☑ what all the shouting was about「その叫び声が一体何なのか」 この部分は to see の目的語になっている名詞節。e.g. *What is* all this excitement *about*?「この騒ぎは一体何だ」
- ☑ make a brief flight「短い時間飛ぶ」
- ☑ perfectly 副「完全に；見事に」

▽ 最終パラグラフ (In my memory, ...)
- ☑ physical presence「肉体的存在感」
- ☑ frightening 形「人を怖がらせる（ような）；恐ろしい」

8　一番強かったのは…

- [ ] stop cold「ぴたっと止まる」　この cold は副詞で「完全に；確実に」の意味。e.g. He learned his lines *cold*.「彼はせりふを完全に覚えた」
- [ ] make one's point「主張の正しいことを示す［わからせる］」　e.g. He stubbed his finger into my chest as he *made his point*.「彼は自説を通そうとして指を私の胸に押しつけた」

9　病を乗り越えて

■大阪府立大学■

解答 （50点）

A.　(a) エ　　(b) ウ　（各3点）

B.　彼は中途退学せざるを得ないと判断し，困惑した両親に，自分は大学で成功するのに必要なものを持っていないと言った。（10点）

C.　(あ) 1　(い) 2　(う) 4　(え) 5　（各2点）

D.　脳に腫瘍があることがわかった一方で，自分の奇妙な行動に理由があることもわかったから。（6点）

E.　腫瘍は新しい情報を保存するために使われるソフトウェアに損傷を与えていた。それゆえ彼が大学に入り，馴染みのない環境に置かれてはじめて，記憶機能の喪失が明らかになったのだ。（10点）

F.　① イ　② キ　③ オ　④ エ　⑤ ア　⑥ カ　⑦ ウ
　　　　　　　　　　　　　　　　　　　　　　（すべて正解で5点）

G.　イ（5点）

解説・採点基準

A.　配点6点（各3点）

(a)　各選択肢の意味は次の通り。

　ア．自分が外国人であるという気持ち

　イ．自分が他のすべての人から分け隔てられているという気持ち

　ウ．自分は劣等生になってはいけないという気持ち

　エ．自分には馴染みのなかった気持ち

　　正解はエ。foreign には「馴染みのない；見［聞き］慣れない」という意味がある。それまでずっと優等生だったアンドリューが，初めて「みんな自分よりも頭がよい」と考えた時の気持ちを表す表現として，エが文脈上最適である。

　　foreign は「外国の」という意味が基本だが，a foreign feeling をアのように「外国人であるという気持ち」という意味に解するのは無理であるし，このような解釈は，前後の内容とも合わない。foreign をイやウのような意味に解することもできない。

(b) 各選択肢の意味は次の通り。
ア．僕は自分の記憶を取り戻すことができるという考えを捨てたくはなかった。
イ．僕は記憶を回復するという夢をあきらめるためにあらゆる努力をしたかった。
ウ．僕は記憶を回復するために最善を尽くしたかった。
エ．僕は記憶を取り戻すことができたら，持ち金すべてを寄付していただろう。

　正解は**ウ**。give it all I could to − は「−するために全力を尽くす」という意味。give it all は VO_1O_2 の型で，代名詞 all の後には目的格の関係代名詞が省略されている。また，could の後には give が省略されている。

　アは「…という考えを捨てたくはなかった」，イは「…という夢をあきらめるために」，エは「持ち金すべてを寄付していただろう」の部分が誤りである。

B．配点 10 点

　① **He decided ...**「彼は…と判断した［決めた］」（1 点）

　　decided の後には接続詞の that が省略されている。

　② **he had no choice but to−**「彼は−せざるを得ない」（2 点）

　　have no choice but to − は「−する以外の選択（肢）を持たない；−せざるを得ない」という意味の表現。この but は except と同じ意味を表す。

　③ **drop out**「（中途）退学する」（2 点）

　　drop out は「中途退学する」という意味の慣用表現。「大学をやめる」など，同じ意味にとれるものは可とする。

　④ **telling his puzzled parents ...**「そして（彼の）困惑した［している］（両）親に…と言った」（2 点）

・この部分は decided を修飾する分詞構文として働く。意味としては and told his puzzled parents ... とほぼ同じなので，訳し方は「〈彼は…と決めて〉…と困惑した両親に言った」とするのが望ましい。

・「彼は困惑した両親に…と言って〈…と決めた〉」のように，後ろから返って訳した場合は 1 点減点とする。

・puzzled は「困惑［混乱］した」という意味の形容詞。この意味を誤った場合は 1 点減点とする。

- parents の後には，tell の直接目的語となる名詞節を導く接続詞の that が省略されている。これに対する誤りは１点減点とする。

> ⑤ **he didn't have what it took to**―「(自分は) ―するのに必要なものを持っていない」（２点）

- what は関係代名詞で，college までを have の目的語となる名詞節にまとめている。what を疑問代名詞と解して「何」と訳した場合は２点減点とする。
- what は節内で took の目的語として働く。節の基礎にあるのは，It takes O to ―「―するには O が必要となる」という表現である。e.g. *It takes courage to* admit you are wrong.「自分が間違っていると認めるには勇気が要る」 it を「それ」と訳すなど，この構文の意味を取り違えている場合は２点減点とする。

> ⑥ **succeed in college**「大学で成功する」（１点）

C. 配点８点（各２点）
　(あ)　正解は１。１の **concerned** は，be [grow] concerned about ... という形で，「〈人が〉…のことで心配している[するようになる]」という意味を表すので，これが文脈上最適である。なお，６の worrying は，形容詞として用いる場合は，「〈物事が〉心配な」という意味であり，〈人〉grow worrying about ... という使い方はできない。cf. The situation is very *worrying*.「状況はとても心配だ」
　(い)　正解は２。**determined** は「決然[断固]とした」という意味の形容詞。someone so determined で「それほど決意の固い人」という意味になり，前後の内容にうまくつながる。
　(う)　正解は４。become **overwhelmed** は「（精神的に）圧倒される；打ち負かされる」という意味。ここでは「必要となる勉強量の多さに精神的に参ってしまう」という意味合いになる。なお，if he became overwhelmed は後の possibly have to quit school を修飾する。この have は，文頭の He would に続く原形不定詞である。
　(え)　正解は５。be **pleased** で「喜んでいる；うれしい」という意味。これを選べば前の he got an A や，後の but unsure ... と内容の上でうまくつながる。

D. 配点６点
　　下線部では scared（びっくりした；恐ろしい）と relieved（ほっとした；安心した）

9 病を乗り越えて

という2つの心理状態が述べられているので，それぞれの理由を示せばよい。したがって解答に示すべきポイントは以下の2点となる。

> ① scared に対する理由：「脳に腫瘍が見つかったこと」（3点）

> ② relieved に対する理由：「自分の奇妙な振る舞いには理由があったこと」
> （3点）

「脳腫瘍が原因で，奇妙な振る舞いをしていた」なども可とする。

E. 配点 10 点

> ① **the tumor had damaged the software**「（その）腫瘍はソフト（ウェア）に損傷を与えていた」（2点）

・damaged には「傷つける；壊す」なども可とする。
・had damaged を「損傷を与えた」としたものも可とする。「損傷を与える」は×。

> ② **used to save new information**「新しい情報を保存するために使われる〈ソフトウェア〉」（2点）

・used は過去分詞で，software を修飾している。この点を誤っている場合は2点減点。
・to 不定詞は「-するために」という「目的」を表す副詞用法で，used を修飾している。「…するのに慣れている」のように，used to の意味を誤解している場合は2点減点。
・save に「セーブする」は可とする。「救う」とした場合は1点減点。
・new や information の意味を誤った場合は，各1点減点。

> ③ **which is why ...**「それゆえ［だから］…」（2点）

・which は関係代名詞（継続用法）で，先行詞は前の文全体である。
・which is why ... は and this is why ...「そしてそれゆえ…」とほぼ同意である。この why は関係副詞で，the reason why と同じ意味を表し，前半部 (the tumor ... information) の「結果」に相当することが why 以下には書かれている。この関係が正しく表されていれば，「解答」のように，2つの文に分けて訳してもよいし，「〈腫瘍は新しい情報を保存するために使われるソフトウェアに損傷を与えてい

た〉ので,〈彼が大学にいる時…〉」のように「…ので」などの語でつないでもよい。
- which 以下を後ろから返って訳したものは 2 点減点。また, which is why ... を「だから…だ;それは…だからだ」のように訳した場合は,因果関係が逆になっているので,やはり 2 点減点とする。

④ **the loss of memory function became obvious**「記憶機能の喪失が明らかになった」（2 点）

- the loss of ... は「…の喪失」という意味。「…を失ったこと」のように訳してもよい。
- memory function は「記憶（の）機能」という意味。memory が function を修飾していることがわかっていない場合は 2 点減点とする。function の意味を間違えたり,これを無視して「記憶の喪失」とした場合は 1 点減点とする。
- became obvious を「明らかだった」とした場合は,became の意味が誤っているため,1 点減点とする。

⑤ **only when he was at college**「彼が大学に入ってはじめて」（1 点）

- この部分は,became obvious を修飾する副詞節として働く。
- only when ... は「…になってはじめて」と訳すのが望ましいが,「彼が大学にいる時にのみ」と訳した場合も可とする。

⑥ **in an unfamiliar environment**「馴染みのない［よく知らない］環境に」
　　　　　　　　　　　　　　　　　　　　　　　　　　　　　　（1 点）

- この副詞句は,前の at college「大学に」を言い換えた表現である。以下のような訳はすべて可とする。
  - ○「大学（に）,つまり馴染みのない環境に入ってはじめて」
  - ○「馴染みのない環境である大学に入ってはじめて」
  - ○「大学に行って馴染みのない環境に置かれてはじめて」
- ただし,次のような訳は「大学」と「馴染みのない環境」が言い換えの関係になっていないので,誤りとなる。
  - ×「大学の中で,馴染みのない環境にあった時にのみ」

F. 配点5点（部分点なし）

正しく空所を埋めた表現は以下の下線部である。

He had an above-average verbal IQ of 120, but his memory recall score was 68, **<u>comparable with that of a person who is</u>** developmentally disabled.（彼は言語性 IQ が 120 と並外れていたが，記憶再生スコアは 68 で，発達障害を抱える人と同じくらいだった）

まず，空所の前の部分 (He had ... was 68) は文法的に「完全な形の文」であることから，空所以下の部分は，修飾要素になると考える。空所の先頭に置くべき語は comparable であるが，これは形容詞なので，この語を先頭に置くことで分詞構文 (being comparable) に等しい働きをすることができるので，修飾要素として正しい形になる。

次に，comparable <u>with</u> ... で，「…と類似［同等］の」という意味が表せる。この前置詞 with の目的語には，his memory recall score（彼の記憶再生スコア）と対比されるものを置くべきなので，the memory recall score の代わりとして，代名詞の that を用いて，その後に of a person を置く。cf. The climate of Japan is milder than *that of England*.（日本の気候はイングランドより温暖である）

最後に，person の後には，これを先行詞と見なして，関係代名詞の who を置き，who(S) is(V) developmentally disabled(C) とつなげる。以上により文が完成する。

G. 配点5点

各選択肢の意味は次の通り。

ア　アンドリューは脳腫瘍のせいで，記憶を失う原因となったアルツハイマー病の一種にかかった。手術と勤勉によって，彼は記憶を取り戻し，大学で成功を収めた。

イ　アンドリューは，記憶の形成を困難にする脳腫瘍にかかり，手術が成功した後，彼はものを覚える能力を向上させるために一生懸命努力し，とうとう大学を卒業できた。

ウ　アンドリューは脳腫瘍の手術を受けたが，手術は彼の記憶力に深刻な影響を及ぼした。彼は一生懸命努力して，とうとう記憶力を改善して大学で成功することができた。

エ　アンドリューは脳腫瘍のせいで記憶を失ったが，手術の後，彼の記憶力は改善し始めた。彼は大学で一生懸命に勉強して，その後まもなく満点の成績で卒業できた。

正解は**イ**。イには特に本文と矛盾する記述は含まれない。

アについて：第4パラグラフ第3文 (The size of a walnut, ...) から第6パラグラフ最終文 (But the tumor had damaged ...) までの記述からわかるように，アンドリューの脳腫瘍は，彼が新しいことを覚える能力に影響を及ぼしたのであり，古い記憶は影響を受けなかった。このことから，アの「アンドリューは脳腫瘍のせいで，記憶を失う原因となったアルツハイマー病の一種にかかった」という記述，並びに「彼は記憶を取り戻し」という記述は誤りである。また，「アルツハイマー病の一種にかかった」という部分も，本文からは読み取れない。第3パラグラフ第1文 (He was acting ...) には「彼はアルツハイマー病患者のように振る舞っていたが，まだ17歳だった」，第5パラグラフ最終文 ("Andrew has lost ...) には「『アンドリューは，年を取るにつれて人が，特にアルツハイマー病患者が失う種類の記憶機能を失ってしまったのです』とアンドリューの医者は言う」とあるが，これらの記述からは，彼がアルツハイマー病にかかっていたと判断することはできない。

ウについて：第7パラグラフ第1文 (Doctors removed part of ...) から第3文 (He had an above-average ...) に，「医者たちは腫瘍の一部を除去して，残りの部分には放射線による治療を行ったが，治療の後アンドリューはとても気分が悪くなり，体重が30ポンド減った。癌は無くなったが，彼の安堵感は長続きしなかった。おそらく二度と学校へは戻れないだろうと言われたからだ。彼は言語性IQが120と並外れていたが，記憶再生スコアは68で，発達障害を抱える人と同じくらいだった」とある。下線部の「癌は無くなった」という記述から，（気分が悪くなり，体重が減るなどの後遺症はあったものの）手術は基本的に成功したと考えられる（この点で，正解となるイの中の「手術が成功した後で (after successful surgery)」という表現は正しいと言える）。その後でアンドリューの記憶再生スコアが低かったことが述べられているが，これは手術が原因で起こったこととは考えられない。下線部(3)などから，アンドリューの記憶機能は手術前から低下していたことがわかっているからである。したがって，ウの中の「手術は彼の記憶力に深刻な影響を及ぼした」という記述は不適切である。

エについて：「アンドリューは脳腫瘍のせいで記憶を失った」という部分が，アの「記憶を失う原因となった」と同じ理由で誤りである（上記「アについて」の解説参照）。また，「手術の後，彼の記憶力は改善し始めた」という部分も不適切である。上記「ウについて」の中の引用部からわかるように，手術によって癌は取り除かれたが，記憶

力の改善は起こっていない。したがってエも誤りである。

全訳

　アンドリュー・エンゲルは完全に困惑していた。アメリカの大学での1年目が始まってまだわずか数日後のこと，彼は社会学のクラスで，他の生徒たちが活発に議論しているのを聞きながら座っていた。みんなが何を話しているのか，彼にはさっぱりわからなかった。彼は宿題をやり，講義を注意して聴き，ノートをとっていたが，全てが聞き覚えのないことばかりだった。「みんな自分よりずっと頭がいい」と彼は思った。彼はそれまでいつも優等生で，GPA 3.9で高校を卒業していたので，それは未知の感覚であった。

　その後の彼の1日は次のように過ぎていった。彼は食堂へ行く途中で道に迷った。数時間前にそこへ行っていたにもかかわらず，である。寮に戻ると，彼はルームメートに「やあ，調子はどう？」と挨拶したが，その間ずっと，「彼の名前は一体何だったっけ？」と考えていた。

　彼はアルツハイマー病患者のように振る舞っていたが，まだ17歳だった。9月の末までに，彼は授業を1つやめて，個人指導を受けていたが，それでもやはりもがき苦しんでいた。彼は中途退学せざるを得ないと判断し，困惑している両親に，自分は大学で成功するのに必要なものを持っていないと言った。

　アンドリューの母親は，彼の異常な振る舞いをだんだん心配するようになり，彼が絶えず喉の渇きを訴えたり，頻繁にトイレに行くなどの身体的症状を見せ始めると，彼を医者に行かせた。脳スキャンを行うことでそれは明らかになった。アンドリューには脳腫瘍ができていたのだ。それはクルミほどの大きさで，脳の中の新しい記憶を作る部分を圧迫していて，治療せずに放っておけば，命取りになる可能性があった。アンドリューはびっくりしたが，自分の奇妙な振る舞いには理由があることを知ってほっとした。

　「アンドリューは，年を取るにつれて人が，特にアルツハイマー病患者が失う種類の記憶機能を失ってしまったのです」とアンドリューの医者は言う。

　記憶はハードディスク上のデータのように，脳に書き込まれる。腫瘍が生じる前にアンドリューがダウンロードしていた情報は全く被害を受けていなかった。しかし腫瘍は新しい情報を保存するために使われるソフトウェアに損傷を与えていたので，彼が大学に入って，馴染みのない環境に置かれてはじめて，記憶機能の喪失が明らかになったのだ。

　医者たちは腫瘍の一部を除去して，残りの部分には放射線による治療を行ったが，その後アンドリューはとても気分が悪くなり，体重が30ポンド減った。癌は無くなったが，彼の安堵感は長続きしなかった。おそらく二度と学校へは戻れないだろうと言われたからだ。彼は言語性IQが120と並外れていたが，記憶再生スコアは68で，発達障害を抱える人と同じくらいだった。彼が職業として選べるのは，おそらく厳しい監視の下に置かれている肉体労働の仕事のみであろう。「このように言われた時でさえ，僕は学校に戻る努力をしたいと自覚していました」とアンドリューは言う。「できるかどうかわかりませんでしたが，やる気は満々でした。僕は自分の記憶を取り戻すために全力を尽くしたかったのです」

　彼の両親は，彼は自らを失敗に陥れようとしていることを恐れて，まず医者に相談してみなさいと言った。アンドリューは，脳を鍛えなおして記憶力を高める方法を模索していた。医者たちはこれほど決意の固い人物をめったに見たことがなかったので，彼らはアンドリューがレポートを書く際に役立つテクニックに加えて，彼が授業中や勉強中に情報を吸収するのを助ける方策を考案することに同意した。彼は他の学生よりも10倍熱心に勉強しなければならず，もし気持ちが負けてしまったら，おそらく学校を

やめなければならなかった。

　アンドリューはまず初めに，近くのコミュニティー・カレッジで英語の授業を聴講することにした。やがて彼は，少なくとも5回読めば情報を保持できる可能性が高まることを発見した。授業中彼は詳細なノートをとり，ノートをとる係の人が，彼が聞き落とした部分を補ってくれた。彼はノートを1日に数回読み返し，それからノートと教科書の内容を両方ともタイプした。彼は1日12時間，1週間に7日勉強し，勉強を中断したのは授業と食事と運動の時だけだった。

　次の学期に単位取得のための授業を取ったところ，成績はAだった。「僕は喜びましたが，他の授業でどうなるかは確信がありませんでした」と彼は言う。彼はボルティモア郡のメリーランド大学に入学し，健康科学の学位を目指して1学期に1つあるいは2つだけ講座を取った。

　アンドリューは自分のプログラムをあきらめずに続けて，始めてから10年以上経った2007年の5月に29歳で，スタンディングオベーションの中，GPA 4.0の成績で卒業した。

主な語句・表現

▶ 設問に関係する部分は，＜解説・採点基準＞を参照。

▽ **第1パラグラフ (Andrew Engel was …)**
- ☐ (be) engaged in …「…に従事している」
- ☐ have no idea ＋疑問詞節「…がさっぱりわからない」 e.g. I *have no idea* what he was talking about.「彼が何のことを話していたのか私にはさっぱりわからない」

▽ **第2パラグラフ (The rest of …)**
- ☐ the rest of …「…の残り」
- ☐ progress 動「〈時が〉経過する」
- ☐ get lost「道に迷う」
- ☐ on one's way to …「…へ行く途中で」 e.g. I met John *on my way to* the station.「駅へ行く途中でジョンに会った」
- ☐ dormitory 名「寮」
- ☐ all the while「その間ずっと」
- ☐ What on earth「一体何」 on earth は疑問詞 What を強調する表現。

▽ **第3パラグラフ (He was acting …)**
- ☐ drop 動「〈登録科目〉を放棄する」
- ☐ private teacher「家庭教師；個人指導を行う教師」
- ☐ struggle 動「もがく」

▽ **第4パラグラフ (Andrew's mother grew …)**
- ☐ thirst 名「渇き」
- ☐ The size of a walnut「それはクルミ大で」 この部分は分詞構文 (Being the size of a walnut) と同じように働く。
- ☐ press on …「…を押す」
- ☐ fatal 形「命取りになる；致命的な」

9　病を乗り越えて

- [ ] if left untreated (= if it is left untreated)「もしそれが治療されないままにされたら」
▽ 第6パラグラフ (Memories are imprinted ...)
- [ ] imprint 動「刻み込む」
- [ ] undamaged 形「損傷を受けていない」
▽ 第7パラグラフ (Doctors removed part ...)
- [ ] radiation 名「放射線」
- [ ] relief 名「安堵」
- [ ] short-lived 形「短命な；長続きしない」
- [ ] above-average 形「平均以上の；並外れた」
- [ ] verbal 形「言葉の」
- [ ] disabled 形「身体障害のある」
- [ ] likely 副「たぶん；おそらく」
- [ ] supervise 動「監督［管理］する」
- [ ] motivated 形「動機づけられた；やる気のある」
▽ 第8パラグラフ (His parents feared ...)
- [ ] set ... up「…を準備する；…を陥れる」
- [ ] retrain 動「再訓練する」
- [ ] rarely 副「めったに…しない」　e.g. We *rarely* see each other now.「私たちは今ではめったに会わない」
- [ ] devise 動「考案する」
- [ ] strategy 名「戦略；方策」
- [ ] absorb 動「吸収する」
- [ ] paper 名「論文；レポート」
▽ 第9パラグラフ (Andrew began by ...)
- [ ] sit in on ...「…を傍聴する」　e.g. He was permitted to *sit in on* a few classes.「彼はいくつかのクラスを聴講する許可を得た」
- [ ] retain 動「保持する」
- [ ] detailed 形「詳細な」
- [ ] note taker「ノートをとる人；記録係」
- [ ] break 動「中断する」
▽ 第10パラグラフ (When he took ...)
- [ ] credit 名「(履修の) 単位」
- [ ] semester 名「学期」
- [ ] enroll 動「入学［登録］する」
▽ 最終パラグラフ (Andrew stuck with ...)
- [ ] stick with ...「…をがんばり通す；あきらめないで…を続ける」　e.g. We should *stick with* our original plan.「私たちは最初の計画をあきらめずに続けるべきだ」
- [ ] standing ovation「起立して拍手喝采すること；スタンディングオベーション」

10　女性労働についての考察

■千葉大学■

解答（40点）

問1　have a paid job　（3点）

問2　従来男性の分野であった製造業は衰退し，サービス分野の仕事が拡大してきた。（6点）

問3　developing　（2点）

問4　accounting　（2点）

問5　女性の有給の仕事の増加は，無給の家事の時間の減少をある程度引き起こしてきた。（6点）

問6　過去約10年の間，先進経済国における女性の雇用の増加は，中国よりもはるかに大きく世界の成長に貢献してきたということ。（8点）

問7　スウェーデンにおいて，毎年高等教育を受ける男性100人に対する女性の割合。（7点）

問8　女性は出世の階段をそれほど高く昇らない傾向があることや，看護や教職などの給料の安い職業を選ぶこと。（6点）

解説・採点基準

問1　配点3点

　do は代動詞として，一般動詞で始まる表現の代わりをすることができる。本文では前の文の動詞 had 以下に対応している。ただし現在形の do なので，**have a paid job** の代わりをしていることになる。had a paid job とした場合は1点減点とする。

問2　配点6点

　下線部を含む文は，This has ... made the sexes more equal「このことが…男女をより平等にした」となっていることから，下線部の事態を引き起こしたのは，This だということになる。したがって解答には，この This の内容を示せばよい。This は前の文 (Manufacturing work, ...) の内容を指しているので，この文の内容をまとめればよい。なお，下線を含む文の中の (This has) reduced the demand for manual labor の

10　女性労働についての考察

部分は，下線部の事態と直接関連づけられてはいないので，解答に含める必要はないが，含めても誤りではない。したがって解答に含めるべきポイントは以下のようになる。

> ①　**Manufacturing work, traditionally a male area, has declined**（従来男性の分野であった製造業は衰退した）に相当する内容（3点）

・manufacturing work に「工業」も可とする。
・traditionally a male area に相当する表現が欠けている場合は1点減点。
・has declined は「減った」としてもよい。

> ②　**jobs in services have expanded**（サービス業における仕事が拡大してきた）に相当する内容（3点）

・jobs in services を「第3次産業」としたものも可とする。
・expand には「増える」なども可とする。

問3　配点2点

正解は **developing**。the developing world は「発展途上国世界；第3世界」という意味になる。直前の第3パラグラフ (The increase in ...) では，「先進国 (developed countries)」が話題になっていたことから，この第4パラグラフは代わって「発展途上国」が話題の中心になると考えられればよい。かっこ直後の文に，the emerging East Asian economies（新興の東アジア諸国）とあるのもヒントになる。

問4　配点2点

正解は **accounting**。account for ... は「〈割合〉を占める」という意味になる表現。この account を accounting という現在分詞の形にしてかっこに入れれば，カンマ以下は，文の主語の Women を意味上の主語とする分詞構文として適切に働くことになる。この分詞構文の基礎には，Women typically account for 60–80% of jobs ... という文がある。

問5　配点6点

> ①　**To some extent**「ある程度まで」（2点）

これは has meant を修飾する副詞句として働く。文頭で訳してもよいが，「女性の有給の仕事がある程度増えると…」のような訳は，これを increase にかけていることが明らかなので×（2点減点）となる。

> ② **the increase in female paid employment**「女性の有給の仕事の増加」
> （2点）

- increase in ... は「…の増加」という意味。「…が増えること」のように訳してもよい。
- female は「女性の」という意味の形容詞で，paid employment を修飾している。
- paid は「有給の；給料を支払われる」という意味の形容詞で，employment を修飾している。
- employment は「雇用；仕事」という意味の名詞。
- 上記の各項目を誤った場合は，1項目につき1点減点とする。

> ③ **has meant fewer hours of unpaid housework**「無給の家事の時間の減少を引き起こしてきた」（2点）

- has meant は「…を意味してきた」が基本の意味だが，「…を引き起こす；…となる」と訳すこともできる。また，全体を「〈女性の有給の仕事が増えたことにより，ある程度〉無給の家事を行う時間が減ってきた」のようにまとめてもよい。
- fewer hours of ... は「…の時間が減ること」のように訳すのがよい。
- unpaid housework は「無給の［給料が支払われない］家事」という意味。
- 上記の各項目を誤った場合は，1項目につき1点減点とする。

問6　配点8点

下線部の「もう1つの驚くべき結論」の内容は，この文後半のコロン以下に具体的に示されているので，この部分の内容を書けばよい。英文をそのまま訳してもよいが，訳の問題ではないので，内容が変わらないことを条件に，表現を変えてもよい。

> ① **over the past decade or so**「過去10年かそこらの間に」（2点）

- over は前置詞で，「…の間（ずっと）；…にわたって」という意味。
- decade は「10年間」という意味の名詞。
- or so は「…かそこら」という意味を表す。「約［およそ］…」や「…ほど」と表

10　女性労働についての考察

してもよい。
- 以上の各点に関して，1項目誤ると1点減点とする。

> ②　**the increased employment of women in developed economies**「先進経済国における女性の雇用の増加」（3点）

- increased は「増加した」という意味の形容詞で，employment（雇用；仕事）を修飾しているが，「増加した雇用」よりも「雇用が増加すること」のように表した方が，日本語としては自然である。
- developed economies は「先進経済国」という意味だが，「先進国；先進経済；先進経済圏」なども可とする。ただし，developed の意味を誤っている場合は1点減点。

> ③　**has contributed much more to global growth than China has**「世界（全体）の成長に中国よりもはるかに大きく貢献してきた」（3点）

- contribute は「貢献する」という意味の動詞。
- much は「はるかに；ずっと」という意味で，more を修飾している。much の意味が欠けているものは1点減点とする。
- global growth は「世界的成長」。「世界の<u>経済</u>成長」のように補ってもよい。

問7　配点7点

　この150という数は，セミコロンの前にある文 (In America ... 100 men) の140に，内容の上で対応している。この部分の意味は，「アメリカでは毎年男性100人に対し，140人の女性が高等教育を受ける」である (for every ... は「…に対して」という意味で，割合・比率を述べる時に用いられる)。したがって，この文の内容を元にして説明を行えばよい。ポイントとなるのは以下の3点である。

> ①　「(毎年) 高等教育を受ける人の数 [割合]」であること。（3点）

- 「高等教育 (higher education)」の代わりに「大学教育」でもよい。この higher は絶対比較級と呼ばれる用法で，日本語ではあえて「<u>より</u>高い」のように訳さないのが普通である。
- enter に対応する表現は「受ける」以外に「入る」なども含めて広く認める。
- 「毎年 (each year)」は欠けていても減点しないこととする。

> ② 「男性100人に対する女性の数［割合］」であること。（3点）

単に「女性の数［割合］」や「男性に対する数［割合］」では表現不足なので2点減点とする。

> ③ 「スウェーデンにおける数［割合］」であること。（1点）

この部分はそれほど重要ではないので，配点は低いが，解答欄に余裕があれば含めたい内容である。

問8　配点6点

下線部を含む文は，The main reason why ... is not that S_1V_1 but that $\underline{S_2V_2}$, or $\underline{S_3V_3}$. 「…する主な理由は，S_1V_1 ではなく，$\underline{S_2V_2}$ または $\underline{S_3V_3}$ である」という構造になっているので，下線部の S_2V_2 及び S_3V_3 の部分の内容を書けばよい。したがって書くべき内容は以下のようになる。

> ① **they tend not to climb so far up the career ladder**「女性は出世の階段をあまり高く昇らない傾向がある」（3点）

- tend not to - は「-しない傾向がある」という意味。tend の意味が欠けている場合は1点減点とする。
- career ladder は「出世の階段」という意味なので，climb so far up the career ladder は「出世の階段をそれほど高くまで昇る」という意味。このように直訳してもよいし，「女性は出世をあまり望まない傾向がある」のように，同じ意味にとれるものは広く認める。この意味と明らかに違うものは3点減点とする。

> ② **they choose lower-paid occupations, such as nursing and teaching**「女性は看護や教職などの給料の安い職業を選ぶ」（3点）

- lower-paid は「（より）給料の安い」という意味の形容詞。比較級の意味は明示していなくても可とする。
- occupation は「職業；仕事」の意味の名詞。
- such as 以下の内容が誤っていたり，この部分が欠けている場合は1点減点とする。

10 女性労働についての考察

全訳

　「なぜ女はもっと男のようになれないのだろう」とマイ・フェア・レディの中でヘンリー・ヒギンズは心の中で言った。将来の世代は，なぜ男はもっと女のようになれないのかと問うかもしれない。裕福な国々では，学校の成績は今では女子の方が男子よりもよいし，大学の学位を得ているのは男性よりも女性の方が多く，ほとんどの新しい仕事は女性が行っている。おそらく女性は今や，全世界の成長の最も強力な原動力であろう。

　1950 年には，労働年齢にあるアメリカ人女性のうち，給料の支払われる仕事に就いていた人はわずか 3 分の 1 だった。今日では 3 分の 2 になっており，女性はアメリカの全労働人口のほぼ半数を占めている。1950 年以来，男性の就業率は 12 パーセント落ちて 77 パーセントになった。実際にほとんど全ての場所で，就業している女性の数は増えており，職を持つ男性の割合は落ちてきた。ただしイタリアと日本では，女性の仕事の占有率はまだ 40 パーセント以下である。

　先進国における女性の雇用の増加は，提供される仕事の種類の大きな変化によって促進されてきた。従来男性の分野であった製造業は衰退したが，サービス分野の仕事は拡大してきた。これによって肉体労働に対する需要は減り，男女はより平等になった。

　発展途上国世界においても，今ではより多くの女性が給料の支払われる仕事に就いている。東アジアの新興国では，働いている男性 100 人に対し，女性は現在 83 人で，これは OECD 諸国の平均さえも上回っている。女性は，アジアの輸出産業の成功にとっては特に重要で，織物や衣服などの多くの輸出部門の仕事においては，概して 60 から 80 パーセントを占めている。

　確かに，女性の労働人口への「加入」という言い方をするのは必ずしも正しくはない。正式な仕事以外に，女性はいつも家で働き，子供の面倒を見たり，掃除や料理をしてきたが，こういったことは無報酬なので，公式の統計の中では数えられていないのだ。女性の有給の仕事が増えたことで，ある程度まで，無報酬の家事の時間は減ってきた。しかしながら，皿洗い機や洗濯機などによってもたらされる生産性の向上により，家事に費やされる時間ははるかに少なくなってきている。

　にもかかわらず，ほとんどの働く女性は，今でも家事の大部分に対する責任を負っている。先進国では，女性による生産高は公式の GDP の 40 パーセントをやや下回っている。しかし家事の価値が加算されれば，おそらく女性による生産高は，総生産高の半分をわずかに上回るだろう。

　女性の雇用の増大はまた，最近の数十年間における世界全体の成長の大部分の原因にもなっている。GDP が成長する原因は 3 つありうる。それは，より多くの人々を雇うこと，労働者 1 人当たりにより多くの資本を用いること，あるいは新しい科学技術による労働と資本の生産性の上昇である。1970 年以来，女性が新しい仕事に就く割合は男性の 2 倍である。女性を余計に多く雇っている仕事は，男性向けの新しい仕事よりも GDP を増やすだけでなく，それは資本投資や生産性の増加のいずれかと比べてより多くのものを生み出してきた。世界の経済成長を違う角度から分析してみると，もう 1 つの驚くべき結論が明らかになる。それは，過去 10 年かそこらの間，先進経済国における女性の雇用の増加は，中国よりもはるかに大きく世界の成長に貢献してきたということだ。

　女性は世界市場において，労働者としてだけでなく，消費者，経営者，投資家としてもより重要になりつつある。女性は従来，家庭の買い物のほとんどを行ってきたが，今では自分で使うことのできるお金が増えている。健康管理や住宅から，家具や食物まで，消費者が物を買う際に，その決定のおそらく 80 パーセントは女性が行っているらしいということが，調査によりわかっている。

　労働人口中の女性の占める割合には限度がある。アメリカでは，それはすでにスピードダウンしている。

しかし女性が自分の適性をよりうまく活用すると，より生産性が上がる可能性はまだ大いにある。学校では，女子の方がいつも成績がよく，ほとんどの先進国では，大学の学位全体の半数を優に超える数が，現在では女性に与えられている。アメリカでは毎年男性 100 人に対し，140 人の女性が高等教育を受ける。スウェーデンでは，その数は 150 にも達している。（しかし日本では男子学生 100 人に対して女子学生は 90 人しかいない）

近い将来，より高い教育を受けた女性がより多くの最高位職に就くだろう。現在のところ，例えば英国では，医者や弁護士の訓練を受けているのは男性より女性の方が多いが，一流の外科医や法律事務所の経営弁護士になっている女性は比較的少数である。女性が今でも平均して男性よりも給料が少ない主な理由は，同じ仕事に対して支払われる額が少ないからではなく，出世の階段をあまり高く昇らない傾向があるか，あるいは看護や教育など給料の低い職業を選ぶためである。このパターンは変わることになりそうだ。

主な語句・表現

▶ 設問に関係する部分は，＜解説・採点基準＞を参照。

▽ 第1パラグラフ ("Why can't a woman ...")
- ☐ muse 動「考える；心の中で言う」
- ☐ fill a job「職務を行う；仕事の提供を受諾する」

▽ 第2パラグラフ (In 1950 only one-third ...)
- ☐ make up「構成する；占める」 e.g. Women officers *make up* 13 per cent of the police force. 「女性の巡査は，警察官全体の 13 パーセントを占めている」
- ☐ workforce 名「労働人口」

▽ 第3パラグラフ (The increase in female employment in ...)
- ☐ aid 動「助ける；促進する」
- ☐ shift 名「変化」
- ☐ on offer「売りに出されて」
- ☐ decline 動「衰える；低下する」
- ☐ expand 動「広がる；拡大する」
- ☐ manual labor「肉体労働；手作業」

▽ 第4パラグラフ (In the developing world, ...)
- ☐ emerging 形「新興の」
- ☐ economy 名「経済；国家の組織・富としての経済；経済国」
- ☐ typically 副「一般的に；大体は」
- ☐ textile 名「織物」

▽ 第5パラグラフ (Of course, it ...)
- ☐ besides 前「…のほかに；…に加えて」
- ☐ look after ...「…の世話をする」 e.g. I love *looking after* the children.「私はその子供たちの世話をするのが大好きです」

10 女性労働についての考察

- ☐ productivity 名「生産性」
- ☐ ... and so on「…など」

▽ 第6パラグラフ (Nevertheless, most working women ...)

- ☐ be responsible for ...「…に対して責任がある」 e.g. He felt *responsible for* her death.「彼は彼女の死に対して責任を感じた」
- ☐ chore 名「きまりきった仕事；日課」
- ☐ output 名「生産高」

▽ 第7パラグラフ (The increase in female employment has ...)

- ☐ account for ...「…の説明［原因］となる；…を引き起こす」 e.g. The poor weather may have *accounted for* the small crowd.「人出が少なかったのは悪天候のせいだったのかもしれない」
- ☐ capital 名「資本」
- ☐ investment 名「投資」
- ☐ emerge 動「現れる」

▽ 第8パラグラフ (Women are becoming ...)

- ☐ investor 名「投資家」
- ☐ buying decision「購買決定」

▽ 第9パラグラフ (Women's share of ...)

- ☐ qualification 名「資格；適性」
- ☐ consistently 副「絶えず；一貫して」
- ☐ well over ...「…を優に超える」 e.g. He is *well over* fifty.「彼は50を優に超えている」
- ☐ award 動「〈賞などを〉与える」
- ☐ as high as 150「150もの高い数値」

▽ 最終パラグラフ (In years to come ...)

- ☐ in years to come「来るべき年月に；近い将来」
- ☐ top job「〈会長，社長など〉最高位職」
- ☐ relatively 副「比較的」
- ☐ leading 形「一流の」
- ☐ surgeon 名「外科医」
- ☐ partner 名「正弁護士；経営弁護士」
- ☐ law firm「法律事務所」

11 南部逍遥

■大阪市立大学■

解答 （37点）

問1　②　（2点）

問2　little changed and little happened　（3点）

問3　私はハワードの言葉にこのように苦労することが時々あった。私は彼の言葉の中に，彼が意図していない意味をすぐに見い出したがるのだった。（8点）

問4　③　（2点）

問5　(b)　④　　(c)　③　　(d)　②　（各2点）

問6　by hand　（2点）

問7　私は心構えができるかできないかのうちに，私たちはハワードの土地にいた。（6点）

問8　(ア)　②　　(イ)　③　　(ウ)　①　　(エ)　④　（各2点）

解説・採点基準

問1　配点2点

　　空所の前にある that は，前文中の a patch「小さな土地」を指しているので，①の because や④の then「その時」では文意が通らない。また③の what は関係代名詞，または疑問代名詞ということになるが，この場合 what は名詞節をまとめ，what が節内で名詞として働くため，what の後には名詞が1つ欠けた不完全な文が来る。しかし，空所の後は完全文となっており，what が働く場所がないので，③も不可である。以上から正解は②の where となるが，これは先行詞の the place を含んでいる関係副詞であり，関係副詞の後には完全文が続くので文法的に成立する。また，意味も「それは，…場所だった」となり矛盾がない。

問2　配点3点

　　下線部の continuity について，直後に続く文で「私」は「歴史的連続性 (historical continuity)，つまり，過去が生き続けていること (the past living on) を言っているのだと思った」とあり，さらに次の文で「しかし，彼がそのとき口にした他の言葉から

すると，彼はただ，そこは変化も出来事もほとんどない (little changed and little happened) 田舎の土地だと言っていたんだという感じがした」と述べ，continuity という言葉でハワードが意図した意味の解釈を変えていることがわかる。5語という指定から，**little changed and little happened** が正解になる。

問3　配点8点

> ① **I had this trouble with Howard's words sometimes**「私はハワードの言葉で（時々）このように苦労することがあった」（2点）

- have trouble with ... は「…で苦労する」の意味である。本文は，内容的には「ハワードの話す言葉の意味を解しかねる」ということなので，「…ともめる；…の面倒になる」などの訳出は文脈に合わないので不可（2点減点）。
- また，「トラブル」（カタカナ書き）も2点減点。
- さらに，this を無視して「ハワードの言葉で（時々）苦労した」のようなものや，sometimes の意味が訳に出ていないものはそれぞれ1点減点。

> ② **; I was too ready to－**「私はすぐに－したがった（からである）」（2点）

- be too ready to－は，be ready to－の強調表現で，「すぐに－したがる；－しがちである；－する傾向がある」などと訳す。これを too ... to－「－するには…すぎる；…すぎて－できない」と誤解したものは2点減点。
- なお，セミコロンはこのように2文を接続詞を使わないでつなぐ場合に使われる。訳出上は無視しても構わない場合が多いが，ここは前後を因果関係ととらえて，「…からである」のように処理してもよい。

> ③ **find in them meanings**「その中に意味を見い出す」（2点）

<u>find</u>(V) <u>in them</u>(M) <u>meanings</u>(O) という構造（第3文型）になっている。find は「見つける；発見する」などとしてもよい。them は Howard's words を受けている代名詞である。これらを誤解して「<u>彼ら</u>に意味を見つけてやる」（第4文型として解釈）のようにしたものは2点減点。

> ④ **⟨meanings⟩ he didn't intend**「彼が意図していなかった〈意味〉」（2点）

he の前には関係代名詞が省略されている。これがわかっていないことが明らかなものは2点減点。

問4　配点2点

　　下線部は「この土地の物の規模の証拠」が直訳である（文法的には分詞構文として働いていると考えられる）。したがって，これとほぼ同じ意味になるのは，③の「この土地の物の大きさの証拠として」である。

　　他の選択肢の意味は，①「この土地の魚の皮膚のようなものとして」，②「この土地の物の大きさの定義として」，④「ハリケーンから守る手段として」であり，いずれも不適切である。

問5　配点6点（各2点）

(b)　空所を含む文は「それらの納屋は朽ち果て，波状の鉄材は錆びて濃い（　　）色になっていた」という意味である。鉄が錆びれば通常は赤くなるので，④の **red** が正解。

(c)　空所を含む文は「木材は風雨にさらされて（　　）色に変色していた」という意味である（weather は動詞で「〈風雨にさらされて〉変色する」の意味）。風雨にさらされた木材は通常灰色になるので，③の **gray** が正解。

(d)　空所を含む文は「（　　）色を背景にすると，この波状の鉄材の錆はすばらしい色で，その土地を格別に美しくしていた」の意味である。この時点で「私」やハワードが身を置いていたのは，空所を含む文と同パラグラフの第1文 (The land was flat ...) の「土地は平らで，アルゼンチンの<u>パンパス</u>やベネズエラの<u>大草原</u>のようだった」，およびその直前の文 (And there were ...) 中の「オークとカエデもあり，<u>春の緑が最も鮮やかな状態だった</u>」という記述から，「緑豊かな環境」だったことがわかるので，②の **green** が正解になる。

問6　配点2点

　　下線部の mechanically は「機械で」の意味である。下線部を含む文の直後の文 (All this used to ...) に，**by hand**「手で」という表現があり，これが正解。

問7　配点6点

　①　**we were in Howard's area**「私たちはハワードの土地に着いていた」（2点）

・were は「着いた；いた；来た；来ていた；入っていた」などとしてもよい。

・area は「地域；区域；地方；場所」など「土地」であることがわかる訳語であ

れば可だが,「分野；部分」などは不可（1点減点）。
- 主語 (we) の訳抜けは1点減点。

> ② **almost before ...**「…するかしないかのうちに；…したと思ったらすぐに」
> （2点）

　副詞の almost が before 以下の副詞節を修飾している形である。almost は「その状態に近い（がそこまではいっていない）」という意味を表すので，before ... の状態に近い，つまり，「…するかしないかのうちに；…したと思ったらすぐに」と訳すことになる。「…するほとんど前に；ほとんど…しないうちに」などの訳出は「全く…できていない」ということに近く，意味が異なるので不可。

> ③ **I was ready for it**「私は心構えができる〈かできないかのうちに〉［できた〈と思ったらすぐに〉］」（2点）

- この be ready for ... は「…への心構え［心の準備；覚悟］ができている」の意味。
- it は we were in Howard's area という内容を指しているが，ここでは訳出しない方が日本語としてはむしろ自然である。なお，主節の主語と副詞節の主語が異なるので，両方とも訳出するべきである。
- 主語 (I) の訳抜けは1点減点。

問8　配点8点（各2点）

(ア)　正解は②の **own**。直後の文の「1人暮らしで，どちらかと言えばハーレムには住みたくなかった。新聞と雑誌を熱心に読み，外交問題には特に関心があった。料理が好きで，週末にはパドルボールをして健康を維持していた」という内容から，「自分なりの考えを持つ；自分のことは自分で決める」の意味になる be one's own man という慣用表現を完成させる。なお，本文では very much によって意味が強調されている。
　他の選択肢の意味は，①「独特の」，③「最高の」，④「唯一の」であり，文意が通らない。

(イ)　空所の後にある not spiky「怒りっぽくない」という表現から，彼は「一緒にいやすい；気楽に一緒にいられる」人であると考えられるので，③の **easy** が適切である。なお，He was easy to be with という文では，主語の He が前置詞 with の意味上の目的語になっていることにも注意。一般に，A is 形 to-（A は-するのが

形だ）で，形が「難易・快不快等」を表すもの (easy; difficult; hard, pleasant, etc.) という形の文では，A は to 不定詞の意味上の目的語になる。

　他の選択肢の意味は，①「効果的な」，②「深刻な；真面目な」，④「恐ろしい；ぞっとするような」であり，文意が通らないし，主語が不定詞の意味上の目的語にもならない。

(ウ)　空所を含む文が「それは南部ではよく見かけるものだ」という意味になり，直後の前置詞 of とともに使えるのは，①の **a lot** である。see a lot of ... で「…をよく見かける」の意味（of の目的語になっているのは関係代名詞の what）。

　他の選択肢の意味は，②「一般に」，③「無駄に」，④「簡単に」だが，いずれも直後の of につながらない。

(エ)　空所を含む文の前半は「そのタバコの緑の葉から出る樹脂が手にこびりついて黒くなった」という意味なので，後半は「（それは）なかなかきれいに落とせなかった」の意味にすれば前後が矛盾なくつながる。したがって，④の **hard** が正解。なお，The resin ... was hard to clean off. という文では，主語の The resin は clean off（〈汚れなど〉を取り除く）の意味上の目的語になっていることにも注意。

　他の選択肢の意味は，①「奮闘して」，②「荒々しい」，③「無器用な」であり，文意が通らないし，主語が不定詞の意味上の目的語にもならない。

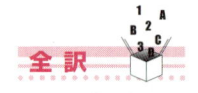

全訳

　ジミーはニューヨークでデザイナー兼レタリングアーティストとして働いていた。ハワードは彼の助手をしていた。ジミーは，時々憂鬱な気分に襲われることがあり，ある日ハワードに言った。「ハワード，僕が仕事をやめなきゃならなくなって，君が次の仕事を見つけられなかったら，君はどうする？」南部出身のハワードは言った。「ママのいる故郷に帰るだろうね」

　ジミーがこの言葉を私に話してくれた時の私と同じくらいに，ジミーはこの言葉に心を打たれた。ハワードには，ジミーも私も持ち合わせていないもの ── ハワードが故郷（まぎれもなく自分の）であると考えていた地球の小さな領域 ── があったということなのだ。そしてそこは，私がこの話を聞いてから何か月もたってからのことだが，南部についてのこの本を始めるべきだと私が考えた場所であった。ハワードの故郷から始めるべきなのだ。

　ハワードがこの訪問の手配をした。ジミーは我々と一緒に来ることにした。我々はイースターの週末に出かけたのだが，そのタイミングは全くの偶然だった。

　ニューヨークは雨で，2日間降り続いていた。

　ラガーディア空港で，ハワードは「若いころは連続性のせいで故郷が嫌いだったんだ」と言った。彼は歴史的連続性，つまり，過去が生き続けていることを言っているのだと私は思ったのだが，彼が

それから口にした他の言葉からすると，彼はただ，そこは変化も出来事もほとんどない田舎の土地だと言っていたんだという感じがした。私はハワードの言葉にこんなふうに苦労することがあった。私は彼の言葉に，彼が意図していない意味を見い出す傾向があったのである。
　ハワードは身長6フィートだが，細身で身のこなしは軽かった。年齢は20代後半か30代前半だった。彼は独立独歩の人間だった。1人暮らしで，どちらかと言えばハーレムには住みたくなかった。新聞と雑誌を熱心に読み，外交問題には特に関心があった。料理が好きで，週末にはパドルボールをして健康を維持していた。気楽に一緒にいられて，怒りっぽくなかった。私はこれを，1つには，彼が確信している，そして依然として身近な存在である故郷のせいにしていた。
　ハワードは言った。「南部がどうやって始まるかわかるよ。この機内には黒人の方が多いだろ」
　乗客の大半は黒人で，アフリカ系でも西インド系の様でもなかった。彼らは控えめと言ってもいいくらいで，イースターで大都市から故郷へ戻る途中だった。
　我々はグリーンズボロに降り立った。そこは大きな空港で，それからほんの数分行くと，この土地の物の大きさを示すものとして，もう1つ空港があり，そこも同じくらいの大きさだった。我々はそこを出発した。待合区域には軍関係の人たちがいた。ニューヨークよりも暖かかったので，私は薄手のジャケットに着替えた。
　間もなく我々は幹線道路に乗った。
　ハワードは言った。「ほら，ハナミズキと松の木だよ。南部ではよく見かけるんだ」
　そのハナミズキは丈が低く，花弁が1枚の白い花をちょうど咲かせていた。水をよく吸い，茎が赤い低木で，秋と冬に明るく紅葉する英国のハナミズキではなかった。そして，ハワードが私に示してくれたのだが，オークとカエデもあり，春の緑が最も鮮やかな状態だった。
　土地は平らで，アルゼンチンのパンパスやベネズエラの大草原のようだった。しかし，木々が平原の境界線に列を成していて，物に身体尺度を与えていた。我々はタバコの葉の納屋をいくつか通り過ぎた。それらは背がやや高く，ほぼ四角で，波状の鉄材でできている建物で，昔はそこでタバコの葉を乾燥させていた。それらの納屋は朽ち果て，波状の鉄材は錆びて濃い赤色になり，木材は風雨にさらされて灰色に変色していた。緑色を背景にすると，この波状の鉄材の錆はすばらしい色で，その土地を格別に美しくしていた。
　その幹線道路は，モーテルやレストラン，ガソリンスタンドの看板があって，アメリカの他のあらゆる場所の幹線道路とそっくりだった。
　タバコの葉は今でも農作物だった。我々は苗木が機械で植えられていく光景を目にした。トラクターに黒人男性が1人乗り，その後ろの手押し車に乗った2人の男性が，根の生えた苗木を，柄のついた穴掘り具の下へ落としていくのだ。昔はこれを全部手でやっていたんだ，とハワードは言った。彼は学校が休みになるとタバコの葉を摘み取っていた。緑の葉から出る樹脂が手にこびりついて黒くなり，なかなかきれいに落とせなかった。タバコの緑の葉から出て黒いしみを作るこの樹脂のことを私は全く知らなかったが，すぐに理解できた。人々がその乾燥した葉を吸うのは，その樹脂，つまりタールのためだったのだ。
　我々の車は幹線道路をあまりに速く走ったために，私は心の準備ができるかできないかのうちに，我々はハワードの土地に着いていた。街の中心部は狭く，金持ちの白人が住む狭い郊外がその街には付随していた。そしてその外側が黒人の住む地域だった。違いは顕著なものだった。しかしハワードは，もう実家の近くにいて，白人地区も黒人地区も両方とも自分のものなのだと言っているようだった。

主な語句・表現

▽ 第1パラグラフ (Jimmy worked in ...)
- [ ] lettering 名「レタリング」(デザイン化された文字を書いたり刻んだりすること)
- [ ] at times「時々」

▽ 第2パラグラフ (Jimmy was as ...)
- [ ] be struck by ...「…に心を打たれる[感銘する]」 e.g. He *was struck by* the magic of the music.「彼はその音楽の魅力に打たれた」
- [ ] patch 名「小さな土地」
- [ ] think of A as B「AをBだと考える」
- [ ] absolutely his「間違いなく彼の故郷」 このhisはhis homeの意味。
- [ ] with the home that Howard had「ハワードが持っていた故郷から〈始める〉」 この部分はbeginを修飾する副詞句。

▽ 第3パラグラフ (Howard arranged the ...)
- [ ] Easter 名「イースター；復活祭」(キリストの復活を祝う祭り。春分後の最初の満月の次の日曜日に行う)
- [ ] pure chance「全くの偶然」

▽ 第6パラグラフ (I thought he ...)
- [ ] historical continuity, the past living on「歴史的連続性, すなわち, 過去が存続し続けること」 historical continuity と the past living on は同格。

▽ 第7パラグラフ (Howard was six ...)
- [ ] light of movement「動作が軽い」
- [ ] Harlem 名「ハーレム」(ニューヨーク市のマンハッタン島北東部の黒人やヒスパニックの居住区)
- [ ] foreign affairs「外交問題」
- [ ] keep oneself fit「健康を維持する」
- [ ] put A down to B「AをBのせいにする」 e.g. You shouldn't *put* all this *down to* mere chance.「これらすべてを単なる偶然のせいにするべきではない」
- [ ] in part「ある程度は；いくぶん；1つには」

▽ 第10パラグラフ (We landed at ...)
- [ ] waiting area「待合区域」 この waiting は area を修飾する動名詞で「用途」(待つための)を表す。cf. a *waiting* room「待合室」

▽ 第12パラグラフ (Howard said, "Look, ...)
- [ ] pine 名「松」

▽ 第13パラグラフ (The dogwood was ...)
- [ ] shrub 名「低木」
- [ ] small tree that made a bright autumn and winter show 直訳は「秋と冬に明るく紅葉する背

の低い木」 that は主格の関係代名詞で，関係詞節内は，that(S) made(V) a bright autumn and winter(M) show(O) という構造。一般に，a tree makes a show は，秋から初冬にかけて木の葉が色づくことを言う表現。

- ☑ identify 動「…を確認する」
- ☑ oak 名「オーク」
- ☑ maple 名「カエデ」

▽ 第 14 パラグラフ (The land was ...)
- ☑ pampas 名「パンパス」（南米，アルゼンチンに広がる大草原）
- ☑ border 動「…と境界線を成す；…に接する」
- ☑ human scale「人的［身体］尺度」
- ☑ barn 名「納屋」
- ☑ tallish 形「やや背の高い」
- ☑ squarish 形「ほぼ四角い」
- ☑ structure 名「建造物」
- ☑ decay 名「老朽化」
- ☑ rust 動「錆びる」
- ☑ weather 動「（風雨にさらされて）変色する」

▽ 第 16 パラグラフ (Tobacco was still ...)
- ☑ crop 名「農作物」
- ☑ We(S) saw(V) the seedlings(O) being mechanically planted(C)「我々は苗木が機械で植えられていく光景を目にした」という第 5 文型。O と C の「主語 + 述語」関係は，The seedlings *were being* mechanically *planted*.「苗木が機械で植えられつつあった［植えられているところだった］」という受け身の進行形になっている。
- ☑ one black man on the tractor, two men on the trolley behind dropping earth-rooted seedlings down a shifted dibble.「トラクターに黒人男性が 1 人乗り，その後ろの手押し車に乗った 2 人の男性が，根の生えた苗木を，柄のついた穴掘り具の下へ落としていく」 この部分は直前の〈We saw〉the seedlings being mechanically planted を具体的に説明している。
- ☑ pick 動「…を摘み取る」
- ☑ stain 動「しみになる」
- ☑ It was for that resin, that tar, that people smoked the cured leaf.「人々がその乾燥した葉を吸うのは，その樹脂，つまりタールのためだった」 これは for that resin, that tar という副詞句を強調している強調構文。that resin と that tar は同格。

▽ 最終パラグラフ (We had driven ...)
- ☑ suburb 名「郊外」
- ☑ attach 動「…をくっつける」
- ☑ noticeable 形「顕著な」
- ☑ claim 動「…を自分のものであるという」

12　現代の大学教育とインターネット

■千葉大学■

解答（40点）

問1　教育も，その本質と存在に対する根本的な問いかけに直面している。（6点）

問2　③　（3点）

問3　もしそれが教育の姿だとしたら，大学の姿はどのようなものだろうか。
（5点）

問4　大人は大学を，成熟して自立心と責任が増す時であると見なす。学生は，それを親から離れる過程ととらえる。（8点）

問5　④　（3点）

問6　to create something　（4点）

問7　internet　（3点）

問8　(a) ⑤　　(b) ①　　(c) ③　　(d) ⑧　（各2点）

解説・採点基準

問1　配点6点

　　下線部は，「So be S」という倒置形で，「教育もそう［同じ］である」という意味である。このSoは，文の前半部のfacing ... existenceを受けている。したがってこの下線部は，education is facing fundamental challenges to its essence and existence, tooと同意であるので，これを日本語に訳せばよい。

> ①　**education ... , too**「教育も…だ」（2点）

　　上で述べたように，この「So be S」という形は，「Sもそう［同じ］である」という意味なので，この「…も」の意味が欠けているものは1点減点とする。

> ②　**is facing fundamental challenges**「根本的な問いかけに直面している」
> （2点）

・is facingは「直面している」という意味。この意味にとれないものは1点減点とする。ただし，「〈その本質と存在とが〉根本的に問われている」のように意訳したものは可とする。

- fundamental は「基本［根本］的な」という意味の形容詞。これを誤ったものは 1 点減点。
- challenges は「異議；疑念」という意味。この意味にとれる訳語はすべて可とする。「難題」も認める。「挑戦；チャレンジ」は文脈に合わないので 1 点減点とする。

> ③ **to its essence and existence**「その本質と存在に対する」（2 点）

- its は訳していなくても可とする。
- essence は「本質；根本；核心」という意味の名詞。カタカナの「エッセンス」は×。これを誤った場合は 1 点減点する。
- existence は「存在」という意味の名詞。これを誤った場合は 1 点減点する。

問 2　配点 3 点

各選択肢の意味は次の通り。

　① 創造性　② 想像力　③ **暗記**　④ 質問

空所を含む where 節は,「調べて推論して疑う技能の方が,（ (2) ）したり計算したりする技能よりも重んじられる〈環境〉」という意味である。つまり(2)に入るべき語は,「調べること (research), 推論すること (reasoning), 疑うこと (skepticism)」とは対立的な意味で,「計算すること (calculation)」と類似の意味になる語である。①の「創造性」や②の「想像力」は,「調べること」や「推論すること」に類似性があり, ④の「質問」は「疑うこと」と類似性がある。これに対して③の「暗記」は,「調べる」,「推論する」,「疑う」ということとは無関係のいわば単純な作業であることから, 選択肢の中では「計算すること」に最も近い行為であると言える。したがって正解は③に決まる。

問 3　配点 5 点

> ① **If that is what education looks like**「もしそれが教育の姿であるならば」
> 　　　　　　　　　　　　　　　　　　　　　　　　　　　　　　（3 点）

- If がまとめる副詞節に相当する部分である。節内は that が主語, is が動詞, what education looks like が補語（名詞節）となっている。
- what は関係代名詞で, 節の中で前置詞 like の目的語として働いている。疑問代

名詞を用いた What is S like? は,「S はどのように見えるか」という意味であるが, 本問の what は関係代名詞なので, このように訳すとうまくいかない。そこでここは少し工夫をして, 以下の2つのいずれかで訳すのが望ましい。

(a) 「もしそれが教育の姿であるならば」

　　look like は「…ように見える」という意味なので, この意味を「姿」という日本語で表すと, うまくまとまる。

(b) 「もし教育がそのように見えるのだとしたら」

　　He did this.「彼はこれをした」と基本的に同じ意味を, This is what he did.「これが彼のしたことだ」と表すことができる。これと同じ考え方で, that is what education looks like は, education looks like that としても基本的な意味は同じなので, 後者に置き換えて訳すという方法もある。

> ② **what does a university look like?**「大学はどのように見えるだろうか」
> 　　　　　　　　　　　　　　　　　　　　　　　　　　　　（2点）

この文の主節となる疑問文である。文構造の点では, ①の what 節と基本的に同じであるが, この what は疑問代名詞なので, 上記のような直訳でかまわない。また, ①の(a)のように,「姿」を用いて「大学の姿はどうなるだろうか」としてもよい。

問4　配点8点

基本的には下線部(4)を日本語に訳せばよいが, 訳すことを求めている問題ではないので, すべてを直訳する必要はない。以下のポイントが解答に示されていればよい。

(1)　大人の大学に対する認識

> ① **a process of maturation**「成熟の過程［プロセス］」（2点）

・a process of は「…の時」のように表してもよい。

・maturation は「成熟」がよいが,「成長」としたものも可とする。

> ② **increased independence**「自立［独立］心が増すこと」（2点）

・この表現は直訳すると「増加した自立心」であるが, 上のように表す方が日本語として自然である。なお, increased の意味が欠けている場合は1点減点。

・independence は「自立［独立］心」のように表すのが望ましいが, 単に「自立［独立］」としたものも可とする。

> ③ **increased ... responsibility**「責任が増すこと」（2点）

- increased は responsibility にもかかっているので，この点は正確に表したい。このように解せない解答は1点減点。
- responsibility は「責任感」としてもよい。

(2) 学生の大学に対する認識

> ④ **a process of getting away from their parents**「親から離れる［逃げる］過程」（2点）

getting away from their parents を「親離れ」のように表してもよい。

問5　配点3点

各選択肢の意味は次の通り。
① 創造的であることは，若者にとって最も大切なことである。
② 若い時に大学へ行くよりも，後年になって行く方が大事である。
③ 若者が大学へ行くのは時間の無駄である。
④ **若いうちにすべての教育を受けるべきだと思い込むのは間違っている。**

下線部の意味は「青年期を教育と切り離す必要があるのかもしれない」であり，この文章においては，「学ぶことは（青年期に限らず）人生のどの時期においても可能だ」という意味で用いられているので，これに最も近いのは④である。

①の「創造的」という意味は下線部には含まれない。②のように，いつ大学へ行くのが大事かと論じてはいない。③のように若者が大学へ行くのを「時間の無駄」と言っているわけでもない。

問6　配点4点

この it は，後の would force students to ... の内容から考えて，「学生に，自分のすることに対してより大きな責任を負い，画一性から脱皮させること」を指している。この内容としてふさわしいのは，4つ前の文 (What if we told ...) にある to create ... (…を創造する) である。「創造」という行為は，それまでにない新しいものを作り出すことであるから，「画一性からの脱皮」という行為をもたらすものとしてふさわしい。3語と指定されていることから，something の具体例となっているコロン以下の表現は入れずに，**to create something** と答えればよい。なお，この後の2つの文 (It would make ... / It could reveal ...) の主語の It も，やはり to create something を指している。

問7　配点3点

　空所に入る語は，前の the greatest connection machine ever made「今までに作られた中で最大のコネ作りの装置」と同格になる。そして直後の文ではフェイスブックなどの新たなネットワーク・サービスが話題になっている。これらの手がかりから，空所に入る語としては **internet** が最適である。なお internet は，第1パラグラフ第1文 (Who needs a university ...)，第4パラグラフ第2文 (Bill Richardson, who ...)，最終パラグラフ第5文 (As an internet fan, ...) の中で用いられている。

問8　配点8点（各2点）

　インターネットは私たちに (a)知識を入手する手段を与えてくれるので，大学は昔と同じ役割を果たさなくなるかもしれない。私たちはインターネットを利用して，世界中から教師や講座を見つけることができる。大学の学問的伝統は重要であるけれども，大学の機能は変わりつつある。この変化は，様々な種類の学習を行う機会をもたらしうる。こういったものには，他の場所から講座を受講する機会も含まれる。 (b)創造力や推論や1人1人の伸びが，より重視されるようになるだろう。さらに，大学は私たちが (c)教育を受けることのできる唯一の場所ではない。私たちが生きている間ずっと発展し変化しうる他の共同体やネットワークを通じても学ぶことができるかもしれない。 (d)社会化に関しては，旅行やボランティア活動などの他の活動を通して，若者はこれを経験できる。彼らはまた，まだ若いうちに何かを成し遂げるために，創造力も駆使するべきである。

(a)　access to は「…を入手する手段」という意味。この to は前置詞なので，後には名詞が来る。第1パラグラフ (Who needs a university ...) の内容から考えて，⑤の **knowledge**（知識）が最適である。

(b)　大学の変化に伴って，より重視されるようになる要素として，「推論 (reasoning)」，「個々の伸び (individual achievement)」と並ぶ名詞を選択する。これらについて述べられているのは，主に第3パラグラフ (I may be ...) である。この中に where creativity is nurtured という表現があることから，空所には①の **creativity**（創造力）が最適である。

(c) 第4パラグラフ第1文 (Who's to say ...) に,「大学は学ぶための唯一の,いやそれどころか最良の場所だと言うことが誰にできるだろうか」とあるが,これは修辞疑問文で,「大学は学ぶための唯一の,いやそれどころか最良の場所だと言うことは誰にもできない」という意味に等しい。この中の「学ぶ (learn)」を「教育を受ける (be educated)」に置き換えると,空所(c)を含む文とほぼ同じ意味になる。したがって③の **educated** が正解。

(d) 空所を含む文の中で述べられている「旅行やボランティア活動」は,第7パラグラフ第2文 (That exploration can take ...) に出てくる表現だが,このパラグラフでトピックとなっているのは,第5パラグラフ第4文 (However, there is another ...) からトピックの中心となっている **socialization (社会化)** であることが見抜ければ,正解は⑧に決まる。

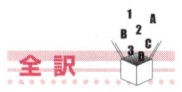

全訳

インターネットの時代に,誰が大学を必要とするでしょう。全世界のデジタル情報が検索で利用できます。知りたい人を知っている人につなげることができ,学生を彼らにとって最高の教師につなげることができるのです。どんな話題であっても専門家を見つけることができます。教科書はもはやページ上に印刷する必要はなく,情報や議論にリンクできます。それらは更新と修正が行われて,質問に答え,問題を出し,歌や踊りまで行うことで,共同作業の産物になりうるのです。私の子供たちが1つの学校の講座に縛られなければならない理由はなく,現在でさえ,彼らはマサチューセッツ工科大学やスタンフォード大学からオンラインで学習課題を受け取ることができます。大学を出て久しい私でも,その気になればこれらの講座を受けることができます。

私が大学教授なので,大学の現状を守らなければならないことを示すために,これからこういった考えを批判するのではないかと皆さんは思われるかもしれませんが,私はそういうことをする気はありません。もちろん私は,高等教育機関とその伝統を重んじており,それを壊したいとは思いません。大学にはとても大切な働きがあります。しかし他のすべての機関がその本質や存在が根本において問われているのと全く同じように,教育も問われているのです。実際,教育は変えるに最も値し,そこから最大の機会が得られる機関の1つです。

私は理想主義者なのかもしれませんが,教育における新たなエコロジーを思い描いています。それは学生がどこの講座でも受講できて,教師はどの生徒でも選ぶことができるようなところ,講座が共同作業で公開されているところ,創造性が育まれるところ,人と同じで安全であるよりも間違えることが重んじられるところ,21歳を大きく越えても教育が行われ続けるところ,試験や学位よりも自分の研究の作品集が重要であるところ,十分な知識があれば誰でも教師になれるところ,調べて推論して疑う技能の方が,暗記したり計算したりする技能よりも重んじられるところ,大学が教室内の空席を何とか埋めようとするのではなく,豊富な知識を,それを必要とする人に教えるところです。

大学は学ぶことのできる唯一の,いやそれどころか最良の場所だと言うことが誰にできるでしょうか。

ビル・リチャードソンは，教室でのインターネット活用法を，自分と同じ教育者たちに教えていますが，彼はブログに自分の子供たちに宛てた公開書簡を書きました。「もし行きたくなければ大学に行く必要はないこと，そして学位を取るよりもさらにためになり，より意義深いかもしれない未来に至る道が他にもあるということを，君たちにわかってもらいたい」 教育と言えば，教室へ行って免状をもらうことかもしれないが，ゲームや共同体や自分たちに興味のあることを巡って構築されるネットワークを通じて学ぶことも教育なのかもしれないと彼は言いました。「壁に貼ってある，あなたは専門家ですと書かれた1枚の紙切れの代わりに，君たちは，自分の専門的知識を示し，自分が知っていることを見せて，それをわかりやすくしてくれる広い範囲の製品や経験，考察や対話が得られるだろう。それを構成しているものは，生涯君たちの役に立ち，君たちが進化するのと同じように進化していき，君たちの最も大切な学習を形に残す大量の作品と学習者の人的ネットワークであろう」と彼は子供たちに言った。

もしそれが教育の姿だとしたら，大学の姿はどうなるでしょうか。その主たる目的は何でしょうか。私はこの問いをブログに載せましたが，返ってきた答えの1つが，大学の重要な役割と利点を明確にしてくれました。それは教授と評価と研究です。しかしながら，もう1つの非公式な役割があり，私はそれを同じくらい重要だと考えています。それは社会化です。ここではその役割に焦点を当ててみたいと思います。

社会化はもちろん，私たちが大学へ行き，子供たちをそこへ送る主な理由の1つです。大人は大学を，成熟して自立心と責任が増す過程であると見なします。一方学生は，それを親から逃げる過程ととらえるかもしれません。私たちはそのような経験をして，仲間と一緒に暮らす時間を持つべきです。しかしながら，こういったことは大学の外でも可能です。

もし若い人たちが，定職に就いたり，家庭を持ったりする前に，世界を探検する時間やお金の余裕があるならば，それはすばらしいことです。その探検は，バックパックを背負ってアジアを回ったり，友達とぶらぶらしたり，ボランティア活動をするといった形をとることができます。それは最近では，会社を起こすことを意味することさえあります。若い年月は，最も創造的で生産的な時期かもしれません。ビル・ゲイツとマーク・ザッカーバーグは，どちらも学校を中退してそれぞれ大きな企業を起こしました。私たちは若者たちに，彼らが何かを作る前に12年，16年，あるいは18年間も学校に通わせて，彼ら全員に同じようにものを考えるように強制をしていていいのでしょうか。

もしかすると，青年期を教育と切り離す必要があるのかもしれません。教育はいつまでも続きます。青年期とは，探検と成熟と社会化の時期なのです。学生たちに，1週間に1日，あるいは1学期に1講座，あるいは在学中に1年を利用して，会社，本，歌，彫刻，発明品など，何かを創り出しなさいと言うのはどうでしょう。学校は，彼らの考えや努力に助言，後押し，養成を行う保育器の役割を果たせるかもしれません。そこから何が生まれるでしょう。偉大なものも平凡なものも生まれるでしょう。しかしそれによって学生は，自分のすることに対してより大きな責任を負い，画一性から脱皮せざるを得なくなるでしょう。それによって彼らは，答えを教わる前に問いを発することになるでしょう。それは彼らに，自分の才能と必要を明らかにしてくれるかもしれません。

大学社会のもう1つの利点は，その卒業生のネットワークです。このネットワークは長い間，就職や雇用やコネ作りに対して価値を持ってきました。しかし史上最大のコネ作りの装置であるインターネットがある現在，この古いコネ作りのメカニズムは依然として必要なのでしょうか。フェイスブックなどの新しいネットワーク・サービスのおかげで私たちは，学校のみではなく，仕事や会議や紹介，さらにはブログから生まれてくる広大なネットワークを作り出して組織化することができるのです。私は1人のインターネット・ファンとして，新しい実力主義社会が古いネットワークを越えられるかもしれない

12 現代の大学教育とインターネット

という考えを歓迎します。フェイスブックは，大学に洗練された秩序をもたらしただけでなく，それはネットワークの創造者として大学に取って代わるかもしれないのです。

主な語句・表現

▶ 設問に関係する部分は，＜解説・採点基準＞を参照。

▽ 第1パラグラフ (Who needs a university …)
- □ connect A with B「A を B に結び付ける」
- □ link A to B「A を B につなぐ」
- □ no longer「もはや…しない」 e.g. It's *no longer* a secret.「それはもはや秘密ではない」
- □ collaboration 名「協同；提携；共同制作」
- □ coursework 名「学習課題」

▽ 第2パラグラフ (You may suspect …)
- □ as they are「それらのあるがままに」
- □ academy 名「高等教育機関」
- □ deserving of …「…に値する」 e.g. His efforts are *deserving of* praise.「彼の努力は賞賛に値する」
- □ come of …「…から生じる」

▽ 第3パラグラフ (I may be …)
- □ utopian 名「理想主義者」
- □ ecology 名「エコロジー；生態環境」 この後の where は，ecology を先行詞とする関係副詞。
- □ value A over B「A を B よりも評価［尊重］する」
- □ degree 名「学位」

▽ 第4パラグラフ (Who's to say …)
- □ Who's (= Who is) to say that …?「…と言うことが誰にできるだろうか」
- □ fellow 形「仲間の；同じ境遇［身分，職業］にある」
- □ avenue 名「大通り；手段；方法」
- □ instructive 形「教育的な；ためになる」
- □ certification 名「証明；認可」
- □ reflection 名「熟考；（熟慮して得た）考え，意見」
- □ be comprised of …「…で構成される；…から成る」
- □ a body of …「大量の…」
- □ capture 動「（永続的な形で）とらえる；保存する」

▽ 第5パラグラフ (If that is …)
- □ identify 動「…を確認する［見分ける］のに役立つ」
- □ socialization 名「社会化；社会順応」

▽ 第6パラグラフ (Socialization is, of course, …)
- □ maturation 名「成熟」

- [ ] peer 名「（地位・年齢・能力などが）同等の人，匹敵する人」

▽ 第7パラグラフ (If young people ...)

- [ ] have the luxury of ...「…の余裕がある；…するというぜいたくが許されている」
- [ ] resource 名「資源；資金」
- [ ] take the form of ...「…という形をとる；…となって現れる」
- [ ] backpack 動「バックパックを背負って旅行する」
- [ ] hang out with ...「…と一緒に（ぶらぶら）過ごす」 e.g. They enjoyed *hanging out with* each other when they were kids.「彼らは子供の頃，一緒にぶらぶら過ごして楽しんだ」
- [ ] drop out of school「学校を中退する」
- [ ] corporate 形「企業の；会社の」

▽ 第8パラグラフ (Perhaps we need ...)

- [ ] What if ... ?「…してはどうか」 if 節内の told は仮定法過去形。
- [ ] act as ...「…として働く；…の役割を務める」 e.g. Some people say that capital punishment *acts as* a deterrent.「死刑は抑止力になるという言う人たちもいる」
- [ ] force O to −「O が−するのを強制する」
- [ ] uniformity 名「一様であること；画一性」
- [ ] reveal 動「明らかにする」

▽ 最終パラグラフ (Another benefit of ...)

- [ ] now that ...「今や…なので」 接続詞として働く。e.g. He's enjoying the job *now that* he has more responsibility.「今やより大きな責任を担うようになり，彼は仕事を楽しんでいる」
- [ ] the greatest ... ever made「今まで作られた中で最も偉大な…；かつて作られたことのないほど偉大な…」
- [ ] extended 形「広大な；広範囲の」
- [ ] spring out of ...「…から出る［生じる］」
- [ ] surpass 動「まさる；しのぐ」
- [ ] replace A as B「B として A に取って代わる」

12 現代の大学教育とインターネット

13　貧困援助のあるべき姿

■埼玉大学■

解答　(45点)

Q.1. 3	Q.2. 2	Q.3. 4	Q.4. 5	Q.5. 3	Q.6. 2
Q.7. 4	Q.8. 4	Q.9. 3	Q.10. 3	Q.11. 5	Q.12. 3
Q.13. 4	Q.14. 4	Q.15. 5			(各3点)

解説・採点基準

Q.1. 下線部(1)の文「世界の貧困を軽減しようとする慈善活動への擁護論は，政府がこの問題に対処してきたという主張には容易に影響を受けないのだ」に最も意味が近いのは:

1．「政府は世界の貧困問題に可能な限り対処してきたので，民間人が世界の貧困を減らすのを助ける必要はない」
2．「世界の貧困を軽減する活動は政府の影響を容易に受ける」
3．**「非常に貧しい人たちを救うにはもっとやらなければならないことがあるので，政府は世界の貧困を解決してきたという主張は，慈善活動に影響を与えない」**
4．「世界の貧困は，この問題を解決しようとする政府の活動には全く影響を受けない」
5．「政府は世界の貧困を軽減してきたという主張は，民間の試みは必要とされていないという事実に影響を受けている」

下線部の語句を以下に解説すると，case for ...「…への擁護論」，efforts to-「-しようとする努力［取り組み；行動］」，relieve global poverty「世界の貧困を軽減する」，be affected by ...「…に影響を受ける」，the argument that ...「…という主張」(that 以下は the argument と同格)，take care of ...「〈問題など〉に対処する」である。

下線部の前までに「米国の海外開発援助は他国と比べても多いとは言えないうえに，最貧国へ向けられている割合も低い」という内容が述べられている。下線部はこれを受けて「〈このような状況であるので，〉政府が貧困問題にずっと対処してきたと主張しても説得力はなく，貧困問題は依然として解決されていない問題なので（＝やるべきことが多いので），政府がいくらこのような主張をしても，貧困救済の慈善活動が

衰退することはない（＝影響を受けることはない）」と述べているのである。したがって，正解は**3**である。

　他の選択肢は，上述の内容とは全く異なっている。

Q.2．下線部(2)の表現「困窮している人々」に意味が最も近いのは：
1．「自分の仕事の補償を必要としている人々」
2．「生計を立てるための援助を必要としている人々」
3．「財政的に豊かである必要のある人々」
4．「貧しい人々から利益を得る必要のある人々」
5．「ぜいたくに暮らす必要のある人々」

　下線部の those in need は「困窮している人々」の意味であり，正解は**2**である。この need は名詞で「貧困；窮乏」の意味である。

Q.3．下線部(3)の文「極度に貧しい人の中には，世界の金持ちが買いたいと思うかもしれない売り物をまったく持っていない人もいる」が表している主旨は：
1．「最貧の人たちは，金持ちが買いたいと思う品物を作るよう強制される」
2．「貧乏人は，自分が持っているものを金持ちに売らないことはしていない」
3．「金持ちは極貧の人たちからどんなものでも買うのをいとわない」
4．「最貧の人たちは，金持ちが金を使いたいと思うようなものは何も作れない」
5．「金持ちに興味があるのは，自分の富を誇示するための物を買うことだけだ」

　下線部の語句を以下に解説する。extremely 副「極度に」，absolutely 副「（否定語の前で）まったく［少しも］〈…ない〉」，nothing to sell「売るための物［売り物］は何もない」 to sell は形容詞用法の不定詞で nothing を修飾，that は関係代名詞で，(no) thing を先行詞にしている。全体の文意は上に示した通りであり，正解は**4**である。

　他の選択肢は，下線部を正しく解釈していない。

Q.4．下線部(4)の表現「…の創設者」に意味が最も近いのは：
1．「…を好きになるために発見された」
2．「…によって発見された」
3．「…の土台を売った」
4．「…によって創設された」

5.「…を創設した」

　下線部の founder は，動詞 found「…を設立［創立；創設］する」の名詞形で「設立［創立；創設］者」の意味なので，正解は **5** である。

　なお，1と2の found は動詞 find「…を発見する」の過去分詞である。

Q.5. 下線部(5)の表現「…を偶然見つける」に意味が最も近いのは：
1.「…を集め始めた」
2.「…を合計した」
3.「…を偶然見つけた」
4.「…のそばを通り過ぎた」
5.「…と結論を下すようになった」

　by chance は「偶然に」の意味であり，正解は **3**。

Q.6. 下線部(6)の文「命には助ける価値があるとみなされるものもあれば，そうではないものもある」に意味が最も近いのは：
1.「一生かけてためた貯金が他の人より多いとみなされている人もいる」
2.「他の人よりも，救助する価値が高いとみなされている人もいる」
3.「価値がほとんどないとみなされている人がいるので，そういう人たちは救助される必要がある」
4.「よりよい財政的生活を送る人がいる」
5.「救助された人もいて，そしてまた制約のせいで救助された人もいる」

　下線部の語句を以下に解説すると，some lives are seen as ...「命の中には…だとみなされるものもある」（これは see A as B「A を B とみなす［考える］」の受身形），worth saving「助ける価値がある」，others = other lives，are not = are not seen as worth saving，である。全体の意味は上述の通りであり，正解は **2** である。

　他の選択肢は，下線部を正しく解釈していない。

Q.7. 下線部(7)の表現「〈…に〉従って行動する」に意味が最も近いのは：
1.「行動することなくある信念に同意するふりをする」
2.「議論の規則に従ってふるまう」
3.「集団が同じようにふるまうように他者の行動の仕方をまねる」

4.「ある考えに同意をして，それを行動で示す」
5.「集団のふるまいや信念に満足する」

in accordance with ... は「…に従って；…に一致して；…に合わせて」の意味であり，正解は4。

Q.8. 空所(A)に最も適切な語を入れよ。
1.「過剰な」   2.「限りのある」   3.「不適切な」
4.「十分な」   5.「珍しい」

空所を含む文は世界最貧の人々の窮状を述べたものであることと，後に to sustain ... という to 不定詞があることから，正解は4の **sufficient** に決まる。この sufficient は enough と同義の形容詞であり，「sufficient ＋名詞＋ to－」で「－するのに十分な（名詞）；－するだけの（名詞）」の意味になる。

他の選択肢では，意味と後の to 不定詞との相関の両面で不適切である。

Q.9. 筆者によれば，ビル・ゲイツやウォーレン・バフェットのような慈善家は
1.「病気や貧困という我々の世界的な重荷の大部分に対して責任があり，さらに多くのお金を寄付するべきである」
2.「1日に1米ドル足らずで生き延びようと奮闘する人々について十分な知識がない」
3.「人間の命の価値や，貧しい人たちに対する我々の責任についての重要な問題を提起している」
4.「民間の組織よりはむしろ，援助がより効果的である各国政府にお金を寄付するべきだ」
5.「人間の命の価値という基礎的な問題について各国政府や哲学者と意見が一致していない」

第3パラグラフでは，ゲイツは発展途上世界では多くの子供が先進世界では助かる病気で死ぬことを知り，世界保健会議でその問題についてスピーチをしたことが述べられている。また第4パラグラフ第1文で「我々は人間の命は等しい価値があるという信念に従って行動することはまずない」と述べられた後で，多数の貧しい人が悲惨な状況に置かれていて，貧困関連の原因で死亡する子供も多いことが述べられている。さらに，このような子供を救うために，ゲイツは自ら設立した基金に巨額の寄付をし

たことや，バフェットも貧困問題を憂えて同基金に巨額の寄付をすることを約束したことが述べられている。以上の内容から，正解は3に決まる。

　1は誤り。「ビル・ゲイツやウォーレン・バフェットに，病気や貧困という我々の世界的な重荷の大部分の責任がある」などとは述べられていない。2は誤り。上述のように，この2人は貧困問題についての知識はあった。4は誤り。「各国政府の援助の方が民間組織よりも有効」などという記述はない。なお，第1パラグラフには，米国の援助は最貧国にはほとんど向けられていないとも書かれている。5は誤り。各国政府や哲学者の，人間の命の価値という基礎的な問題についての意見はそもそも本文中には示されていない。

Q.10.　下線部(8)の単語「…を非難する」に意味が最も近いのは：
　1．「…を是認する」　　2．「…を確認する」
　3．「…を非難する；…にけちをつける」　　4．「…に謝る」　　5．「…を称賛する」
　　下線部のcriticizeは「…を非難する」の意味なので，正解は3である。

Q.11.　下線部(9)の文「多くを与えられている人には，多くが期待されている」に意味が最も近いのは：
　1．「多くを与える人は，そのお返しに多くを期待してもいる」
　2．「多くを与える人は多くを期待するべきだ」
　3．「多くを期待する人は多くを与えられるだろう」
　4．「与えることになっている人は絶対に多くを期待しない」
　5．「多くを持っている人は多くを与えることになっている」
　　下線部の直後の文 (That suggests the view ...) に，下線部の内容がわかりやすく言い換えられており，「莫大な富を持つ人には，自分の利益よりも大きな目的のためにそれを使う義務がある」とある。この内容から，正解は5に決まる。

　　なお下線部は，Much is expected from [of] those to whom much has been given. という文の from [of] those が省略され，to whom 以下が文頭に出た形であると考えることができる。

　　他の選択肢は，下線部を正しく解釈していない。

13　貧困援助のあるべき姿

Q.12. 下線部(10)の文によると，一部の哲学者が示唆しているのは：
1．「世界の貧困を軽減することは限られた問題である」
2．「我々の義務は限られたものだが，我々は貧しい人たちを助ける必要がある」
3．「世界の貧困は豊かな国々が公平に負担するべき重荷である」
4．「公平に負担する貧困は世界的な義務であると考えられるべきである」
5．「貧困は我々みなの義務を表している。とは言ってもそれは公平なものではないが」

　下線部の語句を以下に解説すると，contend that ... は「…だと断言する」，our obligations are limited to ...「我々の責任は…することに限られている；我々はただ…しさえすればよい」，carry our fair share of ...「…の自分の公平な負担分を担う」（この carry は「〈責任・義務など〉を果たす［担う］」の意味），the burden of relieving global poverty「世界の貧困を軽減するという重荷」となる。以上から下線部の意味は「哲学者の中には，我々の責任は，世界の貧困を軽減するという重荷を公平に負担することに限られている，と断言するものもいる」となる。この「我々」は，文脈から「先進国；豊かな国々」と考えることができるので，正解は**3**になる。

　1，4，5は，下線部とは全く違う意味である。2は，負うべき責任を明確にしている本文とは異なり，一般的な記述であり，正解にはできない。

Q.13. 空所(B)に最も適切な語を入れよ。
1．「…を借りる」　　2．「…を減少させる」　　3．「…を増やす」
4．「…を分ける」　　5．「…を使う」

　空所を含む文の意味は「彼らは我々に，世界最貧の人たちが確実にまともな生活をする機会を持つようにするにはいくら必要か計算させ，次にこの金額を金持ちの間で（　　）させるであろう」である。直前の下線部で，一部の哲学者が主張する豊かな国々の役割について述べられており，空所を含む文はその役割を果たすための具体的な方法を説明している部分であると考えることができる。したがって空所には，「〈必要な金額を計算したのちに〉その金額を金持ちの間で<u>分担する［分け合う］</u>」という内容にすれば，矛盾がない。したがって，正解は**4**の **divide** である。なお，空所前にある and が結んでいるのは，calculate と空所に入る divide である。

　他の選択肢ではいずれも文意が成り立たない。

Q.14. 自分の公平な負担分を寄付している人を非難するべきではないと筆者が示唆しているのはなぜか。
 1．「どんな水準であれ，貧しい人たちを助けようとしている人々はすでに我々の大半よりも多くの責任を引き受けているから」
 2．「貧困の公平な負担水準に到達することは，我々の大部分にはほとんど不可能な目標だから」
 3．「世界の貧困を軽減することは，いかなる非難もなくて初めて達成し得るから」
 4．「我々はまず自分の社会を前進させて，それから世界の貧困について考えるべきだから」
 5．「非難の公平な負担水準は，大部分の人々が避ける術を知らないことだから」

　設問文の内容は，最終パラグラフ第3文 (So it may be ...)「公平な負担の水準に達している人は非難しないのが一番いいのかもしれない」である。このように述べている根拠はこの直前の文 (If most people are ...) で示されており，「公平な負担よりも高い基準を設定するのはあまりにも要求が厳しいので，基本的な寄付をするのをいとわない人に，そうすることさえも思いとどまらせてしまう」から，とある。つまり，「あまりにも高い基準を設定してしまうと，寄付をする人がいなくなってしまう」という趣旨に解釈できる。これを言い換えているのが最終文 (In moving our ...)「社会の基準を前進させる際は，1歩1歩進んでいかなければいけないのかもしれない」であり，この内容を表しているのは4であると考えることができる。

　他の選択肢は，上述の内容とは全く異なっている。

Q.15. この本文に基づくと，以下の記述の中で正しくないものはどれか。
 1．「我々が自分の公平な負担をすれば，世界の貧困という問題を解決できるだろう」
　　正しい。第7パラグラフ第4文 (However, if people ...)「しかし，人間が援助を公平に負担する，つまり，自分の能力や入手可能な資源に基づいて適切な量の寄付をするのであれば，この問題の状況は今よりも早く改善するだろう」に一致する。
 2．「世界の貧困は，先進国と発展途上国の双方に影響する問題だ」
　　正しい。第4パラグラフ第4文 (More than 10 million ...)「毎年1000万以上の子供が貧困に関連する原因で死んでいる」などで述べられているように，発展途上国への影響は深刻である。また第6パラグラフ以降で述べられているように，先進国では貧困軽減にどのように援助するべきかという問題が議論されている。

3．「米国による貧困国への海外開発援助は，大部分の人々が考えるよりも少ない金額だ」

　　正しい。第1パラグラフに，米国による最貧国への援助は拠出額の4分の1に満たないことが述べられている。

4．「慈善家たちの行動に心を打たれて，人々が自分の可能性に応じて他者を助けることがありうる」

　　正しい。第5パラグラフ第5〜最終文 (When we read … 〜 Should we be …)「誰かが他者を助けるために多額のお金を寄付したことを読むと，我々は自身の行動について考えさせられてしまう。我々は彼らを見習っていくべきであろうか，と」に一致する。

5．「富は世界経済を通して，最貧国へと自然に流れてゆく」

　　誤り。第2パラグラフ第4・5〜最終文 (Unfortunately … ・The past 20 years … 〜 Some of the …) に，「グローバル経済は発達したが，最貧国の人たちはその恩恵を受けていない」という趣旨のことが述べられている。

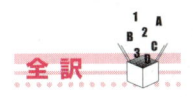

全訳

　米国政府によってもたらされる外国への開発援助の総額は，年間の国別国民総収入に基づいて計算すると，ポルトガルとほぼ同じであり，英国の約半分である。さらに悪いことには，その多くは，米国の戦略上の利益に最も適合する国に向けられているのだ。イラク，エジプト，ヨルダン，パキスタン，アフガニスタンが上位10ヵ国に入っている。米国の公的な開発援助のうち，世界最貧の国々へ向かっているのは4分の1に満たない。今の情勢では，世界の貧困を軽減しようとする慈善活動への擁護論は，政府がこの問題に対処してきたという主張には容易に影響を受けないのだ。

　先進国として貧しい人々に対する我々の責任は，見知らぬ人を援助することだけでなく，我々がもたらした，そして今なおもたらしつつある害悪を補償することであるというのが多くの人の意見である。他方では，我々の富が実は貧しい人たちの利益になっているので彼らには何の補償もする必要はないという主張がされるかもしれない。ぜいたくな生活をすることで，困窮している人々に雇用がもたらされ，その結果，富が徐々に流れてゆき，公的な援助よりも効果的に貧困者を助けているのだ，と言う人もいる。残念ながら，工業化した国々の金持ちは非常に貧しい人々が作ったものをほとんど何も買わない。拡大してゆくグローバル体制におけるこの20年の経済活動が証明したのは，世界的な貿易は世界の貧者の多くを助けはしたが，世界人口中の最貧の10%に利益をもたらしていないという事実である。極度に貧しい人の中には，世界の金持ちが買いたいと思うかもしれない売り物をまったく持っていない人もいる一方で，自分が作った製品を市場に届けるインフラを持たないものもいる。

　コンピュータテクノロジー会社であるマイクロソフト社の創設者ビル・ゲイツは，発展途上世界の病気についての記事を読み，ロタウイルスで毎年50万人の子供が死ぬという統計を偶然見つけた。彼はロ

タウイルスについて聞いたことがなかった。「毎年50万の子供を殺すものについて，これまで一度も耳にしたことがなかったなどということがどうしてありうるのだろうか」と彼は自問した。その後彼は，発展途上国では，米国ではほぼ根絶されている病気で何百万もの子供が死ぬということを知った。このことが彼にショックだったのは，命を救えるワクチンがあれば，各国政府はできることは何でもしてそれを必要とする人々に届けていることだろうと彼が思ったからである。ゲイツが世界保健会議の会合に告げたように，彼と妻のメリンダは「命には助ける価値があるとみなされるものもあれば，そうではないものもあるという残酷な結論を出さざるを得なかった」。彼らは「こんなことが本当であるはずがない」と思ったが，実際にはそうであることがわかっていた。ゲイツの世界保健会議でのスピーチは，「発展途上世界の子供の死は先進世界での子供の死とまったく同様に痛ましいものだということを人々がついに認める」次の10年を心待ちにして，楽観的な調子で終わった。

　我々は人間の命には等しい価値があるという信念に従って行動することはまずない。10億人以上の人が古今未曾有の富の水準で暮らしている一方で，およそ10億の人が1日に1米ドル足らずで生き延びようと奮闘している。世界の最貧の人々の大半には，適切な成長と健康を維持するだけの食料がなく，安全な飲料水を得る手段や，基本的な健康医療制度すらないのである。毎年1000万以上の子供が貧困に関連する原因で死亡する。投資家のウォーレン・バフェットは，310億ドルをゲイツ基金に寄付することを約束したとき，そのような死を減らすことに対する重要な1歩を踏み出したのである。バフェットの約束が，ビルとメリンダのゲイツ夫妻による同基金への300億ドル近い寄付とともに明らかにしたのは，21世紀の最初の10年は新しい「慈善活動の黄金時代」だということである。

　この規模の慈善活動は多くの倫理的な問題を提起している。すなわち，世界の金持ちは貧者に寄付をするべきであろうか？　もしそうなら，額はいくらであろうか？　我々はそんなに多額を寄付した彼らを称賛するべきなのか，あるいはさらに多くの額を寄付しなかったことで非難するべきなのであろうか？　多額の金を寄付することは，個人の富を増やすには賢明な方策ではない。誰かが他者を助けるために多額のお金を寄付したことを読むと，我々は自身の行動について考えさせられてしまう。我々は彼らを見習っていくべきであろうか，と。

　おそらく，慈善家の中には義務感でその気になる人もいるのだろう。すべての人間の命は等価であるということのほかに，ゲイツ基金の活動の中心にある「単純な価値観」は，「多くを与えられている人には，多くが期待されている」ということである。これが示唆するのは，莫大な富を持つ人には，自分の利益よりも大きな目的のためにそれを使う義務があるという見解である。

　援助には批判者がつきものだった。注意深く計画され，賢明に指揮されれば，民間の慈善活動が，公的な国家間の援助はうまくいかないという主張への最良の答えになるかもしれない。もちろん，人間によるどんな大規模な事業にも当てはまるように，援助の中には不適切なものもある。しかし，人間が援助を公平に負担する，つまり，自分の能力や入手可能な資源に基づいて適切な量の寄付をするのであれば，この問題の状況は今よりも早く改善するだろう。哲学者の中には，我々の責任は，世界の貧困を軽減するという重荷を公平に負担することに限られている，と断言するものもいる。彼らは我々に，世界最貧の人たちが確実にまともな生活をする機会を持つようにするにはいくら必要か計算させ，次にこの金額を金持ちの間で振り分けさせるであろう。こうすればいくら寄付をすればよいか我々一人一人にわかるし，その額を寄付してしまえば，我々は貧者に対する義務を果たしたことになるのであろう。しかし，そんなに単純な話なのだろうか。

　自分なりに公平な負担をしているがそれ以上のことはしない人を，我々が実際に非難するべきかどうかは，そのような非難が彼らや他の人たちにもたらすであろう心理的な影響次第である。大部分の人が

13 貧困援助のあるべき姿

ほとんど，あるいはまったく何もしていないのであれば，公平な負担よりも高い基準を設定するのはあまりにも要求が厳しいので，基本的な寄付をするのをいとわない人に，そうすることさえも思いとどまらせてしまう。だから，公平な負担の水準に達している人は非難しないのが一番いいのかもしれない。社会の基準を前進させる際は，1歩1歩進んでいかなければいけないのかもしれない。

主な語句・表現 ✓

▶ 設問に関係する部分は，〈解説・採点基準〉を参照。

▽ 第1パラグラフ (The amount of ...)
- ☐ development aid「開発援助」
- ☐ annual 形「年次の；毎年の」
- ☐ gross national income「国民総収入」
- ☐ worse still「さらに悪いことには」 e.g. Their house burned down, and, *worse still*, they were uninsured.「彼らの家は焼けてしまって，さらに悪いことに保険をかけていなかった」
- ☐ strategic interests「戦略的利益」
- ☐ as things now stand「今の情勢では；現状では」

▽ 第2パラグラフ (Many are of ...)
- ☐ be of the opinion that ...「…という意見だ；…だと考える」
- ☐ obligation 名「義務；責任」
- ☐ the poor「貧しい人々」（= poor people） cf. the young = young people; the rich = rich people; the poor = poor people
- ☐ compensation 名「償い；補償」
- ☐ benefit 動「…に利益を与える」
- ☐ luxury 名「ぜいたく」
- ☐ S, some say, V ... = Some say that S + V ...
- ☐ employment 名「雇用」
- ☐ official aid「公的な援助」
- ☐ infrastructure 名「〈道路・交通などの〉基幹施設；インフラ（ストラクチャー）」

▽ 第3パラグラフ (Bill Gates, the ...)
- ☐ developing world「発展途上世界」
- ☐ statistic that ...「…という統計」 that 以下は statistic と同格の名詞節。
- ☐ ask oneself「自問する」
- ☐ eliminate 動「…を取り除く」
- ☐ can't escape the conclusion that ...「…と結論せざるを得ない」 直訳は「…という結論を免れることはできない」である。
- ☐ brutal 形「残酷な」
- ☐ say to oneself「…と思う；〈心の中で〉考える」
- ☐ conclude 動「〈会・話などが〉終わる」

109

- ☐ on an optimistic note「楽観的な調子で」 この note は「調子；気分；態度；考え方」といった意味。cf. Can't we strike a more *optimistic note*?「もっと楽観的な調子が出せないか」
- ☐ tragic 形「痛ましい」

▽ 第4パラグラフ (We are very ...)
- ☐ far from －ing「－するどころではない；決して－しない」 e.g. We're *far from finishing* this project.「私たちはまだまだこの計画を終えられない」
- ☐ belief in ...「…に対する信念」 ＜ believe in ...「…（の存在；価値など）を信じる」
- ☐ wealth never known before「古今未曾有の富」
- ☐ roughly 副「およそ」
- ☐ struggle to －「－しようと奮闘する」
- ☐ sustain 動「…を維持する」
- ☐ access to ...「…の入手手段」
- ☐ health services「健康医療制度」
- ☐ poverty-related 形「貧困に関連する」
- ☐ pledge 動「…を約束する」
- ☐ together with ...「…と一緒に」

▽ 第5パラグラフ (Philanthropy on this ...)
- ☐ ethical 形「倫理的な」
- ☐ the rich「金持ち（の人たち）」 (＝rich people)
- ☐ give away ...「…を寄付する［気前よくあげる］」 e.g. He *gave away* all his money to the poor.「彼は全財産を貧しい人々にあげてしまった」
- ☐ sensible 形「賢明な」
- ☐ follow one's example「…を見習う」 この example は「模範；手本」という意味。e.g. You had better *follow her example* in table manners.「君はテーブルマナーの点で彼女を見習った方がよい」

▽ 第6パラグラフ (Perhaps some philanthropists ...)
- ☐ be motivated by ...「…によってやる気になる；…が動機となる」 e.g. The murder *was motivated by* hatred.「その殺人は怨恨が動機だった」
- ☐ sense of duty「義務感」
- ☐ apart from ...「…の他に」 e.g. There were four people in the car, *apart from* the driver.「車には運転手の他に4人が乗っていた」
- ☐ the view that ...「…という見解」 that 以下は the view と同格の名詞節。

▽ 第7パラグラフ (Aid has always ...)
- ☐ with intelligence ＝ intelligently
- ☐ the claim that ...「…という主張」 that 以下は the claim と同格の名詞節。
- ☐ nation-to-nation 形「国家間の」
- ☐ as in ...「…の場合と同様に」 e.g. The prevention is here, *as in* all cases, the best cure.「どの場合でもそうだが，この場合も予防が最善の療法である」

13 貧困援助のあるべき姿

- ☐ enterprise 名「事業；企て」
- ☐ inadequate 形「不適切な」
- ☐ contribute 動「…を与える［寄付する］」
- ☐ fair share「公平な負担」
- ☐ contribution 名「寄付」
- ☐ resources 名「資源；富；財産；資産」
- ☐ available 形「入手可能な」
- ☐ They would have us calculate ...「彼らは我々に…を計算させるだろう」 have + O + 原形（O に…させる）という使役動詞として have は使われている。
- ☐ ensure that ...「…ということを確実にする」
- ☐ decent 形「まともな；適正な」
- ☐ the wealthy「金持ちの人」（= wealthy people）
- ☐ donate 動「…を寄付する」
- ☐ fulfill 動「〈義務など〉を果たす」

▽ 最終パラグラフ (Whether we should ...)

- ☐ Whether ... , depends on ～「…かどうかということは～次第だ」 接続詞 whether のまとめる名詞節が depends の主語になっている。
- ☐ people who are doing their fair share, but no more than that「自分なりに公平な負担をしているが，それ以上のことはしない人」 関係代名詞 who のまとめる節は that までである。
- ☐ psychological 形「心理的な」
- ☐ the psychological impact that such criticism will have on them「そのような非難が彼らにもたらすであろう心理的な影響」 that は have の目的語になっている関係代名詞で，the psychological impact を先行詞にしている。
- ☐ have a ... impact on ～「～に…な影響を与える」 e.g. The book *had a profound impact on* my thinking.「その本は私の思想に甚大な影響を与えた」
- ☐ demanding 形「要求が厳しい」
- ☐ discourage + O + from – ing「O に－するのを思いとどまらせる」
- ☐ move ... forward「…を前進させる」
- ☐ one step at a time「1度に1歩；1歩1歩」 e.g. There is no other way of mastering a foreign language than to learn it *one step at a time*.「外国語に熟達するには，1歩1歩学んでいくしか方法はない」

14　他者との交流

■筑波大学■

解答（50点）

1．母が私の10歳の誕生日にくれた短信用のカードの束が，私がこれまでに受け取った中で最も貴重な贈り物の１つになっているなんて誰が考えただろうか。
（9点）

2．(C)（3点）

3．人が１日のうちの時間を割いてあなたに応対をしてくれるなら，その人が自分自身，あるいは他の誰かのためにしなかったことがあるということ。（8点）

4．(B)（3点）

5．(B)（2点）

6．他者との好ましくない交流である赤い水滴の色が濃くなればなるほど，他者との交流の経験がたまる場所（である水たまり）をきれいにするために，あなたがやらなければならない仕事は（それだけ）多くなる。(13点)

7．(イ) (F)　(ロ) (C)　(ハ) (B)（各2点）

8．(C), (D), (F)（各2点）

解説・採点基準

1．配点9点

① **Who would have thought that ... ?**（反語的に）「誰が…だと考えたであろうか」（2点）

これは定型表現。反語的な意味なので「…なんて思いもよらないことだ」のように訳してもよい。

② **the package of notecards my mother gave me**「母が私にくれた短信用のカードの束」（2点）

・that 節の主語の部分である。notecards と my の間には関係代名詞が省略されている。

・package of の訳抜けは2点減点，notecards の誤訳は1点減点。

> ③　**for my tenth birthday**「私の10歳の誕生日に」（**1点**）

②の gave me を修飾する副詞句である。②で me を訳出していれば，この my は訳していなくても可。

> ④　**would have been one of ...**「…の1つになっている（であろう）」（**2点**）

- ②の the package of notecards に対する述語動詞の部分である。この「S + V」がわからなければ，②と④で4点減点。この文脈であれば，would は訳出していなくても可。「…の1つになる（であろう）」のような訳出も減点しない。
- one of の訳抜けは2点減点。

> ⑤　**the most valuable gifts I have ever received**「私がこれまでに受け取った中で最も貴重な［価値のある；大切な］贈り物〈の1つ〉」（**2点**）

gifts と I の間は関係代名詞の省略。valuable の誤訳や，ever の訳抜けは1点減点。

2．配点3点

正解は(C)。それぞれの空所の前後を抜き出してみる。「彼女は全く正しかったのだ。（　　），私が大人になってついに仕事の世界に入ると，母のことを思い出そうとすることが多かった。母は様々な社会環境の中で何をするべきか常にわかっているように思えたからだ。しかし，礼状を書くことの重要性は，母からの最も貴重な教訓の1つであり続けている」，「それを心に留めておけば，人があなたのために何かをしてくれることに対してお礼を言わなくともよい時などは絶対にないのである。（　　），礼状は必要だと想定し，礼状を送らない状況を例外だと考えてみよう。実際にそうする人はあまりにも少ないために（残念なことだ），あなたは大勢の人の中で目立つのは確実だ」　どちらの場合も，空所の後では，空所の前の内容をさらに詳しく述べている。このような場合に使えるのは，(C) In fact「実際（に）」である。

他の選択肢の意味は，(A)「ところで」（話題の転換），(B)「しかし」（逆接），(D)「他方では」（対比）であり，適切でない。

3．配点8点

下線部は「機会費用；機会原価」の意味で，経済学の用語である。これについては下線部直後の文 (That means ...) で説明されており，この文の if someone 以下をまとめればよい。ポイントは以下の4つである。

> ①　**if someone takes time out of his or her day**「ある人が自分の1日から時間を差し引けば」（2点）

- someone は「人；他者」などでもよい。
- take A out of B は「A を B から差し引く」が文字通りの意味だが、ここは「自分の1日のうちの時間を取る［割く；割り当てる］」などと処理するとよい。
- his or her は訳していなくてもよい。

> ②　**to attend to you**「あなたに応対するために」（2点）

この attend to ... は「〈人〉に応対する；〈人〉の世話をする；〈人〉の言うことを注意して聞く」の意味。「参加する」などの誤りは2点減点。この不定詞は takes を修飾する副詞用法で「目的」を表すが、解答例のように前から訳出してもよい。

> ③　**there's something they haven't done**「その人がしなかったことがある」（2点）

if 節に対する主節部分である。something と they の間は関係代名詞の省略。they は someone を受けているが、「彼ら」としてもよい。

> ④　**for themselves or for someone else**「自分（自身）や他の誰か［人］のために」（2点）

haven't done を修飾する副詞句である。「独力で」などの誤解は2点減点。

4．配点3点

　正解は(B)。下線部(4)「世界には50人の人しかいない」と言っている根拠については、第4パラグラフで以下のように述べられている。第3文 (But it often ...) では「世界中で、知り合いや、知り合いの知り合いにばったり出くわす可能性が高い」、第4文 (The person sitting ...) では「隣に座っている人が、あなたの上司、従業員、客、義理の姉妹になるかもしれない」、第5文 (Over the course ...) では「あなたの人生行路が終わるまで、おそらく同じ人が多くの異なる役割をするだろう」とある。これらの内容を端的に表すものとしては、(B)「あなたは人生の中で何度も同じ人に出会うかもしれない」が適切である。なお、cross paths with ... は「…と道を交える→…と出会う」という意味。

　他の選択肢の意味は、(A)「筆者は自分の人生で50人の人しか知らない」、(C)「あなたは自分の人生で同じ人に偶然出会わない傾向がある」、(D)「人生の中であなたを助

けてくれる人の数は少ない」であり，いずれも適切ではない。

5．配点2点

　正解は(B)。下線部 innumerable は「数えきれない；無数の」の意味である。これと同じ意味になるのは(B)の countless である。

　他の選択肢の意味は，(A)「いくらかの」，(C)「ほとんどない」，(D)「いくつかの」である。

6．配点13点

> ① **the deeper the red**「他者との好ましくない交流である赤い水滴の色が濃くなればなるほど」（**6点**）

- The ＋ 比較級…，the ＋ 比較級〜は「…すればするほど，(それだけいっそう) 〜する」という「比例関係」を表す定型表現。「…」と「〜」には「S ＋ V」が来るのが普通だが，動詞が be 動詞の場合には省略されることもある。ここも The deeper the red の後に is を補って考える。これが元にしている文は，The red is deeper. である。この前半の The ＋ 比較級が正しく訳せていないものは2点減点。
- deep は形容詞で「(色が) 濃い；深い」の意味。
- この the red は，最終パラグラフ第6文 (Positive interactions are ...) の後半で「他者との好ましくない交流」を赤い水滴にたとえているが，その赤色を表している。この the red の内容を明らかにしていなかったり，あるいは誤っているものは4点減点。

> ② **the more work you have to do**「あなたがやらなければならない仕事は(それだけ) 多くなる」（**2点**）

　後半の the ＋ 比較級の部分であるが，これが正しく訳せていないものは2点減点。なお，これが元にしている文は，You have to do more work. である。

> ③ **to clean the pool**「他者との交流の経験がたまる場所(である水たまり)をきれいにするために」（**5点**）

- この不定詞は「目的」を表す副詞用法で，have to do を修飾している。かけ違え

などの誤りは1点減点。
- the pool の内容は，最終パラグラフ第4文 (Over the years ...) 後半に「他の誰かとの経験はすべて，水滴が水たまりに滴り落ちることに似ている」とあることから，「他者との交流の経験がたまっていく場所」を表していると考えることができる。この the pool の内容を明らかにしていなかったり，あるいは誤っているものは4点減点。

7．配点6点（各2点）

(イ) 正解は(F) **on**。

have a great effect on ... で「…に多大な影響を及ぼす」，focus on ... で「〈注意・関心などを〉…に集中する」の意味になる。

(ロ) 正解は(C) **in**。

live in ... で「…に住む」，in many cases で「多くの場合」の意味になる。

(ハ) 正解は(B) **for**。

look for ... で「…を探す」，a match for ... で「…とよくつりあう人」の意味になる。

8．配点6点（各2点）

正解は(C)，(D)，(F)。

(A) 「筆者は，大人になる前でも母の教訓の重要性を完全に理解していた」

誤り。第1パラグラフ第5文 (In fact, as I grew ...) に「私が大人になってついに仕事の世界に入ると，母のことを思い出そうとすることが多かった。母は様々な社会環境の中で何をするべきか常にわかっているように思えたからだ」とあるように，筆者がその重要性を理解したのは大人になってからである。

(B) 「あなたが誰かを助けるために自分を犠牲にしている時，たいていの場合，その人はそれを理解して，感謝を示してくれる」

誤り。第2パラグラフ最終文 (Because so few ...) に「実際にそうする人はあまりにも少ない（残念なことだ）」とある。「そうする」(do this) は，前文 (assure a thank-you note ...) の内容を指している。

(C) 「筆者は，かつては敵だった人が将来は友人になることもあると信じている」

正しい。第4パラグラフ第4文〜最終文 (The person sitting ... 〜 The roles we ...) で述べられている内容から，一致すると考えられる。

(D) 「すでに自分のものであると考えていた仕事に就けない場合，あなたの知り合いだった人が雇い主にあなたの悪い評判を話した可能性がある」

　　正しい。第6パラグラフ全体の内容に一致する。

(E) 「悪い経験を拭い去るには，常に多くの良い経験が必要だ」

　　誤り。最終パラグラフ第12文 (This metaphor implies ...) に「他者との建設的な経験の蓄積が多ければ，赤い一滴はほとんどわからない」という記述はあるが，選択肢のような内容はどこにも述べられていない。

(F) 「ある人とうまくやっていこうとして失敗した後で初めてその人を避けるべきである」

　　正しい。最終パラグラフ最終文 (I've found that ...) の「〈他者との好ましくない交流経験を重ねた結果赤く染まった〉水たまりの色が全くきれいにならないことも時としてあるのはわかっているが，そういうことが起きたときは，その特定の人との交流を断つべき時なのである」という内容に一致する。

全訳

　母が私の10歳の誕生日にくれた短信用のカードの束が，私がこれまでに受け取った中で最も貴重な贈り物の1つになっているなんて誰が考えただろうか。それらはうすい青色で，一番上に「Tina」と活字体で書いてあった。その年齢で，母は私に礼状の書き方と，それがどんなに重要なものかを教えてくれた。彼女は全く正しかったのだ。実際，私が大人になってついに仕事の世界に入ると，母のことを思い出そうとすることが多かった。母は様々な社会環境の中で何をするべきか常にわかっているように思えたからだ。しかし，礼状を書くことの重要性は，母からの最も貴重な教訓の1つであり続けている。

　他人があなたにしてくれることに感謝を示すことは，あなたがどう受け取られるかに大きな影響を及ぼす。人があなたのためにしてくれるすべてのことには機会費用がかかることを心に留めておくことだ。これはつまり，人が1日のうちの時間を割いてあなたに応対をしてくれるなら，その人が自分自身，あるいは他の誰かのためにしなかったことがあるということだ。自分の要求は大したものではないと自らを欺いて考えるのは容易なことだ。しかしある人が忙しくしているときに，小さな要求などはないのである。彼らは自分のやっていることを中断して，あなたの要求に意識を集中し，時間をとってそれに応じなければならないのだ。それを心に留めておけば，人があなたのために何かをしてくれることに対してお礼を言わなくともよい時などは絶対にないのである。実際に，礼状は必要だと想定し，礼状を送らない状況を例外だと考えてみよう。実際にそうする人はあまりにも少ないために（残念なことだ），あなたは大勢の人の中で目立つのは確実だ。

　あなたの人生の中で大きな違いを生み出すその他の小さなことの中には単純なものもあるし，もっと難しいものもある。直観的なこともあれば，驚くべきこともある。学校で教わることもあるが，大部分はそうではない。何年にもわたって，私はこのような「小さなこと」を理解しないことで何度も失敗してきた。

何よりもまず，世界には50人の人しかいないということを覚えておくことだ。もちろん，これは文字通りには正しくない。しかし，あなたは世界中で，知り合いや，知り合いの知り合いにばったり出くわす可能性が高いので，このように感じられることが多いのである。隣に座っている人が，あなたの上司，従業員，客，義理の姉妹になるかもしれないのだ。あなたの人生行路が終わるまで，おそらく同じ人が多くの異なる役割をするだろう。私はこれまで，かつて上司だった人が後になって私に助けを求めに来たり，私自身がかつて部下だった人に指導を求めに行ったことが何回もある。我々が演じる役割は時とともに驚くほど変化し続けるし，人生の中で現れ続ける人たちに驚くことだろう。

　我々はこのような狭い世界に生きているので，どんなにそうしたくても，取り返しがつかなくなるようなことはしないことが本当に重要だ。あなたはすべての人を好きにはなれないだろうし，すべての人があなたを好きになるわけではないが，敵を作る必要はない。たとえば，次の職を探すときに，面接官があなたの知り合いを知っているのは十分ありそうなことである。こんな風に，どこへ行ってもあなたの評判はあなたの先へ行っているのだ。評判が素晴らしいものであればこれはよいことだが，評判が損なわれている場合は，これは害になる。

　私は以下のような筋書きが起こるのを数えきれないほど目にしてきた。候補者が数十名いる仕事の面接を受けていると想像してみよう。面接はうまくゆき，あなたはその仕事に非常に適任であるように思われる。面接中に，面接官があなたの履歴書を見て，あなたが面接官の旧友とかつて同僚だったことがわかる。面接の後で，面接官はその友人にすぐに電話してあなたについて尋ねる。あなたの過去の仕事ぶりについての友人のおざなりの批評が，その協定をまとめるかもしれないし，あるいはあなたにぎゃふんと言わせるかもしれない。多くの場合，あなたはその仕事は採用間違いなしだったと信じているが，その直後に不採用の通知を受け取る。何に攻撃されたのかあなたには全くわからないだろう。

　基本的には，自分の評判は自分の最も貴重な財産であるから，うまく守らなければならない。しかし，途中で何かの間違いを犯してもそんなにうろたえることはない。時間があれば，傷ついた評判を回復することは可能である。何年にもわたって，私はこのことを総体的に考える助けになっている隠喩を考え出してきた。それは以下のようなものである。他の誰かとの経験はすべて，水滴が水たまりに滴り落ちることに似ている。その人との経験が増すにつれて，水滴がたまってゆき，水たまりは深くなる。建設的な交流は透明な水滴であり，好ましくない交流は赤い水滴だ。しかしそれらは同等ではない。つまり，透明な水滴が多ければ赤い一滴を薄めることができるし，その数は人によって異なるのだ。非常に寛大な人は，悪い経験を弱めるのに少数の建設的な経験（透明な水滴）を必要とするだけだが，それほど寛大でない人は，赤い水滴を洗い流すのにはるかに多くの透明な水滴を必要とする。さらに，大部分の人にとっては，水たまりの水はゆっくりとはけていくのだ。その結果，我々はずいぶん前に起こった経験ではなく，むしろ一番最近に起こった経験に注意を払いがちである。この隠喩が暗示しているのは，他者との建設的な経験の蓄積が多ければ，赤い一滴はほとんどわからないということだ。これは大海に赤いインクを一滴落とすようなものだ。しかし，ある人をよく知らなければ1つの悪い経験が水たまりを真っ赤に染めるのである。赤い滴が消えてなくなるまで，建設的な交流を重ねて水たまりをあふれさせることで，好ましくない交流を洗い流すことができるのだが，赤色が濃ければ濃いほど，水たまりをきれいにするのにしなければならない作業は多くなる。水たまりの色が全くきれいにならないことも時としてあるのはわかっているが，そういうことが起きたときは，その特定の人との交流を断つべき時なのである。

主な語句・表現

▶ 設問に関係する部分は，＜解説・採点基準＞を参照。

▽ 第1パラグラフ (Who would have ...)
- ☐ say 動「…と書いてある」
- ☐ block letters「活字体」
- ☐ thank-you note「礼状」
- ☐ She couldn't have been more correct.「彼女はそれ以上正しくなることはできなかっただろう→彼女は全く正しかったのであろう」
- ☐ ultimately 副「最終的に；結局」
- ☐ social settings「社会環境」 e.g. Jokes like that are not appropriate in *a social setting* like this.「そのようなジョークはこのような社会環境の中では適切ではない」

▽ 第2パラグラフ (Showing appreciation for ...)
- ☐ Showing appreciation(S) for ... has(V) a great effect(O)「…に対する感謝を示すことは大きな影響を及ぼす」
- ☐ how you're perceived「あなたがどのように受け取られるか」 疑問詞の how がまとめている名詞節。
- ☐ keep in mind that ...「…ということを心に留めておく」
- ☐ attend to ...「…に応対する」 e.g. Are you *being attended to*?「〈店員が客に〉ご用は承っていますか」
- ☐ fool ... into -ing「…をだまして-させる」 e.g. He *fooled me into giving* him the money.「彼は私をだましてその金を渡させた」
- ☐ With that in mind「それを心に留めておけば」 この with は付帯状況を表す。that と in mind の間は意味上主語と述語の関係が成り立っている。
- ☐ assume 動「…だと想定する」 ここでは命令文で使われている。
- ☐ be in order「ふさわしい；適切な」 e.g. A word here may *be in order*.「ここで一言述べておいてもいいだろう」
- ☐ look at A as B「A を B だとみなす」
- ☐ exception 名「例外」
- ☐ stand out「目立つ」
- ☐ crowd 名「多数；大勢」

▽ 第3パラグラフ (Some of the ...)
- ☐ make a big difference「大きな違いを生じる」
- ☐ challenging 形「骨の折れる；きつい」
- ☐ intuitive 形「直観的な」
- ☐ over the years「何年にもわたって」 e.g. *Over the years* she scraped together a little money for her old age.「彼女は何年もかけて老後のために少しばかりの金を貯めた」
- ☐ stumble 動「とちる；まごつく；間違える」

▽ 第4パラグラフ (First and foremost, ...)

- first and foremost「何よりもまず」
- literally 副「文字通りには」
- feel that way「そんなふうに感じる」 e.g. It is quite natural for you to *feel that way*.「君がそんなふうに感じるのは極めて当然だ」
- bump into ...「…にばったり出くわす」 e.g. I *bumped into* an old friend of mine on my way here.「ここへ来る途中で旧友にばったり出会った」
- all over the world「世界中で」
- employee 名「従業員」
- sister-in-law 名「義理の姉妹」
- the course of one's life「…の人生行路」 e.g. That book actually changed *the course of my life*.「その本が実際私の人生行路を変えたのだ」
- quite likely「おそらく；たぶん」
- superior 名「上司」
- subordinate 名「部下」
- over time「時とともに；徐々に；やがて」 e.g. The senses of a word changes *over time*.「言葉の意味は時とともに変化する」
- show up「現れる」

▽ 第5パラグラフ (Because we live ...)

- burn bridges「退路を断つ；背水の陣を敷く」
- no matter how tempted you might be「あなたがどんなにその気になろうとも」 副詞節で「譲歩」を表す。
- it's quite likely that ...「…ということがありそうだ；おそらく…だろう」
- reputation 名「評判」
- precede 動「…の先を行く」
- beneficial 形「利益になる」

▽ 第6パラグラフ (I've seen the ...)

- I(S)'ve seen(V) the following scenario(O) play out(C)「私は以下のような筋書きが起こるのを目にしてきた」 これは「see + O + 原形」の形。play out は「起こる」という意味。
- candidate 名「候補者」
- make a quick call to ...「…にすぐに電話する」
- casual comment「思いつき［おざなり］の批評」
- seal the deal「その協定をまとめる」
- cut ... off at the knees「…を突然やり込める；…をぎゃふんと言わせる」
- be in the bag「(成功) 確実である」
- ... , right before 〜「〜する直前に…する；…する直後に〜する」 right は副詞で「まさに；ちょうど」の意味。
- hit 動「…を攻撃する」

14 他者との交流

▽ **最終パラグラフ (Essentially, your reputation ...)**

- ☐ essentially 副「本質的には；基本的には」
- ☐ asset 名「財産」
- ☐ upset 形「うろたえて」
- ☐ along the way「途中で」（= on the way）
- ☐ stained 形「汚された；傷つけられた」
- ☐ come up with ...「…を考え出す」 e.g. The scientist *came up with* an explanation for the phenomenon.「その科学者はその現象に1つの説明を考え出した」
- ☐ metaphor 名「隠喩」
- ☐ put ... in perspective「…を総体的に考える」 e.g. If you can be a sympathetic listener, it may *put* your own problems *in perspective*.「人の話を共感しながら聞くことができれば，自分の問題を総体的に考えられるかもしれない」
- ☐ accumulate 動「増える；積もる」
- ☐ deepen 動「深くなる」
- ☐ positive interaction「建設的な交流」
- ☐ negative interaction「好ましくない交流」
- ☐ forgiving 形「寛大な」
- ☐ wash away ...「…を洗い流す」
- ☐ drain 動「水がはける」
- ☐ as opposed to ...「…とは対照的に」 e.g. How does a poem change when you read it out loud *as opposed to* it being on the page?「声に出して読むと，詩はページに印刷されている場合と比べてどう変化するか」
- ☐ reserve 名「蓄積」
- ☐ stain(V) the pool(O) bright red(C)「水たまりを真っ赤に染める」 stain + O + C で「O を C（の色）に染める」の意味。
- ☐ flood 動「…をあふれさせる」
- ☐ fade 動「薄れる；消えていく」

15　20世紀における脳研究の発展

■奈良女子大学■

解答 （48点）

1．【解答例1】　人間の脳は，1000億個の神経細胞を持っていて，知られている宇宙で最も複雑なものである。そのため，我々が脳について知っているほとんどすべてのことが20世紀の後半に突きとめられたことは驚くべきではない。
(16点)

　【解答例2】　1000億個の神経細胞を持つ人間の脳は，知られている宇宙では最も複雑なものである。そのため，我々が脳について知っていることのほとんどすべてが20世紀の後半に解明されたのは驚くべきことではない。(16点)

2．脳は世界で起こることに反応して「細胞の集合体」を作るという考え方。(6点)

3．【解答例1】　脳の一部が損傷した患者のさらなる研究は，記憶を処理することや，感情と思考を結合することに関わる脳の領域を突きとめた。(12点)

　【解答例2】　脳の一部に損傷を受けた患者をさらに研究することで，記憶の処理や，感情と思考の統合に関わる領域が特定されたのである。(12点)

4．(ウ)　(4点)

5．科学者は今では，被験者が「Nebraska（ネブラスカ）」とつづるよう，あるいは，17と28を足すよう求められたとき，脳のどの領域が作動するかを観察することができる。(10点)

解説・採点基準

1．配点16点

> ①　**The human brain, ... , is the most complicated object**「人間の脳は…最も複雑なものである」（4点）

- The human brain(S) ... is(V) the ... object(C) であることがわかっていないものは4点減点。
- complicated は「入り組んだ；込み入った」，object は「物体」も認める。
- human や most の訳抜けは2点減点とする。

15　20世紀における脳研究の発展

> ②　**in the known universe**「知られている宇宙では」（2点）

　この部分は，①の最上級の意味を強調するために使われている副詞句である。①の the most complicated にかかっていないものは2点減点。「既知の宇宙で」のような訳出も可。

> ③　**with its 100 billion nerve cells**「〈人間の脳は〉1000億個の神経細胞を持っていて；1000億個の神経細胞を持つ〈人間の脳は〉」（2点）

- この部分は，副詞句として「人間の脳は，1000億個の神経細胞を持っていて」としても，形容詞句（The human brain を修飾）として「1000億個の神経細胞を持つ人間の脳は」としてもよい。billion は「10億」なので，100 billion は「1000億」である。この数字の誤訳は2点減点。
- nerve cells の訳語は「神経細胞」のみを認め，それ以外は2点減点とする。

> ④　**So it is not surprising that …**「そのため［だから］…ということは驚くべき（こと）ではない」（2点）

- So は「そのため；だから；その結果」の意味の接続詞。So の誤訳，訳抜けは2点減点。
- it ＝形式主語，that 以下＝真主語であることがわかっていないものは2点減点。
- surprising は「人を驚かせるような」なども認める。

> ⑤　〈**that**〉**nearly everything we know about the brain has been learned**「我々が脳について知っているほとんどすべてのことが知られた〈ことは〉」（4点）

- everything と we の間には know の目的語になる関係代名詞が省略されていて，nearly everything(S) … has been learned(V) が that 節の中心部分になっている。
- nearly は everything を修飾する副詞で「ほとんど」の意味。nearly の訳抜けや，関係代名詞の省略がわかっていないものは2点減点。
- この learn は「…を知る［突きとめる；解明する］」の意味。

> ⑥　**in the last half of the 20th century**「20世紀の後半に」（2点）

　この部分は has been learned を修飾する副詞句である。かけ違えは2点減点。

2．配点6点

下線部は「脳について考える斬新な方法」という意味である。これを具体的に説明しているのは，次の文 (He theorized that ...) の that 以下の部分なので，ここを和訳して解答としてまとめればよい。ポイントは以下の3つである。

> ① **the brain created "cell assemblies"**「脳は『細胞の集合体』を作る」（2点）

- created は時制の一致によって過去形になっているものであり，解答上は過去形で訳す必要はない。
- assemblies は「集合［集まり］」も認めるが，「集会」などは2点減点。

> ② **in response to things**「こと［事物；物事］に反応して」（2点）

この部分が created を修飾することがわかっていないものは2点減点。

> ③ **that happen in the world**「世界［世の中］で起こる」（2点）

この部分が things を先行詞とする関係詞節であることがわかっていないものは2点減点。

解答の結びは＜解答＞のようにすればよく，下線部をすべて訳出して「…という脳についての斬新な考え方」などとする必要はない。

なお，第2パラグラフ最終文 (For example, ...) は，この考え方の具体例であり，解答には特に含める必要はない。

3．配点12点

> ① **Further study of ...**「…のさらなる研究は；…をさらに研究することで」
> （2点）

- Further study がこの文の主語である。Further は study を修飾する形容詞で「さらにいっそうの；さらに進んだ」なども認める。Further の誤訳，訳抜けは2点減点。
- study は「調査；学習」も減点しない。
- of 以下は Further study を修飾する形容詞句になっている。

> ② **patients with damaged brain parts**「脳の一部［(ある) 部分］に損傷を負っている患者［病人］〈のさらなる研究は〉」（2点）

- ①の前置詞 of の目的語部分である。with damaged brain parts は patients を修飾する形容詞句である。この部分が patients にかかっていないものは2点減点。
- damaged は brain parts を修飾する過去分詞の形容詞用法で「損傷を受けた；傷ついた」の意味。誤訳やかけ違えは2点減点。

③ **identified areas**「領域を突きとめた」（2点）

- Further study(S) … identified(V) areas(O) であることがわかっていないものは①を含めて4点減点。
- この identify は「…を特定する［突きとめる；明らかにする］」，areas は「（脳の）領域［部分］」という意味。この2語の誤訳は2点減点。

④ **〈areas〉 involved in …**「…に関わる〈領域〉」（2点）

この部分は areas を修飾する形容詞句である。「名詞 + involved in …」で「…に関わる［関連する］名詞」の意味になる。誤訳やかけ違えは2点減点。

⑤ **processing memory**「記憶を処理［整理］すること」（2点）

④の前置詞 in の目的語になっている動名詞句である。「記憶の処理」としたものも認める。

⑥ **and integrating feeling with thought**「そして，感情［気持ち］を思考［考え（ること）］と統合すること」（2点）

- この and が結んでいるのは，⑤の processing memory と integrating feeling with thought の2つの動名詞句であり，integrating … も前置詞 in の目的語になっている。この並列関係を誤解しているものは2点減点。
- integrate A with B は「〈共に機能するように〉A を B と統合［結合］する」という意味。この表現の誤解は2点減点。「感情と思考の統合」のようにしたものも認める。
- thought については「考慮」のような文脈上明らかに不適切な訳語は2点減点。

4．配点4点

　4A の直前の文に「1980年代と90年代には，3つの領域で研究は急速に進歩した」とあり，4A と 4B はそのうちの2つである（残りの1つは Imaging techniques）。
　4A を含む文の「　4A　 は，コンピュータを使って脳の働き方の数学的モデルを作っ

ていた」という内容から，このような研究を行うのは「情報理論学者」(Information theorists) であると考えられる。Mechanical engineers（機械技師）は「研究者；学者」というよりは「技術者」であり，4Aにはふさわしくない。

　4Bを含む文の「　4B　」は，向精神薬が作用する，神経細胞間の接合部で起こる複雑で微妙な化学変化を理解し，制御できるようになっていった」という内容から，このような研究を行うのは「生化学者」(Biochemists) であると考えられる。Mathematicians は「数学者」であり，このような研究は行わない。

　以上から，正しい組み合わせは(ウ)である。

5．配点10点

① **Scientists can now watch …**「科学者は今では，…を観察することができる」（2点）

　この文の「S + V」の部分である。now は can watch を修飾する副詞である。now と can の訳抜けは1点減点。

② **which areas of the brain are activated**「脳のどの領域が作動するのか」（2点）

・can watch の目的語の中心部分である。which は疑問形容詞で，名詞節をまとめており，節の中では areas を修飾している。
・areas は「（脳の）領域［部分］」の意味。which 節内の構造は，which areas(S) of the brain(M＝形) are activated(V) である。このVは activate の受身形であり，be activated で「作動［始動］する」の意味になる。なお，「活性化される」のような訳出も認める。
・which 節の働きの誤解，areas, brain, are activated の誤訳は2点減点。

③ **when a subject is asked to−**「被験者が−するよう求められるとき」（2点）

・これは which 節を主節とする副詞節である。つまり，この when 節を含めた文末までが，watch の目的語になっている。when 節のかけ違いは2点減点。
・この subject は「〈実験などの〉被験者；患者」という意味。「主題」など他の意味に解しているものは2点減点。
・be asked to−は「−するよう求められる［要求される］」の意味。

④ spell "Nebraska" 「『Nebraska（ネブラスカ）』とつづる〈よう〉」（2点）

この spell は③の to につながる動詞の原形である。spell は「…のつづりを書く」も可。Nebraska は英語表記のままでも，カタカナ書きでもよい。

⑤ or add 17 and 28 「あるいは，17 と 28 を足す〈よう〉」（2点）

- この or が 2 つの原形 spell と add を結んでいることがわかっていないものは 2 点減点。
- add A and B で「A と B を足す［足し算する］」の意味。

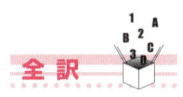

全訳

人間の脳は，1000億個の神経細胞を持っていて，知られている宇宙で最も複雑なものである。そのため，我々が脳について知っていることのほとんどすべてが20世紀の後半に突きとめられたのは驚くべきことではない。

　つい最近まで，脳の活動を調べる主要な方法は，頭部のごく特定の領域に損傷を受けた患者を研究し，彼らは何ができて何ができないかを観察することであった。19世紀の半ばまでには，その調査によって，脳の特定の部位が話すことに極めて重要であることが明らかになっていた。しかし，このような能力が完全にその部位に特定化されるものなのか，それとも脳の全体に及ぶのかどうか，あるいは，細胞レベルでどのように組織化されるのかについては，知るすべがなかった。その後1949年に，カナダの心理学者ドナルド・ヘブが，脳についての斬新な考え方を提唱し，それが何十年もの間研究に影響を及ぼした。彼の説は，脳は外界で起こることに反応して「細胞の集合体」を作り出すというものだった。たとえば，十分な数の三角形を見た人は，3つの辺を持つ図形を認識するのが非常に得意な細胞の回路を作り出すのだ。

　1960年代までには，動物実験によって，脳の特有の領域が視覚情報を処理し，脳の最外層部が感覚情報の受け取りと運動反応の制御に大いに関わっていることが明らかになりつつあった。（新しい研究では，脳の特定の領域に専門的な能力が備わっているのだが，脳内の部位が遠く離れていてもそれらの間では以前に考えられていたよりもはるかに多くの相互作用があることが明らかになっている）　新しい技術のおかげで，研究者は個々の脳細胞や目の桿状体と円錐体の電気活動を記録できるようになった。脳の一部に損傷を受けた患者をさらに研究することで，記憶の処理や，感情と思考の統合に関わる領域が特定されたのである。

　1980年代と90年代には，3つの領域で研究は急速に進歩した。情報理論学者は，コンピュータを使って脳の働き方の数学的モデルを作っていた。生化学者は，向精神薬が作用する，神経細胞間の接合部で起こる複雑で微妙な化学変化を理解し，制御できるようになっていった。PETスキャンのような画像処理技術のおかげで，脳が働くさまを「即時に」見られるようになっていった。科学者は今では，被験者が「Nebraska（ネブラスカ）」とつづるよう，あるいは，17足す28の答えを求められたとき，脳のどの領域が作動するかを観察することができる。そして科学は，神経科学の最後の未開拓分野である可能性のあるもの，すなわち意識を精査し，脳の性質のどの側面のせいで脳が自身の活動に気づくことができ

るのかを調査し始めている。21世紀の偉大な科学の旅の1つは我々自身の中にあるだろう。

主な語句・表現　✓

▶ 設問に関係する部分は，＜解説・採点基準＞を参照。

▽ **第2パラグラフ (Until very recently, ...)**
- ☐ the primary method「主要な方法」　この文の主語であり，これを受ける動詞は was である。後続の to study ... and observe 〜「…を研究し，〜を観察すること」が名詞用法の不定詞で，was の補語になっている。
- ☐ patient 名「患者」
- ☐ specific 形「特定の」
- ☐ critical 形「非常に重要な」
- ☐ speech 名「言葉を話すこと」
- ☐ there was no way to know ...「…を知る方法はなかった」　to know の目的語になっているのは，接続詞 whether がまとめている2つの名詞節と，疑問詞 how がまとめている名詞節である。
- ☐ localized 形「局所的な」
- ☐ extend 動「広がる」
- ☐ organize 動「…を組織化する」
- ☐ propose 動「…を提示する」
- ☐ theorize that S + V「…という理論［学説］を立てる；…と推論する」　e.g. Police *are theorizing that* the killers may be posing as hitchhikers.「警察は，殺人者はヒッチハイカーのふりをしているのではないかと推論している」
- ☐ assembly 名「集合（体）」
- ☐ in response to ...「…に反応して；…に応じて；…に答えて」　e.g. *In response to* this outcry, the government retreated.「この抗議の声に答えて，政府は譲歩した」
- ☐ triangle 名「三角形」
- ☐ circuit 名「回路」
- ☐ three-sided figure「3つの辺［面］を持つ図形」

▽ **第3パラグラフ (By the 1960s, ...)**
- ☐ distinctive 形「特有の」
- ☐ visual information「視覚情報」
- ☐ （第1文中）and が結ぶのは the distinctive areas ... と the regions of the outermost layer of the brain ... で，どちらも文の述語動詞 were revealing の目的語になっている。
- ☐ region 名「領域」
- ☐ outermost layer「最も外側の層」
- ☐ be heavily involved in receiving ... and controlling 〜「…を受け取り，〜を制御することに大いに関わっている」　and は前置詞 in の目的語になる2つの動名詞句を結んでいる。

15 20世紀における脳研究の発展

- ☐ sensory information「感覚情報」
- ☐ motor response「運動反応」
- ☐ specialized 形「専門の；特殊化した；分化した」
- ☐ interaction among ...「…間の相互作用」
- ☐ even remote sections of the brain「脳の遠く離れてさえいる部位」 副詞の even は形容詞 remote sections を修飾している。
- ☐ than previously thought「以前に［それまで］考えられていたよりも」 e.g. The building is earlier in date *than previously thought*.「その建物はそれまで考えられていたより年代は古い」
- ☐ allow + O + to -「O が - するのを許す；O が - するのを（S が）可能にする」
- ☐ electrical activity「電気活動」
- ☐ rod 名「(目の) 桿状体」
- ☐ cone 名「円錐体」

▽ **最終パラグラフ (In the 1980s ...)**
- ☐ front 名「領域」
- ☐ model 動「…の（数学的）モデルを作る」
- ☐ subtle 形「微妙な」
- ☐ chemistry 名「化学変化」
- ☐ junction 名「接合部」
- ☐ psychoactive drugs「向精神薬」
- ☐ imaging techniques「〈コンピュータによる〉画像処理技術」
- ☐ make it possible to -「- することを可能にする」 it は形式目的語で、to - が真目的語。
- ☐ see the brain work「脳が働くのを見る」 これは「see + O + 原形」という文型。
- ☐ in real time「即座に；同時に」
- ☐ probe 動「…を精査する」
- ☐ what may be the final frontier of neuroscience — consciousness「神経科学の最後の未開拓分野である可能性のあるもの，すなわち意識」 関係代名詞の what がまとめている名詞節で，probe の目的語になっている。節内は what(S) may be(V) the final frontier of neuroscience(C) という構造。なお，what 節と consciousness は同格である。
- ☐ and to explore ...「そして，…を調べ〈始めている〉」 and が結ぶのは to probe と to explore である。
- ☐ what aspects of the brain make it able to -「脳の性質のどんな側面のせいで，脳は - できるのか」 疑問形容詞の what がまとめている名詞節で，explore の目的語になっている。an aspect of ... は「…が持つ性質の一側面」という意味。it は the brain を指す。
- ☐ become aware of ...「…に気づく」 e.g. She *became aware of* a car following close behind.「彼女は車が後ろからぴったりくっついてきていることに気がついた」

16　ガラスの発達と中国についての歴史的考察

■奈良女子大学■

解答　（50点）

1．中国人は様々な偉大な発明をしたが，16〜18世紀の間に西洋を大きく変えた科学革命ともいえるガラスの高度な利用法は中国人には全く影響を与えなかったこと。（8点）
2．彼らにとっては，お茶の色は温度ほど重要ではなく，お茶は，中国人のあらゆる発明品の中で最も有名なものである磁器で供するのが一番だということが彼らにわかった。（10点）
3．以下のうちから2つを解答。（12点）
　・13世紀末にかけてメガネが発明されたおかげで，仕事が読むこと頼みだった学者や科学者の経歴が少なくとも15年は伸びたこと。（6点）
　・ガラス製の鏡に映る正確な像が，ルネサンス絵画における遠近法の発見につながったこと。（6点）
　・ガラスのビーカーと試験管のおかげで，古くからの錬金術が化学という現代科学に変わったこと。（6点）
4．顕微鏡と望遠鏡は，16世紀末に数年の間に相次いで発明され，2つの新しい宇宙を切り開いた。それは，非常に遠い宇宙と，非常に小さい宇宙である。（10点）
5．一方で，19世紀の東洋と西洋の間の新しい貿易の結びつきは，技術的に遅れている中国がすぐに追いつくということを意味した。（10点）

解説・採点基準

1．配点8点

　この this は直前の文 (Though the Chinese ...) の内容を指している。文意は「中国人は，他の誰よりもずっと以前に，羅針盤，水洗トイレ，火薬，紙，運河の閘門，吊り橋を発明したが，16世紀から18世紀の間に西洋を変えた科学革命は，中国人には全く影響を与えなかった」である。

　① **Though が導く副詞節部分（1点）**

　　和訳ではなく説明の問題なので，個々の発明品を挙げる必要はなく，＜解答例＞

16　ガラスの発達と中国についての歴史的考察

のようにまとめれば十分である。この部分を全く抜かしているものは1点減点。

> ②　**the scientific revolution**（2点）

　文字通りには「科学革命」という意味だが，第9～第10パラグラフにその内容が具体的に述べられているように，「ガラスの高度な利用法」ということなので，この一言は解答に含めたい。単に「科学革命」としただけのものも認める。

> ③　**that transformed the West between the sixteenth and eighteenth centuries**（2点）

　この部分は和訳するだけでよい。ここを抜かしているものは2点減点。

> ④　**completely passed them by**（3点）

- この pass〈人〉by は「〈人〉を素通りする」が直訳だが，「〈人〉に影響を与えない」ということである。したがって，「中国人には全く影響を与えなかった」とする。pass〈人〉by を直訳したものも減点しないが，意味を取り違えているもの，および them を「中国人」以外のものに解釈しているものは3点減点とする。
- completely の抜けは1点減点。

2．配点10点

> ①　**Its colour was less important**「お茶の色は〈…ほど〉重要ではなかった」（2点）

- its は「その」でもよい。
- less ... than ～は「～ほど…でない」と訳す。「お茶の色の方が重要だった」など，逆の意味に解しているものは2点減点。なお，「お茶の<u>温度の方が色よりも重要</u>だった」としても減点しないこととする。

> ②　**to them**「彼らにとって」（1点）

　形容詞の important を修飾する副詞句である。them を「中国人」としてもよいが，別のものに取り違えているものは1点減点。

> ③　**than temperature**「温度ほど」（1点）

　「温度<u>よりも</u>」も減点しない。

> ④ **and they found ...**「(そして) …ということが彼らにわかった」(2点)

- この and は「そして」としてもよい。
- found の後には that (接続詞) が省略されている。found は「…がわかった;…に気づいた」と訳すのがよいが,「…を発見した;…を見い出した」などとしても減点しない。

> ⑤ **it was best served in ...**「お茶は…で供するのが一番よい」(2点)

- it は「それ」でもよいが,訳を抜かしているものは1点減点。
- best は副詞で「最もよく[適切に]」の意味。
- be served in ... は「…に入れて出す」などとしてもよい。英語のように受動態にして「…で供される;…に入れて出される」などとしても減点しない。「サーブする」(カタカナ書き)や「…に役立つ」のような誤解は2点減点。

> ⑥ **their most famous invention of all, china**「彼らのあらゆる発明品の中で最も有名なものである磁器」(2点)

- their most famous invention of all「彼らのあらゆる発明品の中で最も有名なもの」と china「磁器」は同格である。この関係がわかっていないものは2点減点。
- 「彼らの最も有名な発明品」のように of all を抜かしているものは1点減点。
- china の誤訳(「中国」など)は2点減点。

3. 配点 12 点 (各 6 点)

　下線部は「高品質のガラスが西洋文化に与えた影響は非常に重要である」という意味である。この根拠となっている具体的な事実は,下線部に続く3つの文で示されているので,このうちの2つを選んで,正確に和訳をすれば解答となる。

(I) 「13 世紀末にかけてメガネが発明されたおかげで,仕事が読むこと頼みだった学者や科学者の経歴が少なくとも 15 年は伸びたこと」(6点)

> ① **The invention of spectacles towards the end of the thirteenth century**「13 世紀末にかけてメガネが発明されたこと」(2点)

　◇ spectacles 名「メガネ」

> ② **added at least fifteen years to ...**「…に少なくとも 15 年を加えた」(2点)

16 ガラスの発達と中国についての歴史的考察

◇ add A to B「AをBに加える」

③ **the academic and scientific careers of men whose work depended on reading**「仕事が読むこと頼みだった学者や科学者の経歴」（2点）

◇ academic 形「学問の」　◇ career 名「経歴」

以上の3つのポイントについて，誤訳・訳抜け1つについて2点減点とする。

(Ⅱ)「ガラス製の鏡に映る正確な像が，ルネサンス絵画における遠近法の発見につながったこと」（6点）

① **The precise reflection of glass mirrors**「ガラス製の鏡に映る正確な像が」（2点）

◇ precise 形「正確な」　◇ reflection 名「（映）像」

② **led to the discovery of ...**「の発見につながった」（2点）

◇ lead to ...「…に通じる［つながる；結びつく］；…を引き起こす」

③ **perspective in Renaissance painting**「ルネサンス絵画における遠近法」（2点）

◇ perspective 名「遠近法」　◇ Renaissance 名「ルネサンス」

以上の3つのポイントについて，誤訳・訳抜け1つについて2点減点とする。

(Ⅲ)「ガラスのビーカーと試験管のおかげで，古くからの錬金術が化学という現代科学に変わったこと」（6点）

① **Glass beakers and test tubes**「ガラスのビーカーと試験管は」（2点）

◇ beaker 名「ビーカー」　◇ test tube「試験管」

② **transformed ancient alchemy into ...**「古くからの錬金術を…に変えた」（2点）

◇ transform A into B「AをBに変える」

③ **the modern science of chemistry**「化学という現代科学；現代科学である化学」（2点）

以上の3つのポイントについて，誤訳・訳抜け1つについて2点減点とする。

4．配点 10 点

> ① **The microscope and the telescope**「顕微鏡と望遠鏡は」（2 点）

　この文の主語である。microscope と telescope の訳語の誤りはそれぞれ 1 点減点。

> ② **invented within a few years of each other**「数年の間に相次いで［それぞれ数年前後して］発明され」（2 点）

・invented は過去分詞だが，その前にコンマがあるので，ここは分詞構文と考える。なお，形容詞用法ととらえて，「…発明された顕微鏡と望遠鏡は」としても減点しないこととする。

・within ＋ 時間 ＋ of ... は「…から（時間）以内に」の意味なので，ここは「お互いから数年以内に」が直訳となるが，上記解答例のように訳すとよい。この部分の誤訳は 2 点減点。

> ③ **at the end of the sixteenth century**「16 世紀末に」（2 点）

・invented を修飾する副詞句であるが，形容詞的に「16 世紀末の数年の間に」のようにしたものも減点しない。

・end の訳抜けは 2 点減点。

> ④ **opened up two new universes**「2 つの新しい宇宙を切り開いた」（2 点）

　open up ... は「…を切り開く［開拓する］；…への道を開く」などは可だが，「…を公開する［開設する；オープンする］」など文脈上明らかに不適切な訳語は不可とする（2 点減点）。

> ⑤ **: the very distant and the very small**「（すなわち；それは）非常に遠い宇宙と，非常に小さい宇宙である」（2 点）

　このコロンは，two new universes と the very distant and the very small が同格であることを示している。つまり，distant と small の後には universe が省略されている。訳出上はこれを補って「宇宙；もの」などとする。この同格関係がわからずに，「非常に遠く，非常に小さい」のように「宇宙；もの」といった名詞の訳語が出ていないものは 2 点減点。

5．配点 10 点

> ① **Meanwhile**「(その) 一方 (では)」（1 点）

これは副詞。訳抜けは 1 点減点。

> ② **new trade links between East and West**「東洋と西洋の間の新しい貿易の結びつきは」（2 点）

- new trade links がこの文の主語である。
- この East と West は「東洋」「西洋」の意味。「東」や「西」，あるいはまとめて「東西」としたものは減点しないが，「東部；西部」はそれぞれ 1 点減点とする。

> ③ **in the nineteenth century**「19 世紀の」（1 点）

new trade links を修飾する形容詞句である。訳抜けは 1 点減点。

> ④ **meant that ...**「…ということを意味した；つまり…ということだった」（2 点）

- meant がこの文の動詞，that 以下がその目的語になっている。この関係がわかっていないものは 2 点減点。
- この mean は「〈事の結果として〉…となる；〈要因として〉…が起きる」という訳し方も可能。

> ⑤ **a technologically backward China**「技術面で［技術的に］（発達の）遅れていた中国が」（2 点）

- that 節の主語である。technologically は backward を修飾する副詞。
- backward は「（発達の）遅れた」の意味の形容詞で China を修飾している。各語の意味の誤解，かけ違えは 2 点減点。

> ⑥ **soon caught up**「間もなく［すぐに］追いつく」（2 点）

- caught up が⑤を受ける動詞である。この catch up は自動詞で「追いつく；遅れを取り戻す；追い上げる」の意味である。この誤解は 2 点減点。
- soon の訳抜けは 1 点減点。

全訳

中国で作られたのではなく，磁器で作られたのでもないものは何であろうか？　答えはガラスである。

中国人は，他の誰よりもずっと以前に，羅針盤，水洗トイレ，火薬，紙，運河の閘門(こうもん)，吊り橋を発明したが，16世紀から18世紀の間に西洋を変貌させた科学革命は，中国人には全く影響を与えなかった。これはなぜかというと，中国人はお茶も発明したからである。

ガラスの加工品として知られているものの中で最初期のものはエジプト製であり，紀元前1350年にまでさかのぼるが，透明なガラスを初めて作り出したのはローマ人だった。彼らは，透明なガラスだとワインの色を愛でることができるところが気に入ったのだ。

エジプト人がガラスの製造法を考え出すまでに，中国人は1400年近くの間，お茶を飲んでいた（伝承によると，紀元前2737年に始まった）。彼らにとっては，お茶の色は温度ほど重要ではなく，お茶は，中国人のあらゆる発明品の中で最も有名な磁器で供するのが一番だということが彼らにわかったのだ。

中国人には使い道が特になかったので，初期の中国製のガラスは，厚く，不透明で，壊れやすかった。彼らはこれを主に子供のおもちゃを作るのに使ったが，間もなく完全に見切りをつけた。14世紀の終わりから19世紀までの500年近くの間，中国ではガラスは全く作られなかった。

一方，1291年にベネチア共和国は，木造の建物への火災の危険を懸念して，ガラスの炉を沖合のムラーノ島へ移した。この場所で，住人たちは，移住してきたイスラムの職人に触発されて，世界で最も高品質のガラスを作れるようになったのだが，このせいで，その後何世紀もの間，ガラスの製造を彼らが独占することとなったのである。

高品質のガラスが西洋文化に与えた影響は非常に重要である。13世紀末にかけてメガネが発明されたおかげで，仕事が読むこと頼みだった学者や科学者の経歴が少なくとも15年は伸びた。ガラス製の鏡に映る正確な像は，ルネサンス絵画における遠近法の発見につながった。ガラスのビーカーと試験管のおかげで，古くからの錬金術は化学という現代科学に変わった。

顕微鏡と望遠鏡は，16世紀末にそれぞれ数年前後して発明され，2つの新しい宇宙を切り開いた。非常に遠い宇宙と，非常に小さい宇宙である。

17世紀までには，ヨーロッパ製のガラスは値段が下がって，普通の人が窓ガラスに使えるくらいになった（対照的に，東洋では壁に穴が開いているだけか，紙の仕切りだった）。このおかげで人々は好ましくない天気から守られ，屋内には光があふれるようになったが，これは衛生面での多大な進歩の始まりであった。汚れや害虫が目に見えるようになり，居住空間が清潔になり，病気がなくなった。その結果，18世紀の初期までにはヨーロッパの大部分から疫病が姿を消した。

19世紀半ばには，透明で簡単に殺菌消毒できる白鳥の首形のガラス製フラスコのおかげで，フランスの化学者ルイ・パスツールは，細菌は腐りかけているものから自然発生するという仮説が誤りであることを立証することができた。これは病気に対する理解に革命を引き起こし，現代医学の発達に結びついたのである。それから間もなくして，ガラス製の電球が仕事と余暇の両方を永遠に変えたのである。

一方で，19世紀に東洋と西洋が新たに貿易で結びついたが，それはつまり，技術面で遅れていた中国が間もなく遅れを取り戻すということだった。今では中国は世界で3位の工業大国であり，2009年には輸出総額7,490億ポンドで，世界一の輸出国となっている。

中国は世界最大のガラス生産国でもあり，世界市場の34パーセントを握っている。

16 ガラスの発達と中国についての歴史的考察

主な語句・表現 ☑　　▶ 設問に関係する部分は，<解説・採点基準>を参照。

▽ 第1パラグラフ (What was not ...)
- ☐ be made of ...「…（素材・材料）で作られている」 e.g. Footballs used to *be made of* leather.「フットボールのボールは以前は革で作られていた」
- ☐ china 名「磁器」（小文字で始まっていることに注意）

▽ 第2パラグラフ (Though the Chinese ...)
- ☐ compass 名「羅針盤」
- ☐ the flushing toilet「水洗トイレ」
- ☐ gunpowder 名「火薬」
- ☐ canal lock「運河の閘門」（運河・放水路などで水面を一定にするために水量を調節する水門）
- ☐ suspension bridge「吊り橋」
- ☐ revolution 名「革命」
- ☐ transform 動「…を一変［変質］させる」
- ☐ pass ... by「…を素通りする；…に関係なく起こる；…に影響を与えない」 e.g. She feels that life is *passing her by*.「彼女は人生が自分を素通りしていっていると感じている」

▽ 第4パラグラフ (The earliest known ...)
- ☐ artefact 名「人工物」（= artifact）
- ☐ date back to ...「…にさかのぼる」 e.g. This school *dates back to* the Meiji era.「この学校の創立は明治時代にさかのぼる」
- ☐ it was the Romans who first produced ...「最初に…を作り出したのはローマ人だった」これは the Romans を強調している強調構文で，that の代わりに who が使われている。
- ☐ transparent 形「透明な」
- ☐ enable + O + to −「O が−するのを可能にする」 e.g. The data *enable us to predict* the weather with great accuracy.「そのデータのおかげできわめて正確に天気を予測することができる」
- ☐ admire 動「…を称賛［賛美］する」

▽ 第5パラグラフ (By the time ...)
- ☐ work out ...「…を考え出す」 e.g. Let's *work out* a plan to solve the problem.「その問題の解決策を考え出そう」
- ☐ traditionally 副「伝承［伝説］によると」

▽ 第6パラグラフ (Since they had ...)
- ☐ give up on ...「…に見切りをつける；…を見放す」 e.g. Even his family *gave up on* him.「彼は親兄弟にも見放された」
- ☐ altogether 副「完全に；全く」

▽ 第7パラグラフ (Meanwhile, in 1291 ...)
- ☐ meanwhile 副「一方で」
- ☐ concerned about ...「…を心配して」 これは分詞構文。
- ☐ fire risk「火事の危険」
- ☐ furnace 名「炉」
- ☐ offshore 副「沖へ」
- ☐ inspired by ...「…に鼓舞されて；…に影響を受けて」 これは分詞構文。
- ☐ migrant 形「移住者の」
- ☐ craftsman 名「職人」
- ☐ inhabitant 名「住人」
- ☐ fine 形「品質の高い；上等な」
- ☐ giving them a monopoly「〈このことは〉彼らに独占を与えた；〈このことのせいで〉彼らは独占することとなった」 これは主節の内容を意味上の主語とする分詞構文。
- ☐ last 動「続く」

▽ 第8パラグラフ (The impact of ...)
- ☐ the impact of A on B「AのBに対する影響；AがBに与える影響」
- ☐ ... cannot be overstated「…は強調しすぎることはできない」が直訳だが，「…はいくら強調してもしすぎることはない；…は非常に重要である；…は見逃すことはできない」などと訳す。e.g. The importance of health education *cannot be overstated*.「健康教育の重要性はいくら強調してもしすぎることはない」

▽ 第10パラグラフ (By the seventeenth ...)
- ☐ windowpane 名「窓ガラス」
- ☐ as opposed to ...「…とは対照的に」 e.g. a physical disease *as opposed to* a psychological disease「心理的病気に対するものとしての肉体の病気」
- ☐ the Orient「東洋」
- ☐ hostile 形「好ましくない」
- ☐ flood A with B「A（場所）をBであふれさせる」 e.g. The office *was flooded with* complaints.「苦情が事務所に殺到した」
- ☐ initiate 動「…を開始する」 initiating ... は分詞構文。
- ☐ leap 名「急激な変化」
- ☐ forward 副「前へ」
- ☐ visible 形「目に見える」
- ☐ living spaces clean「居住空間が清潔になった」 spaces の後には，前半で使われている動詞の became が省略されている。cf. The sun shines in the daytime and the moon at night.「昼間は太陽が輝き，夜は月が輝く」→ moon の後には動詞の shines が省略されている。
- ☐ disease free「病気がない」 ここでは形容詞的に使われている。
- ☐ as a result「（その）結果として」

16 ガラスの発達と中国についての歴史的考察

- ☑ plague 名「疫病；伝染病」
- ☑ eliminate 動「…を取り除く」

▽ 第11パラグラフ (In the mid-nineteenth ...)
- ☑ swan-necked 形「白鳥の首の形をした」
- ☑ flask 名「フラスコ」
- ☑ disprove 動「…が誤りであることを立証する」
- ☑ the theory that ...「…という仮説」 that 以下は theory と同格の名詞節。
- ☑ germ 名「細菌；病原菌」
- ☑ spontaneously 副「自発的に；自然に」
- ☑ generate 動「発生する」
- ☑ decaying matter「腐りかけているもの［物質］」
- ☑ not long afterwards「それから間もなくして」
- ☑ light bulb「電球」

▽ 第12パラグラフ (Meanwhile, new trade ...)
- ☑ industrial power「工業大国」 この power は「大国」の意味。e.g. Japan is said to be one of the economic *powers*.「日本は経済大国の1つであると言われている」
- ☑ exporter 名「輸出国」

▽ 最終パラグラフ (It is also ...)
- ☑ controlling ...「…を支配している」 これは分詞構文。

17　嫌悪についての研究の新潮流

■熊本大学■

解答 （39点）

問1　人は悪臭のする部屋に入れられると，道徳的にいかがわしい映画や，落し物の財布を届け出ようとしない人を見る目がより厳しくなる。（8点）

問2　今日では，我々は腐った食物に対して嫌悪を感じるのとまったく同じように悪事に対して嫌悪を感じる，と主張する心理学者もいる。（8点）

問3　道徳は単に，我々の祖先が我々の世界とは大きく異なる世界で生き延びるのを助けるように進化した本能を，人間と人間社会が説明する方法にすぎない。（8点）

問4　人間社会がより複雑になるにつれて，嫌悪は社会的な役割を果たすようになったということ。（6点）

問5　今日では，黒人と同じ噴水式水飲み場から水を飲むと考えるとむかつくとあからさまに認める白人のアメリカ人は，50年前よりもはるかに少ないということ。（9点）

解説・採点基準

問1　配点8点

① **When people are placed in a bad-smelling room**「人は悪臭のする部屋に入れられると」（2点）

- 接続詞 When がまとめる副詞節である。be placed in ... は「…に配置される」が直訳だが，ここは「…に入れられる」でよい。
- bad-smelling は「悪臭のする」の意味の形容詞である（... -smelling で「…のにおいがする」の意味）。「くさい」なども認める。

② **it makes them more strict judges**「そのことは彼らを〈…の〉より厳しい判断者にする；（そのせいで彼らは）〈…を〉見る目が（より）厳しくなる」（2点）

- 主節の中心部で，it(S) makes(V) them(O) more strict judges(C) の第5文型になっ

ている。it は①の When 節の内容を指す。この judges 〈of ...〉 は「〈…を〉判断する人」が直訳だが，「(そのせいで彼らは)〈…を〉見る目がより厳しくなる」と訳すと日本語としては読みやすくなる（この訳出法では，When 節を正しく訳していれば it と them は訳出しなくても可）。
- なお，judges 〈of ...〉 を「〈…の〉裁判官；審判者」としても認めることとする。
- この第5文型は直訳でも構わないが，第5文型であることがわかっていないもの，judges の誤解は2点減点とする。

> ③　**of a morally questionable film**「道徳的にいかがわしい映画を」（2点）

- ②の judges につながる部分である。morally は副詞で「道徳的に；道徳的見地から」の意味であり，形容詞の questionable「いかがわしい；品位を疑う」を修飾している。film は「映画」の意味。なお，questionable は「疑い[疑義]のある」なども減点しない。
- これら各語の誤解，かけ違えは2点減点。

> ④　**or of a person who will not turn in a lost wallet**「あるいは，落し物の財布を届け出ようとしない人を」（2点）

- or が結んでいるのは，③の of 以下と④の of 以下であり，ともに judges につながる部分である。この並列関係がわかっていないものは2点減点。
- who 以下は a person を修飾する関係代名詞節である。will not は「意志」を表し，「…しようとしない；…するつもりのない」の意味だが，単に「…しない」としたものも減点しないこととする。
- turn in ... は「…を届け出る[提出する]」，a lost wallet は「落し物の財布」の意味。lost は「失われた；失くした；紛失した；遺失物の」なども可。これらの誤解は2点減点。

問2　配点8点

> ①　**Today**「今日では」（1点）

項目③の動詞 feel を修飾する副詞である。訳抜け，明らかなかけ違えは1点減点。

> ②　**some psychologists argue**「…だと主張する心理学者もいる；一部の心理学者は主張しているが」（2点）

- 文中に挿入された「S + V」である（この詳細については，＜主な語句・表現＞第5パラグラフ参照）。これは，*Some psychologists argue that* today we feel disgust ...と書き換えてもほぼ同義である。訳出は，「…だと主張する心理学者もいる」として文末で処理してもよいし，文頭で「一部の心理学者は主張しているが，…」などとしてもよい。このような処理ができていないものは2点減点。
- psychologist の誤訳は2点減点。
- argue は「…だと論じる」などは認めるが，「口論する」などは2点減点。

③ **we feel disgust at ...**「我々は…に嫌悪を感じる」（2点）

disgust に「嫌悪感；むかつき」も認める。「反感；愛想つかし」はこの文脈ではあまり適切ではないので1点減点とする。

④ **something wrong**「悪事；不正；間違ったこと；正しくないこと」（1点）

ここは「（世の中の）悪事［不正］」といった意味で使われていると考えられるので，「不調；不具合」などは文脈上適切とは言えず，不可（1点減点）とする。

⑤ **just as we do at spoiled food**「我々は腐った［傷んだ］食物に対して嫌悪を感じるのとまったく同じように〈悪事に嫌悪を感じる〉；〈我々が悪事に嫌悪を感じるのは〉腐った［傷んだ］食物に対して嫌悪を感じるのとまったく同じである」（2点）

- as は「…と同じように」の意味の接続詞で副詞節をまとめている。as の誤解は2点減点。
- just は「まったく；ちょうど」の意味の副詞。just の訳抜け，誤解は1点減点。
- do は feel disgust の代わりをしている代動詞である。do については，feel disgust を繰り返し訳出してもよいし，「腐った食物に対してまったく同様に」のようにここでは訳出しないという処理でもよい。「する；やる；行う」のように，do の内容がわかっていないと思われるものは1点減点。
- この as 節の訳出は，上記のように主節の前でも後でもよい。

問3　配点8点

① **morality is ...**「道徳は…である」（1点）

この文の中心となる「S + V」である。morality「道徳（性）」の誤解は1点減点。

> ② **simply**「(ただ)単に…(にすぎない)」(**1点**)

直後のhow節を修飾する副詞である。訳抜けは1点減点。

> ③ **how human beings and societies explain the instincts**「本能を，人間と人間社会が説明する方法［手段］」(**2点**)

- このhowは先行詞のthe wayを含んでいる関係副詞で，名詞節をまとめている。how S + Vで「…する方法［手段；手だて］」の意味。なお，howを疑問詞に解して「どのように…するかということ」としても減点しない。このhow節の働きの誤解は2点減点。
- human beingsは「人間」の意味。なお，humanは「人間の」の意味の形容詞で，andで結ばれたbeingsとsocietiesの両方を修飾しているので，「人間社会」とする。単に「社会」としたものは1点減点。
- explainは「…を説明する」，instinctは「本能；衝動」の意味。これらの語の誤解は2点減点。

> ④ **that evolved to help our ancestors survive**「我々の祖先が生き延びるのを助けるように進化した〈本能〉」(**2点**)

- ③のthe instinctsを先行詞とする関係代名詞節である。evolveは「進化［発達；発展］する」の意味。to helpは「目的」を表す副詞用法の不定詞である。help(V) our ancestors(O) survive(C＝原形) という第5文型。help + O + (to) − は「Oが−するのを助ける［手伝う］」の意味。ancestorは「先祖；祖先」，surviveは「生き延びる；生き残る；生き抜く」の意味。
- thatの誤解，help + O +原形の誤解，各語の誤訳は2点減点。

> ⑤ **in a world very different from ours**「我々［現在］の世界とは非常に［大きく］異なる世界で」(**2点**)

- ④のsurviveを修飾する副詞句である。very different from oursはworldを修飾する形容詞句。これらのかけ違えは2点減点。
- oursは所有代名詞でour world（我々の世界；現在の世界）の意味。単に「我々」としたものは1点減点。
- veryの訳抜けは1点減点。

問4　配点6点

　この this は前文中の that as human society grew more complex, disgust began to serve a social function を指しており，これを正確に和訳すれば解答になる。

> ① **as human society grew more complex**「人間社会が（より）複雑になるにつれて」（3点）

- as は副詞節をまとめる接続詞で「…につれて」の意味。「…なので，；…するとき」などの誤解は1点減点。
- human の抜けは1点減点。
- more は as を「…につれて」と訳していれば，訳出していなくても可。
- complex は「込み入った；入り組んだ」なども可。

> ② **disgust began to serve a social function**「嫌悪は社会的な役割［機能；働き］を果たすようになった」（3点）

- as 節に対する主節部分である。disgust は「嫌悪感」でも可。began to - は「- し始めた」としてもよい。
- serve は「…を務める［満たす］」などは認めるが，「…に仕える」など文脈上明らかに不適切なものは2点減点。
- social, function の誤訳・訳抜けはそれぞれ2点減点。

問5　配点9点

> ① **Today**「今日では」（1点）

　これは，前文中の Fifty years ago「50年前は」との対比で用いられている副詞。抜けは1点減点。

> ② **far fewer**「50年前よりもはるかに少ない白人のアメリカ人が〈…する〉；〈…する〉白人のアメリカ人は50年前よりもはるかに少ない」（2点）

- この文の主語である。これはやはり前文中の many white Americans に対する比較表現である。far は比較級 fewer を強調する副詞である。far の抜け，「50年前よりも」の抜けは，それぞれ1点減点。
- 「白人のアメリカ人」とせずに，単に「〈…する〉人ははるかに少ない」としたものや，「〈…する〉アメリカ人ははるかに少ない」は2点減点。

- Americans を抜かして「〈…する〉白人ははるかに少ない」としたものは 1 点減点。
- fewer を「少しはいる」のように肯定的に訳したものは 2 点減点。

> ③ **do**「黒人と同じ噴水式水飲み場から水を飲むと考えるとむかつくとあからさまに認める」（6 点）

この文の動詞である。これは，前文中の freely admitted to being disgusted by the thought of drinking from the same drinking fountain as a black person の部分を受けている代動詞である。これを以下の 3 つのポイントに分ける。

> (a) **freely admit to ...**「…を率直に認める」（2 点）

- do は現在形なので，解答は現在形で訳出する。
- freely は「率直に；こだわりなく；あからさまに」の意味の副詞。freely の抜けは 1 点減点。
- admit to ... の誤解は 2 点減点。「認めた」のように過去形で訳しているものは 1 点減点。

> (b) **being disgusted by the thought of ...**「…と考えるとむかつくこと」
> （2 点）

- being disgusted は前置詞 to の目的語になっている動名詞句である。訳出は「むかむかさせられること；むかむかすること；気分が悪くなること；嫌悪を感じること」などは可。この意味をまったく誤解しているものは 2 点減点。
- by the thought of ... は「…という思考によって」のような直訳調のものでも可。

> (c) **drinking from the same drinking fountain as a black person**「黒人と同じ噴水式水飲み場から水を飲むこと」（2 点）

drinking を単に「飲むこと」としたものも認める。「噴水式」を抜かしているものも減点しない。

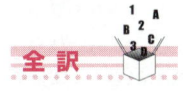

全訳

嫌悪には，我々の道徳的判断を形成する力があることを示す才気あふれる研究が増えている。これは，人間の行動を研究している一部の科学者が始めた議論で，道徳性の相当部分は，我々が抱く嫌悪感で説明できるというものである。人は悪臭のする部屋に入れられると，道徳的にいかがわしい映画や，落し物の財布を届け出ようとしない人を見る目がより厳しくなるのである。さらに，手を洗うことで人は自

分自身の道徳的な過ちに対する罪の意識が薄れるのだ。

　今日では，心理学者や哲学者の中には，嫌悪の道徳的役割と，それを決定した進化の力についての理論を展開している者がいる。人間の歯や舌が最初に食物を処理するために進化して，その後は複雑な意思伝達のために使われたのとまったく同様に，嫌悪は最初，人間の祖先の，腐った肉を避ける感情的な反応として起こった。しかし，時を経て，この反応は社会的脳によって，受け入れ可能な行動規則を明示するのを助けるために用いられるようになったのである。今日では，我々が悪事に対して嫌悪を感じるのは，腐った食物に対して嫌悪を感じるのとまったく同じである，と主張する心理学者もいる。そして，政治家が頻繁に嘘をつくのでうんざりすると言う人がいれば，その人は皿に盛られた虫から感じるのと同じ嫌悪を感じているのである。

　「嫌悪はおそらく最も過小評価されていた道徳的感情で，最も研究が遅れていたものだったでしょう」と述べるのは，ヴァージニア大学の心理学者ジョナサン・ハイトである。いわゆる道徳的感情（嫌悪だけでなく，怒りや思いやりといったその他の感情も）についての研究や，我々はどのようにして道徳規則を作り出し，それを日常生活に適用するのかという点で基礎的な感情が果たす役割についての研究が急激に広がっており，ハイトのような心理学者たちがそれをリードしている。少数の学者は，ハイトのように，世界のすべての道徳体系は，その信奉者たちが何を信じているかではなく，彼らがどんな感情をよりどころにしているかによって，その本質を最もうまく明確にできると主張している。

　しかし，このような主張に対しては，心理学界の様々な領域で根強い疑念がある。道徳的推論にはどの程度の力があるかについて活発に議論されている。すなわち，我々の行動は思考と推論に大部分が支配されているのか，あるいは，思考と推論は我々の感情を説明するために作られた単なる浅薄な考えなのか，という議論である。道徳は単に，我々の祖先が現在の世界とは大きく異なる世界で生き延びるのを助けるために進化した本能を，人間と人間社会が説明する方法にすぎない，と主張する者もいる。

　嫌悪の起源は依然として謎に包まれているところがあるが，嫌悪は，狩猟採集民であった我々の祖先の食事により多くの肉が含まれるようになった時に初めて生まれたのかもしれない。腐った肉は腐った野菜よりもずっと危険だし，今日でも我々は，植物由来のものよりも動物由来のものの方をはるかに強く嫌悪する。しかし，嫌悪は，人々に，他人の伝染性の病気の外面上の兆候だけでなく，ある種の危険な食べ物をも遠ざけさせるのにとてもうまく働いたので，ハイトや他の人たちは，人間社会がより複雑になるにつれて，嫌悪は社会的な役割を果たすようになったと考えている。しかし，多くの心理学者と哲学者はこれを信じる気にはまだなっていない。ハイトのように感情と推論を分離するのはまったく意味がなく，この2つは同じ過程の一部なのだ，と批判者は述べている。

　ハイトは，この分野はまだ新しいと認めてはいるが，自分の理論を支持する証拠がますます増えているのを確認している。最も興味深い，そしておそらく最も重要な答えるべき疑問は，嫌悪はどれくらい柔軟性があり，どれくらい変われるのかということだ。50年前には，多くの白人のアメリカ人は，黒人と同じ噴水式水飲み場から水を飲むと考えるとむかつくとあからさまに認めていた。今日ではそう認める人ははるかに少ない。これはどのようにして変わったのだろうか。白人と黒人がレストランや職場やバスで一緒に過ごす時間が増えるにつれて，彼らの嫌悪感は弱まったのであろうか。それとも，彼らは自分の感情を積極的に抑える方法を見つけたのであろうか。このような疑問に答えるにはさらなる研究が必要である。

17　嫌悪についての研究の新潮流

主な語句・表現

▶ 設問に関係する部分は，＜解説・採点基準＞を参照。

▽ 第1パラグラフ (A growing number ...)
- ☐ clever 形「才気のある；気の利いた」
- ☐ disgust 名「嫌悪」
- ☐ moral 形「道徳(上)の」
- ☐ This is the argument that some scientists studying human behavior have begun to make「これは，人間の行動を研究している一部の科学者が始めた議論である」 that は関係代名詞で，make の目的語になっている。studying human behavior は現在分詞句であり，形容詞として scientists を修飾している。
- ☐ that a significant part of morality can be explained by our feelings of disgust「道徳性の相当な部分は，我々が抱く嫌悪感で説明できるという〈議論〉」 that は接続詞で，この that 節は the argument の内容を具体的に説明している。a significant part of ... は「…の相当な部分」，morality は 名「道徳(性)」の意味である。
- ☐ washing their hands「手を洗うこと」 これは動名詞句で，動詞 makes の主語である。
- ☐ guilty 形「罪の意識がある」
- ☐ wrong 名「罪；不正；誤り；過失」

▽ 第2パラグラフ (Today, some psychologists ...)
- ☐ psychologist 名「心理学者」
- ☐ philosopher 名「哲学者」
- ☐ develop a theory「理論を展開する」 e.g. *develop a theory* of language learning「言語学習理論を展開する」
- ☐ evolutionary 形「進化の」
- ☐ determine 動「…を決定する」
- ☐ just as ...「…とまったく同じように」 as は接続詞で，副詞節をまとめている。just は 副「まったく；ちょうど」の意味。
- ☐ evolve 動「進化する」
- ☐ process 動「…を処理する」
- ☐ complex 形「複雑な」
- ☐ emotional 形「感情的な」
- ☐ ancestor 名「祖先；先祖」
- ☐ spoiled 形「腐った」
- ☐ over time「やがて；時の経過で」 e.g. *Over time* words acquire different senses.「時の経過で言葉は違った意味を持つようになる」
- ☐ come to ー「ーするようになる」 この「ー」には通例，状態動詞が来る。e.g. I *came to know* her aboard the ship.「私は船上で彼女と知り合った」
- ☐ social 形「社会的な」

- ☐ define 動「…を明示［規定］する」
- ☐ acceptable 形「受け入れ可能な」
- ☐ dishonesty 名「不正直」
- ☐ worm 名「虫」

▽ 第3パラグラフ ("Disgust was probably ...)

- ☐ underappreciated 形「過小評価された」
- ☐ the most unstudied one「最も研究が遅れているもの［道徳的感情］」 one = moral emotion
- ☐ wave 名「〈運動・活動などの〉急激な高まり［広まり］」
- ☐ so-called 形「いわゆる」
- ☐ not just ... but 〜「…だけでなく〜も」 これは not only ... but (also) 〜と同義の表現。
- ☐ apply 動「…を当てはめる［適用する］」
- ☐ claim that ...「…だと主張する」
- ☐ define 動「…の特徴［本質；性質］を明確にする」
- ☐ not by what their followers believe, but by what emotions they rely on「その信奉者たちが何を信じているか（によって）ではなく，彼らがどんな感情をよりどころにしているかによって」 not by A but by B「A（によって）ではなくBによって」という形であり，AとBにはそれぞれ，疑問詞の what がまとめる名詞節が来ている。A = what their followers believe (their は moral systems を指す；follower 名「信奉者；支持者」)，B = what emotions they rely on (they = their followers) である。

▽ 第4パラグラフ (There is, however, ...)

- ☐ claim 名「主張」
- ☐ lively 形「活発な；刺激的な」
- ☐ debate over ...「…についての議論［論争］」
- ☐ whether ... 接「…かどうかということ」 or で結ばれた2つの whether 節はともに名詞節で，debate over how much power moral reasoning has「道徳的推論にはどの程度の力があるかについての活発な議論」の具体的内容を示している。
- ☐ shallow 形「浅薄な」
- ☐ made to explain ...「…を説明するのに作られた」 made は過去分詞の形容詞用法で，直前の ideas を修飾している。
- ☐ Some argue that ...「…だと主張する者もいる」

▽ 第5パラグラフ (The origins of ...)

- ☐ origin 名「起源」
- ☐ somewhat 副「いくぶん；多少」
- ☐ come about「起こる；生じる」 e.g. Do you know how the accident *came about*?「どうしてこの事故が起こったか知っていますか」
- ☐ diet 名「食事」
- ☐ hunter-gatherer 名「狩猟採集民」
- ☐ contain 動「…を含む」

- ☐ we're far more disgusted by ...「我々は…にはるかにむかむかさせられる」 far は比較級を強調する副詞。
- ☐ get + O + to −「O に−させる」 e.g. I *got my son to do* his homework before supper.「夕食前に息子に宿題をやらせた」
- ☐ outward signs「外面上の徴［兆候］」
- ☐ infectious 形「伝染性の」
- ☐ To separate out emotion and reasoning as Haidt does, critics say, simply makes no sense; the two are part of the same process.「ハイトのように感情と推論を分離するのはまったく意味がなく，この2つは同じ過程の一部なのだ，と批判者は述べている」 critics say は文中に挿入された「S＋V」である。一般に，「... , S＋V, ...」は，「S＋V that ... .」と解釈できる。e.g. Too much exercise, *I think*, is bad for your health. ≒ *I think that* too much exercise is bad for your health.「運動のしすぎは健康によくないと思います」 本文は，*Critics say that* to separate out emotion and reasoning as Haidt does simply makes no sense; the two are part of the same process. と同義である。To separate は名詞用法の不定詞で，動詞 makes の主語になっている。セミコロンの後の部分は，前の部分を具体的に言い換えている。

▽ **最終パラグラフ (Haidt admits that ...)**
- ☐ field 名「分野；領域」
- ☐ he(S) sees(V) more and more evidence(O) supporting(C) his theory「彼はますます多くの証拠が自分の理論を支持しつつあるのを目にしている」 これは第5文型。
- ☐ flexible 形「柔軟な；順応性のある」
- ☐ weaken 動「弱まる」
- ☐ suppress 動「…を抑制する」

18　建築家クラムと日本の関わり

■新潟大学■

解答　（40点）

問1　ラルフ・アダムス・クラムには，ヨーロッパ様式に由来する保守的な建築への著しい指向性があったが，他の文化の考え方や様式のことを知っていたし，またそれらに興味を持っていた。（12点）

問2　ほとんどすべての例で，日本と日本美術について非常に理知的に書いている人たちが，日本建築については基本的な正しい認識がまったくないことを示している。（8点）

問3　ナップの依頼でクラムが米国で日本式家屋を設計・建築する計画。（30字）（8点）

問4　天守閣様の塔を含む伝統建築の様々な側面を組み入れた設計を提案し，伊藤首相から高く評価され，予算への組み入れも決まったが，首相の退陣により計画は中止された。（77字）（12点）

解説・採点基準

問1　配点12点

① **Although he had an overwhelming tendency toward ...**「ラルフ・アダムス・クラムには，…への著しい指向性があったが」（3点）

- 接続詞 Although のまとめる副詞節の中心部分である。主語の he は Ralph Adams Cram を指すが，和訳ではこちらで具体名を出す方がよい。ここで「彼（に）は」としたものも減点しない。
- overwhelming は形容詞で「圧倒的な；著しい」，tendency は名詞で「（人の）性向；傾向」，toward は前置詞で「…に向かう［対する］」の意味。以上をまとめて，an overwhelming tendency toward ... は「…を指向する著しい［圧倒的な］傾向［性質；性向］」などとしてもよい。「…に向かう圧倒的な傾向」といった直訳でも可。
- 各語の誤解は1語につき1点減点。

② **conservative architecture**「保守的な建築」（1点）

conservative は形容詞で「保守的な；伝統主義の」，architecture は名詞で「建築（様式）」の意味。各語の誤解は1点減点。

- ③ **derived from European forms**「ヨーロッパ様式に由来する」（2点）

- この derived は形容詞用法の過去分詞で，この部分は前の conservative architecture を修飾している。derived from ... は「…に由来する；…から出た［生じた］；…に起源がある」などを認める。forms は名詞で「様式；形式」の意味。
- derived from ... の用法・意味の誤解は2点減点。
- 各語の誤解は1語につき1点減点。

- ④ **Ralph Adams Cram was aware of and interested in ...**「(ラルフ・アダムス・クラム［彼］は)…を知っていたし，また…に興味を持っていた」（3点）

- 主節の中心部分である。①の副詞節の方で「ラルフ・アダムス・クラムには」と訳していれば，ここで主語は繰り返し訳出する必要はないが，「彼は」としても減点しない。
- 接続詞の and によって，〈was〉aware of ...「…を知っていた；…に気づいていた」と〈was〉interested in ...「…に興味があった」が結ばれていて，前置詞 of と in の共通の目的語になっているのが，⑤の the ideas and forms である。この並列関係がわかっていないものは3点減点。

- ⑤ **the ideas and forms**「考え方［思想；思考］と様式［形式］」（1点）

ideas は名詞で「考え方；思想；思考」の意味。forms は③に準ずる。各語の誤解は1点減点。

- ⑥ **of other cultures**「他の文化の〈考え方と様式〉」（2点）

この部分は，⑤の and で結ばれた the ideas and forms の両方を修飾する。これがわかっていないものは2点減点。

問2 配点8点

- ① **In nearly every instance**「ほとんどすべての例で」（2点）

nearly は「ほとんど；ほぼ」の意味の副詞で，形容詞 every「すべての」を修飾している。instance は名詞で「例；場合」の意味。「ほとんどあらゆる場合に」な

ども認める。各語の誤解は1語につき1点減点。

> ② **those who have written ... of Japan and her art**「日本と日本美術について〈非常に理知的に〉書いている人たちが」（2点）

- those は「人々」の意味で，この文の主語であり，受ける述語動詞は④の have shown である。who 以下は those を修飾する関係詞節である。
- write of ... は「…について書く［著述する；執筆する］」などは可。
- Japan and her art は前置詞 of の目的語である。her は Japanese の意味なので，「彼女の」などは不可（1点減点）。
- art は「芸術」も可。
- 現在完了形の訳出は「書いた；書いてきた」も認める。

> ③ **most intelligently**「非常に（理）知的に［聡明に］」（1点）

- ②の have written を修飾する副詞句である。この most は，単に程度が非常に高いという意味で「非常に；きわめて」と訳出すればよい。「最も（理）知的に」としても減点しない。
- intelligently の誤解，かけ違えは1点減点。

> ④ **have shown no basic appreciation of ...**「…についての基本的な正しい認識がまったくないことを示している」（2点）

- those(S) ... have shown(V) の関係がわかっていないものはここで2点減点。
- 現在完了形の訳出は「示した」も認める。
- show no ... は「…がまったくないことを示す；…をまったく示さない」などと訳す。
- basic は形容詞で「基本的な；基礎的な；初歩的な」の意味。
- appreciation of ... は「…についての正しい［十分な；きちんとした］認識［理解；評価；鑑賞力］」などを認める。全体をまとめて「…を基本的にまったく正しく認識していない」のような訳出も可。

> ⑤ **her architecture**「日本建築」（1点）

her に「彼女の」という訳出は1点減点。

18 建築家クラムと日本の関わり

問3　配点8点

　下線部は「ナップ住居計画」という意味であり，その具体的な内容は第2パラグラフ第2文 (He was commissioned ...) に示されている。その意味は「彼は，友人の父親で日本への宣教師を務めた牧師であるアーサー・メイ・ナップから，マサチューセッツ州で日本式の家屋を設計するよう依頼された」であるが，30字という字数を考えると，要点だけを抜き出す必要がある。それは以下の4つである。

> ① 「ナップが依頼して」（2点）「依頼主が誰か」を示せれば他の表現でも可。
> ② 「クラムに」（2点）「誰が設計を依頼されたのか」を示せれば他の表現でも可。
> ③ 「米国で；マサチューセッツ州で」（2点）
> ④ 「日本式家屋［住居］を設計・建築する計画」（2点）　第2パラグラフの第4文 (The end result, ...) 以降を見ると，家を実際に建築したことがわかるので，「建築する」まで入れた方がよいが，「設計」だけでも減点しない。

　この4ポイントについて，抜けている要素1つにつき2点減点とする。字数を超過している解答は0点とする。

問4　配点12点

　クラムたちの提案の内容と，それがたどった経緯については，第4パラグラフ全体で説明されている。まとめると以下のようになる。

> ◇内容＝伝統建築の様々な側面を組み入れた設計，（例）＝天守閣様の塔（4点）

　字数には余裕があることから，（例）を入れることが求められていると考えられるので，（例）を抜かしたものは1点減点とする。

> ◇経緯＝①伊藤首相からの高い評価→②予算への組み入れ決定→③首相退陣［失脚］→④計画中止［計画とん挫；計画は日の目を見なかった］（8点＝2点×4ポイント）

　この4ポイントについて，抜けている要素1つにつき2点減点とする。字数を超過している解答は0点とする。

全訳

　ラルフ・アダムス・クラムには，ヨーロッパ様式に由来する保守的な建築に対する著しい指向性があったが，他の文化の考え方や様式のことを知っていたし，またそれらに興味を持っていた。彼は，「ボストン東洋通」という知識人集団と親交があり，その中には，シルベスター・モースや岡倉天心といった日本の美術と文化の専門家もいた。彼がこのような人たちから日本について多くのことを学んだのは確かだが，別の方法で日本の美術と建築に触れる機会もあった。アメリカでは早くも1876年にはフィラデルフィアの米国建国百周年記念国際博覧会で，そして1893年にはシカゴ万国博覧会で，日本建築の見本が造られていた。19世紀後半に日本を訪れた人たちが，日本の建築，庭園，美術についての本を出版していた。その中には，1886年が初版のエドワード・S・モースの『日本家屋とその周辺環境』や，ジョサイア・コンドルの『日本の景観庭園』（1893年）がある。それでも，日本の建築と庭園に対する認知度は当時，日本の美術よりもずっと低かった。「ほとんどすべての例で，日本と日本美術についてきわめて聡明に著述している人たちが，日本建築については基本的な正しい認識をまったく示していないのです。それについては1文で済まされているのです」とクラムは述べた。

　クラムの日本建築についての初めての詳細な研究は，彼が日本へ行くことを全く考えないうちに始まった。彼は，友人の父親で日本への宣教師を務めた牧師であるアーサー・メイ・ナップから，マサチューセッツ州で日本式の家屋を設計するよう依頼された。クラムは，日本の住居建築の感覚を得るために『日本家屋とその周辺環境』を研究した。その最終結果は，1889年に完成したのだが，日本式住居の正確な複製とはとても言えるものではなかった。その家は東洋と西洋の思想と様式を融合したもので，主な特徴として日本式の屋根を備えていたからだ。クレイ・ランカスターは，その家には「純粋に日本的な特徴」があったと述べてはいるが，『アメリカにおける日本の影響』の中では，「概して，細部は住居にしてはかなり寺院のようだった」と述べた。

　おそらく完全な成功ではなかったであろうが，ナップ住居計画のおかげでクラムは日本建築を深く研究する第一歩を踏み出すことができた。この依頼はさらにまた別の点で報われた。1898年にクラムに日本へ行くように勧めたのはまさしくアーサー・ナップその人だったのだ。ナップは，1890年代に東京に住んでいて，日本政府内に強固な関係を築き，前の国会議事堂が火災で焼失した後に新しい国会議事堂が必要であることに気づいた。日本政府は国会議事堂の設計に，ヴィルヘルム・ベックマンとヘルマン・エンデというドイツ人建築家を雇っていたが，彼らの設計は承認されなかった。ナップは，クラムと協力者のバートラム・グッドヒューが適切な建物を設計して，東京の政府の役人にそれを提示する可能性を認めていた。「我々は，比類のない，美しい文化を持つこの古くからの国を西洋化するという一般原則は罪深いものだと事前に認めていましたし，特に，三流のドイツの影響のもとで当時進められていた実にひどい新建築を遺憾に思っていたのです」とクラムは述べた。

　クラムとグッドヒューはナップの考えを受け入れ，天守閣様の塔を含む伝統建築の様々な側面を組み入れた設計図を作った。クラムはその説明をするために船で日本へ渡った。首相の伊藤博文（日本の初代首相であり，その当時は，4度の組閣のうち短命に終わった3度目の中ほどだった）は，日本政府を収容する価値のある機能的で象徴的な建物を造りながら，国会議事堂の設計の基礎を日本の伝統建築に置こうとするこの建築家たちの努力を高く評価した。当初の設計を完成させるための資金を次年度予算に組み込む取引がまとまった。しかし，クラムがアメリカに帰国する時までに，伊藤首相は地位を追われていて，新政府は歴史的な設計に興味がなかった。

　彼の旅は建築の仕事では報われなかったが，クラムは「本気で日本に恋してしまった」。彼は日本で過

ごした4ヵ月を利用し，旅行をして，日本の建築と美術についてより多くを学んだのである。

主な語句・表現 ✓

▶ 設問に関係する部分は，＜解説・採点基準＞を参照。

▽ 第1パラグラフ (Although he had ...)
- ☑ associate with ...「…と交際する」
- ☑ intellectual 名「知識人；インテリ」
- ☑ orientalist 名「(西洋人の) 東洋学者」
- ☑ no doubt「おそらく；たぶん；疑いなく」
- ☑ be exposed to ...「…に触れる；…を体験する」 expose A to B「A (人) を B (新しい思想・文化など) に触れさせる [を体験させる]」の受身形。e.g. Everyone should *be exposed to* good music.「すべての人によい音楽を聞く機会が与えられるべきだ」
- ☑ as early as ...「早くも…には」 これは時期が早いことを強調する表現で，「…」には数詞を含む表現が来る。e.g. *as early as* 11th century「早くも11世紀には」
- ☑ still 副「それでも；やはり」
- ☑ dismiss 動「〈問題など〉をさっさと片付ける」

▽ 第2パラグラフ (Cram's first in-depth ...)
- ☑ in-depth 形「詳細な；綿密な」
- ☑ be commissioned by A to –「Aから–することを依頼される」 これは，A commission O to –「AがOに–するよう依頼 [注文] する」の受身形。e.g. She *commissioned* him *to paint* her portrait.「彼女は自分の肖像画の制作を彼に依頼した」
- ☑ churchman 名「牧師」
- ☑ serve as ...「…として勤める」 e.g. He *serves as* a clerk in a city bank.「彼は都市銀行の行員として勤めている」
- ☑ missionary 名「宣教師」
- ☑ get a sense of ...「…が何となくわかる」
- ☑ residential 形「住宅 (向き) の」
- ☑ end result「最終結果」
- ☑ dwelling 名「住居；住宅」
- ☑ combine 動「…を組み合わせる」
- ☑ feature 名「特徴；特色」
- ☑ Although noting that ...「〈クレイ・ランカスターは〉…と述べたが」 分詞構文の意味を明確にするために，接続詞の Although がついた形。e.g. *While resembling* his father in appearance, he has inherited much from his mother in character.「彼は外見は父親に似ているが，性格は母親譲りのところが多い」
- ☑ characteristics 名「特性；特色」
- ☑ observe that ...「〈観察によって〉…〈意見・考え〉を述べる」

- ☐ on the whole「概して；大体は」　e.g. *On the whole*, I agree with you.「大体はあなたに賛成です」
- ☐ temple-like 形「寺院に似た」
- ☐ for a residence「住宅にしては」　この for は「…にしては；…のわりには」の意味。e.g. He loos old *for* his age.「彼は年のわりに老けて見える」

▽ 第3パラグラフ (Though perhaps not ...)

- ☐ Though perhaps not a complete success「〈ナップ住居計画は〉おそらく完全な成功ではなかったであろうが」　Though の後には the Knapp house project is が省略されている。このように，「譲歩・時・条件」の副詞節では，「主節と同じ主語＋be 動詞」が省略されることがある。e.g. *When a child* I had a habit of blinking my eyes.「子供の頃，私は目をパチパチまばたきする癖があった」
- ☐ provide A with B「A に B を供給する［もたらす］」
- ☐ introduction 名「第一歩；新たな経験」
- ☐ commission 名「依頼」
- ☐ yet another ...「さらにまた別の…」　副詞 yet は another や more の前で使われて「さらに；その上」の意味になる。e.g. *yet more* people「さらに多くの人たち」
- ☐ It was the same Arthur Knapp who ...「…したのはまさしくアーサー・ナップその人だった」　It was ... who は強調構文。the same ... は「まさにその…；同一の…」の意味。
- ☐ contact 名「関係；付き合い」
- ☐ parliament 名「議会」
- ☐ the possibility for A to −「A が−する可能性」　e.g. There is little *possibility for him to succeed*.「彼が成功する可能性はほとんどない」
- ☐ government officials「政府の役人」
- ☐ previously 副「以前に；前もって」
- ☐ acknowledge 動「…を認める」
- ☐ general principles「一般的な原則」
- ☐ deplore 動「…を遺憾に思う」
- ☐ third grade「三流の」

▽ 第4パラグラフ (They took up ...)

- ☐ take up ...「〈申し出・提案など〉を受け入れる［応じる］」
- ☐ incorporate 動「…を組み入れる」
- ☐ castle-like tower「天守閣様の塔」　castle tower は「天守閣」のこと。ここでは castle-like が形容詞として使われている。
- ☐ short-lived 形「短命の」
- ☐ appreciate 動「…を正当に評価する；…をありがたく思う」
- ☐ the efforts of A to −「A の−しようとする努力」
- ☐ base A on B「A の基礎を B に置く」　e.g. You should *base* your conclusion *on* careful research.「君は綿密な研究に基づいて結論を出すべきだ」

- ☐ creating ... 「…を造りながら」 分詞構文で，to base ... を修飾している。
- ☐ symbolic 形 「象徴的な」
- ☐ worthy of ... 「…に値する；…する価値のある」 ここは形容詞句として，直前の building を修飾している。
- ☐ house 動 「…を収容する」
- ☐ A deal was struck to provide funds「資金を供給する取引がまとまった」 strike a deal は「取引をまとめる」の意味で，本文はこの受身形。
- ☐ to complete the preliminary designs 「当初の設計を完成させるための〈資金〉」 この不定詞句は funds を修飾する形容詞用法。

▽ **最終パラグラフ (Although his trip ...)**
- ☐ seriously 副 「本気で；真面目に」
- ☐ fall in love with ... 「…と恋に落ちる；…を好きになる」
- ☐ take advantage of ... to − 「…を利用して−する」 e.g. We *took advantage of* the fine weather *to* go on a hike.「私たちは晴天を利用してハイキングに行った」

19　聞き取りの障害はなぜ起こるのか

■首都大学東京■

解答　(50点)

A. 取引先が希望するパケットの数を言った時に，その数を復唱して確認するという，確認のテクニックをダイアナが用いていたら，彼女は3時間分の仕事を失って大恥をかくことを避けられたであろう。(12点)

B. 電話をかけても，いっこうに相手からの返事が来ないため。(27字) (3点)

C. 私たちは時々，ある語や句に対して，自分の過去の経験によって条件付けられたやり方で反応することがある。(7点)

D. 個人的な問題がある時には，その問題を扱うために自分のエネルギーが使われることが多く，これによって，聞くことに利用できるエネルギーの量が減ってしまう。(7点)

E. 平均的な話し手は毎分約200語話すが，聞き手は毎分約300から500語のペースで情報を処理できることから生じる，聞き手側が持て余す時間のこと。(65字)

(9点)

F. to use this time difference for more productive use (3点)

G. もし話されていることが自分と関係があるならば，より高い聞き取りのレベルに移行して，そこにおいて情報を処理できるであろう。(9点)

解説・採点基準

A. 配点12点

> ① **Diana could have avoided ...**「ダイアナは…を避けることができただろう」
>
> (2点)

- could have avoided は，項目④の had she used ... に対応する仮定法の表現。「避けることができる（だろう）」のように，過去の意味になっていないものは×にする。

- avoided の訳は，「〈3時間分の仕事を〉失わずにすみ，〈大恥を〉かかずにすんだ」のようなものも可とする。

> ② **a loss of three hours of work**「3 時間（分）の仕事の喪失；3 時間（分）の仕事を失うこと」（2 点）

- avoided の目的語となる部分である。loss は lose の名詞形で「喪失；失うこと」という意味。「ロス」というカタカナ書きは 1 点減点とする。
- three hours of work は「3 時間（分）の仕事」という意味。「仕事の 3 時間」は 1 点減点。

> ③ **and a great deal of embarrassment**「そして多くの当惑」（2 点）

- a great deal of embarrassment は，前の a loss of ... work と並んで，avoided の目的語となっている。
- a great deal of ... は「多くの［大量の］…」という意味。この意味が完全に欠けている場合は 1 点減点。
- embarrassment は「当惑；気まずさ；恥ずかしさ；きまり悪さ」という意味で，第 2 パラグラフ最終文の I was so embarrassed! という表現を受けて用いられている。訳語は上に挙げた 4 つの意味にとれるものは認めることとする。

> ④ **had she used ...**「もし彼女が…を用いていたら」（2 点）

- この部分は「had ＋主語＋過去分詞」という形で，if she had used ... と同じ意味を表している。had used は仮定法過去完了形である。
- この部分が if 節と同じ働き・意味になることがわかっていない場合は×。

> ⑤ **the clarifying technique**「確認のテクニック」（1 点）

- clarify は「はっきりさせる；明らかにする」という意味。これと同じ意味にとれるものであれば，clarifying の訳語は広く認めることとする。
- technique の訳語は，カタカナの「テクニック」でもよいし，「技術」でもよい。
- この部分を訳していない場合は，1 点減点とする。

⑥ **the clarifying technique** の具体的内容

　　ここは問題文に「具体的内容を明確にしながら」とあることから，解答は「…という内容の確認のテクニック」といった表現でまとめるのが望ましい。確認のテクニックの「具体的内容」としては，下線部直後の文 (When the client said ...) の内容をまとめることを考える。解答に含めるべき内容は以下の通りである。なお，以下の各項目については，英語の直訳を書く必要はなく，同趣旨のことが書いてあれ

ば点数を与える。

> (a) **When the client said how many packets they wanted**（取引先が，パケットがいくつ欲しいかを言ってきた時）に相当する内容（1点）

- この部分は直接「確認のテクニック」の内容に相当するわけではないので，配点は高くないが，テクニックを用いる状況を述べているので，解答に含めておく方が望ましい。「相手から数を聞いた時」のように，簡潔に表してもよい。
- packets に相当する表現としては，カタカナの「パケット」でもよいし，「荷物」なども含めて，広く認めることとする。

> (b) **she could have said, "Let me make sure how many packets you want delivered; was the number eighty?"**（彼女は「配達を希望されるパケットの数を確認させていただきます。数は80でしたか？」と言うことができたであろう）に相当する内容（2点）

この部分は，ダイアナのセリフをそのまま訳す形で示してもよいし，「配達を希望する数を復唱して確認する」のように，一般的な表現で表してもよい。重要な点は，「数を確認する」という点が解答に示されていることである。

B. 配点3点

frustration の直接の理由となっているのは，2つ前の I have a technician from another department who <u>takes what seems forever to return my calls</u>. という文の下線部である。指定字数から考えて，この部分のみを書けば十分である。下線の前の who は，technician を先行詞とする関係代名詞で，文末の calls までを形容詞節にまとめている。take は「〈時間が〉かかる」の意味で，takes O to return my calls は，「私に折り返し電話をする［私の電話に応答する］のに O がかかる」という意味である。この O の位置に what seems forever という名詞節が置かれている。これは文字通りには，「永遠に思えること［時間］」という意味であるが，これは誇張表現で，実質的には「非常に長い時間」という意味である。したがって上記の下線部は，「私に折り返し電話をするのに非常に長い時間がかかる」という意味である。これと同じ意味のことが解答で表現できていれば**3点**を与えるが，これとは異なる内容の場合は0点となる。なお，これ以外のことを解答に含めてもよいが，そのこと自体は点数に影響しない。

19 聞き取りの障害はなぜ起こるのか

C. 配点7点

① **We sometimes respond to ...**「私たちは時々…に反応する」（2点）

- respond to は「自動詞+前置詞」の形で，「…に反応する」という意味。
- sometimes は，「時々」という意味だが，「…することがある」と訳したものも可とする。訳し忘れた場合は1点減点とする。

② **a word or phrase**「(単)語や句」（1点）

- word とは「(単)語」の意味。ここでは phrase と並べて用いられているので，word を「言葉」と訳すのは×。
- phrase とは「(複数の語からなる)句」を表す。カタカナの「フレーズ」も認める。a word or phrase 全体を「語句」と訳したものも可とする。

③ **in a way**「やり方［方法］で」（1点）

- この部分は，respond を修飾する副詞句として働く。
- 「…ように」という訳も認める。

④ **that has been conditioned**「決定された〈やり方〉」（2点）

- that は関係代名詞で，先行詞は way。
- condition は「決定する；左右［支配］する；条件付ける」という意味の動詞。これらと同じ意味にとれる訳語は可とする。
- 「決定される〈やり方〉」のような訳は，現在完了の意味が出ていないため1点減点とする。訳を書く時は時制にまで細心の注意を払うよう心がけること。

⑤ **by our past experiences**「(私たちの)過去の経験によって」（1点）

- この部分は，has been conditioned を修飾する副詞句として働く。
- experiences が複数形なので，「過去のいろいろな［多くの］経験によって」と訳したものも可とする。

D. 配点7点

① **When we have personal problems**「(私たちが)個人的な問題を持っている時は［持っていると］」（1点）

- この部分は，接続詞 When の導く副詞節である。
- personal に「私的な」なども可とする。「パーソナルな」は×。

> ② **our energy is often used to deal with the problems**「（私たちの）エネルギー［精力；活力］はしばしばその問題を扱うために使われる」（2点）

- この部分は文の主節である。to 不定詞は副詞用法で「目的」を表す。
- often には「…ことが多い」などの訳も可とする。ただし訳し忘れは1点減点。
- deal with ... は「…を扱う［処理する］」という意味。この意味を間違えた場合は1点減点。
- the problems は，前の personal problems を指しているので，ここでは「その問題」と訳すのがよいが，単に「問題」としたものも減点しない。

> ③ **which lessens ...**「（そして）それは…を減らす［そのせいで…が減る］」（2点）

- which は関係代名詞（継続用法）で，先行詞は前の文全体である。この用法の場合は，「（そして）それは…」のように，後ろから返らずに訳すのが普通である。後ろから返って訳した場合は1点減点。
- lessen は「…を減らす［少なくする；小さくする］」という意味の他動詞。この意味を間違えた場合は1点減点。

> ④ **the amount of energy we have available to listen**「（私たちが）聞くのに利用できるエネルギー（の量）」（2点）

- amount は「量」という意味だが，これを訳していなくても，意味は変わらないので可とする。
- energy の後には，have の目的語として働く関係代名詞が省略されている。これがわかっていない場合は2点減点。
- available は「利用［入手］できる」という意味の形容詞。have O available で「O が利用［入手］できる」という意味になる。cf. We have *a large amount of energy* available.（私たちには大量のエネルギーが利用できる） この例からもわかるように，この表現では have を「持っている」と訳さない方が普通である。この部分を誤った場合は1点減点。
- available to - で「- するのに利用できる」という意味になる。cf. Funds are

available to assist students who want to study abroad.「留学を希望する生徒を援助するために利用できる資金がある」 この部分を誤った場合は1点減点。なお，「私たちの利用できる<u>聞く（ための）</u>エネルギー」のように訳したものも可とする。

E. 配点9点

　　this time lag（このタイムラグ）とは，具体的には直前の文のセミコロン以下 (the average talker ... 500 words per minute) の内容を指している。「60字以上70字以内」という指示なので，まずはこの部分の内容をすべて示すことを考える。さらに字数に余裕があれば，この具体的事実をより「一般化」した表現を加えるとよい。つまりここでのタイムラグとは，「会話による情報伝達の際に，聞き手の方に時間的余裕が生じること」を指しているので，この点を指摘できると，さらによい解答となる。したがって，採点上のポイントは以下の通り。なお，本問は「訳」の問題ではないので，内容が同じであれば，表記の仕方は広く認めることとする。

① 「平均的な話し手は毎分約200語話す」（3点）

② 「聞き手は毎分約300から500語のペースで情報を処理できる」（3点）

　　①や②で，具体的な数値が示されていない場合は，それぞれ1点減点とする。

③ 「聞き手側に時間的余裕が生じる」（3点）

F. 配点3点

　　下線部を含む文の意味は，「聞き手はそれほどエネルギーや集中力を必要としない安易な道を選ぶ傾向があり，これらの要因が<u>それ</u>を妨げるのを許してしまう」である。「これらの要因 (these factors)」とは，「低下したエネルギーや集中力 (less energy and less concentration)」を指している。したがって「それ」は，「エネルギーや集中力の低下によって妨げられるもの[こと]」を指していることになる。この点から考えると，1つ前の文に It takes energy to use ...「…を使うにはエネルギーが必要となる」とあることから，下線部の it が指すものは，この to 不定詞の表現，つまり **to use this time difference for more productive use** がふさわしいとわかる。なお，such as 以下を加えてもよいが，そうする必要はない。また，to use のみを書くなど，模範解答より短いものは，to use で始まっていれば2点を与える。to use で始まっていないものは0点とする。

G. 配点9点

> ① **If what is being said relates to you**「もし言われていることがあなた[自分]に関係があるのならば」(3点)

- If は to you までを副詞節にまとめている。節内の主語は what is being said，動詞は relates である。この構造が理解できていない場合は3点減点となる。
- what は関係代名詞で，said までを名詞節にまとめている。what を疑問代名詞と考えて「何」と訳したものは，文意が通らないので1点減点とする。what is being said は，「言われていること」が直訳。「言われること；誰かが言うこと」では，進行形の意味が出ていないので1点減点とする。「発言」と訳したものは減点しないこととする。
- relates to ... は「…と関係する[関係がある]」という意味。この意味を間違えている場合は1点減点とする。

> ② **you could then move to a higher level of listening**「(あなたは)(その場合は)より高い聞き取りのレベルに移行できるだろう」(3点)

- この文の主節に当たる部分である。could は仮定法過去形なので，「…でき<u>た</u>」と，過去の意味で訳した場合は1点減点とする。
- then は，前の If に呼応して「それならば；その場合は」という意味で用いられているが，これは訳さなくてもよい。
- move to ... は「…に移動[移行]する」，a higher level of listening は「聞き取りのより高いレベル」。全体を「聞き取りのレベルを高める」のように訳してもよい。level はカタカナ表記でよいが，「程度；段階；水準」なども可とする。
- could の意味は「解答」の「…情報を処理<u>できるであろう</u>」ように，文末で出してもよい。

> ③ **in which you would process the information**「そこにおいて(あなたは)情報を処理するだろう」(3点)

- in which は「前置詞＋関係代名詞」の形の表現。「そこにおいて」という意味で，前後の「文」をつなぐ働きをしている。in which の前にカンマが打たれていて，継続用法の関係詞節になっているので，訳は後ろから返らないのが普通である。
- process は「処理する」という意味。この意味を間違えた場合は1点減点とする。

19 聞き取りの障害はなぜ起こるのか

全訳

　人が実際に伝えられていることではなく，自分の聞きたいことを耳にする時には，聞き取りの障害物が存在する。聞き取りへの障害が起こるのは，次に述べるフィルターの1つあるいは複数のせいである。例えば，過去の経験というフィルターのせいで，聞き手は自分の願望や欲望を実現することを聞きたいと思うようになる。

　これはしばしば，誰かが別の人に商品を売ろうとしていて，売る側は売り上げをできるだけ大きくしたいと思っているようなビジネスの場面で起こる。ダイアナが次のような話をしてくれた。

　　私は大きな会議用の資料を提供する会社でオーダーデスクの仕事をしていました。1週間前に，私の上司が取引先に，プログラムで必要となるパケットの数を問い合わせました。登録者は8人しかいないと上司は言われました。しかしもっと多くの人が来ることが予想されたので，後でもう1度確認してくれと上司は頼まれました。

　　上司は連絡を受けて町を出てしまったので，私がその取引先についての引き継ぎをするよう頼まれました。それで…私は現在の登録者数について取引先に問い合わせました。相手方は私に18と言いました。私にはできるだけ多くの資料を売りたいと思う気持ちがあり，80に聞こえてしまいました。

　　私たち3人は，3時間かけて資料を準備しました。配達の人が資料を取引先に届けた時，必要なのは18パケットだけで，私たちが準備した80パケットではないと彼は言われました。彼の話を聞いて，私はびっくり仰天しました。本当に恥ずかしい思いをしました。

　ダイアナは，期待と，大きな注文を取りたいという願望のせいでより大きな数を聞くことを予測した。これが原因で彼女には正しく聞こえなかったのだ。その結果，会社は3人の人による3時間の仕事を失った。もしダイアナが確認のテクニックを用いていたら，彼女は3時間分の仕事を失い，そして大恥をかくことを避けられたであろう。取引先が欲しいパケットの数を言った時，彼女は「配達を希望されるパケットの数を確認させていただきます。数は80でしたか？」と言うことができたであろう。取引先はその瞬間にその場で彼女の言ったことを訂正し，問題は決して起きなかっただろう。

　聞き取りを妨げるもう1つの障害が起こるのは，これから言われることのレベルと価値について私たちが判断を行う時である。私たちはその情報に重要でない，退屈すぎる，複雑すぎる，陳腐だといったレッテルを早めに貼ってしまい，話し手が結論を言うのをしきりに望む。

　自分が話をしている相手に関して否定的な経験をしたせいで，私たちは偏って話を聞き取ることもある。しばしば，過去の否定的な経験が，現在の状況の中にもれ出すことがあるのだ。これらの過去の否定的な経験は，私たちの頭の中で意識下に保持されている。この結果偏って話を聞いてしまうのだが，それは私たちがその人とその時その場所を完全に共有していることにはならないからである。スティーブンが次の例を語ってくれた。

　　私とは別の部署に，電話をかけてもいっこうに返事が来ない技術者がいます。この電話は，私たち2人が取り組んでいるプロジェクトの中の私の担当部分を完成するのに必要な情報と関係があるのです。私はイライラする気持ちを直接彼の前に持ち出すのではなく，この気持ちを自分の中，特に腹の中で煮えたぎらせていました。プロジェクトの会議中はいつも，私は彼の言うことに耳を傾けようとしませんでした。その結果，私は細かい重要な情報を聞き逃してしまいました。そうなると，その聞き逃した情報を得るために彼に電話をしなければなりません。八方塞がりとはまさにこのことです。そろそろ私がこの問題を持ち出して対処しなければいけない時が来たようです。

　上の例からおわかりのように，偏見を持つ聞き手は，メッセージを否定的に（そして時に好意的に）

ゆがめる傾向があり，しばしば思い入れが強くなるあまり，聞き取りの能力が落ちてしまう。時に「レッド・フラグ」や「バズ」と呼ばれる，感情が込められたある種の言葉は，強い感情を呼び起こし，これによって効果的な聞き取りに対する障害物を作り出すことがある。私たちは時々，ある語や句に対して，自分の過去の経験によって決定されたやり方で反応することがある。言い換えれば，私たちはその同じ語に，以前の感情的になった状況から，いろいろな意味を付与してきたということだ。言葉が聞き手に大きな影響を及ぼすあまり，それに対する聞き手の反応が，結果的に聞き取るレベルを低下させるということが時々ある。聞き手が感情的になるせいで，聞き手の内部に気を散らすものが生じ，これによって効果的な聞き取りが妨げられてしまうからだ。私たちは無意識のうちに，否定的なレッテルを張るものには耳を傾けなくなるのだ。

　私たちが扱うもう１つの内部の障害物は，身体的な障害物，つまり身体に起こり，個人の聞き取り能力に影響を与えるものである。１日のある特定の時間に，私たちのエネルギーは他の時間よりも少なくなる。疲労は聞き取りにおける１つの要因である。聞き取りには集中力と努力が必要となるからだ。普段ほど気分がよくない時は，私たちは注意力を保つのにより苦労する。

　エネルギーのレベルが低い時には，空想にふけったり，うわの空になりやすくなる。個人的な問題がある時には，その問題に対処するために自分のエネルギーが使われることが多く，これによって，聞くことに利用できるエネルギーの量が減ってしまう。個人的な問題は時々，他の人が話している間に，まんまと私たちの頭の中に忍び込むことがある。

　疲労を引き起こしうるもう１つの要素は「タイムラグの要素」である。平均的な話し手は，毎分約200語話すが，聞き手は毎分約300から500語のペースで情報を処理できる。このタイムラグを，空想にふけり，頭の中で脱線を続け，個人的な問題を考えるのに費やすのは簡単である。頭の中で相手が言ったことを要約したり，相手が言っていることを視覚化したり，相手が今言っていることをすでに述べられたことと関連づけるなど，より生産的な用途にこの時間差を振り向けるにはエネルギーが必要となる。聞き手はそれほどエネルギーや集中力を必要としない安易な道を選ぶ傾向があり，これらの要因がそれを妨げるのを許してしまう。

　疲労という障害物は，会議中に蔓延することが多い。特に１日の終わりや夜間に開かれる会議ではそうである。出席者たちは，その日の仕事をするのにすでに相当のエネルギーを使っている。この低エネルギーの要因に加えて，会議で話を聞くのは退屈になることがある。ほとんどの場合，出席者全員が議題に同じ程度の関心を持つとは限らないからだ。

　このような場合は，自分が必要とするであろう情報を聞き逃さないと確信できる程度に耳を傾けることが重要だろう。もし話されていることが自分と関係があるならば，より高い聞き取りのレベルに移行して，そこにおいて情報を処理することができるであろう。さらに，後で思い出す手がかりとして用いるために，メモを取るのもよいだろう。

主な語句・表現

↪ 設問に関係する部分は，＜解説・採点基準＞を参照。

▽ 第１パラグラフ (A listening barrier ...)
- ☐ listening barrier「聞き取りの障害物」
- ☐ following 形「次に述べる」

19 聞き取りの障害はなぜ起こるのか

- ☐ anxious to - 「-することを切望して」 e.g. He seemed *anxious to* go home.「彼は家に帰りたがっているようだった」
- ☐ fulfill 動「満たす；実現する」

▽ **第2パラグラフ (This often happens ...)**

- ☐ setting 名「背景；環境」
- ☐ merchandise 名「商品」
- ☐ as ... as possible「できるだけ…」 e.g. Make your decision *as* soon *as possible*.「できるだけ早く結論を出してください」
- ☐ relate 動「話す；物語る」
- ☐ supervisor 名「監督［管理］者」 後の代名詞 she はこの my supervisor を指す。
- ☐ check with ...「…に問い合わせる」 e.g. *Check with* your doctor before going on a diet.「ダイエットする前に医者に相談しなさい」
- ☐ client 名「顧客；取引先」 後の代名詞 they は「取引先の人々」を指している。
- ☐ registrant 名「登録者」
- ☐ check back with ...「…にあとで（折り返し）連絡する」
- ☐ follow up on ...「…の適切な事後処置をする」
- ☐ desire to - 「-したいと思う気持ち」 e.g. I have no *desire to* have children.「私には子供が欲しいという気持ちはない」
- ☐ the most ... possible「可能な限り最も多くの…」
- ☐ spend O -ing「O を-して過ごす」 e.g. I *spent* an hour at the station *waiting* for the train.「私は列車を待ちながら駅で1時間過ごした」
- ☐ get O ready「O を準備する」
- ☐ delivery man「（男の）配達人」
- ☐ fall through the floor「（床を踏み抜いて落ちるほど）びっくり仰天する；身の置き所がない」
- ☐ embarrassed 形「当惑した；きまりの悪い」

▽ **第3パラグラフ (Diana expected to ...)**

- ☐ anticipation 名「予想；期待」
- ☐ fill an order「注文に応じる」
- ☐ how many packets you want delivered「いくつのパケットが配達されるのをあなたは望みますか」 You(S) want(V) many packets(O) delivered(C).
- ☐ right then and there「その瞬間にその場で」

▽ **第4パラグラフ (Another block to ...)**

- ☐ block to ...「…を妨げるもの」
- ☐ form an opinion「意見を持つ；評価を行う」
- ☐ label O as ...「（ラベルを貼って）O を…と分類する」 e.g. He was *labeled as* a traitor.「彼は裏切り者のレッテルを貼られた」
- ☐ ahead of time「（定刻より）早く；早めに」

- ☐ get to the point「核心を突く；要点に触れる」 e.g. Please *get to the point*.「要点をおっしゃってください」

▽ 第5パラグラフ (Our listening can ...)
- ☐ biased 形「偏った；偏見のある」
- ☐ filter through「もれ出る」
- ☐ subconsciously 副「意識下で」
- ☐ result in ...「…という結果になる」 e.g. The fire *resulted in* damage in his property.「その火事により，彼の財産は損害を受けた」
- ☐ the here and now「この今；現在；現時点」
- ☐ have to do with ...「…と関係がある」
- ☐ bring up「持ち出す」 e.g. Why are you *bringing* it *up* now?「なぜその話を今持ち出すのですか？」
- ☐ miss －ing「－しそこなう」 e.g. I just only *missed being* run over by a bus.「私はもう少しでバスにひかれるところだった」
- ☐ detail 名「細部；詳細な情報」
- ☐ Talk about ...「…とはまさにこのことだ」
- ☐ no-win situation「どうしてもうまくいかない状況；八方塞がりの状態」
- ☐ work ... through「…を処理する；…の折り合いをつける」

▽ 第6パラグラフ (As you can ...)
- ☐ distort 動「曲げる；ゆがめる」
- ☐ get emotionally involved「思い入れが強くなる；特別な感情を抱く」
- ☐ efficiency 名「能率；能力」
- ☐ certain 形「ある種の」
- ☐ emotionally laden words「感情的な要素を（多く）含む言葉」
- ☐ refer to A as B「AをBと言う［呼ぶ］」 e.g. He simply *referred to* me *as* Dick.「彼は私のことを簡単にディックと呼んだ」
- ☐ red flag「赤旗；怒りを引き起こすもの」
- ☐ buzz 名「がやがやいう声；無駄話」
- ☐ evoke 動「呼び起こす」
- ☐ attach A to B「AをBに付け加える；AはBにあるものと考える」
- ☐ prior 形「前の」
- ☐ affect 動「…に影響する」
- ☐ to such an extent that ...「…のような程度まで」 e.g. My car was damaged *to such an extent that* it couldn't be repaired.「私の車は修理不可能なほどの損傷を受けた」
- ☐ distraction 名「気を散らすもの［こと］」
- ☐ interfere with ...「…の邪魔をする」
- ☐ tune out「…を聞かなくなる；…に耳を貸さなくなる」

19 聞き取りの障害はなぜ起こるのか

▽ 第7パラグラフ (Another internal barrier ...)
- ☐ what happens physically that influences ...「身体的に起こるもので…に影響を及ぼすもの」what は関係代名詞で，文末の efficiency までを名詞節にまとめる。名詞節全体は，前の the physical barrier と同格になっている。that は関係代名詞で，先行詞は what happens physically である。
- ☐ fatigue 名「疲労」
- ☐ have a difficult time −ing「−するのに苦労する」
- ☐ attentive 形「注意深い；傾聴する」

▽ 第8パラグラフ (It is easier ...)
- ☐ daydream 動「空想にふける」
- ☐ preoccupied 形「心を奪われた；うわの空の」
- ☐ manage to −「どうにかして−する［できる］」 e.g. I *managed to* finish on time.「私はどうにか時間通りに終わらせることができた」
- ☐ creep into ...「…にこっそりと入る［忍び込む］」

▽ 第9パラグラフ (Another element that ...)
- ☐ time-lag 名「時間差；時間的ずれ；タイムラグ」
- ☐ go on mental tangents「頭の中で脱線ばかりしている」 cf. go off on a tangent「突然脇道にそれる；脱線する」
- ☐ summarize 動「要約する」
- ☐ visualize 動「視覚化する」
- ☐ associate A with B「A を B と結び付けて考える」

▽ 第 10 パラグラフ (The fatigue barrier ...)
- ☐ prevalent 形「流布している」 e.g. Smoking is becoming increasingly *prevalent* among younger women.「喫煙は若い女性の間にますます広まりつつある」
- ☐ expend 動「費やす；使い果たす」
- ☐ along with ...「…と共に」 e.g. He lost his job when the factory closed, *along with* hundreds of others.「工場が閉鎖されたとき，彼は他の何百人と共に職を失った」
- ☐ most often「ほとんどの場合」
- ☐ agenda 名「議題」

▽ 最終パラグラフ (In this case, ...)
- ☐ make sure (that) ...「…を確かめる［確実にする］」 e.g. *Make sure* you close the door behind you when you go out.「出かけるときは必ずドアを閉めてください」
- ☐ You might want to −「−するのもよいだろう」
- ☐ note 名「覚え書き；メモ」
- ☐ trigger 名「引き金」

20　確証バイアス

■横浜市立大学■

解答　(60点)

(1)　数字列は増加する数からなる必要があるというルール。(5点)

(2)　自分の考えが誤っていると証明する方法を探すのではなく，たいていはそれが正しいことを証明しようと試みる確証バイアスは，偶然の現象を誤解することから逃れる能力に対して大きな障害をもたらす。(13点)

(3)　死刑制度に賛成する者と反対する者とに同じ論文を読ませた場合，いずれも自分の当初の考えが強まったと答えた。このように私たちは，すでに持っている考えを裏付ける証拠を優先的に探し求め，曖昧な証拠は自説に有利なように解釈し，それによって自分の信念を強めてしまう。(12点)

(4)　臨床の現場にいるカウンセラーが，相談者はけんか腰だとあらかじめ告げられているときには，たとえその相談者が普通の人と同様にけんか腰でない場合でも，カウンセラーはその人はけんか腰だと決めつける傾向がある。(15点)

(5)　まず最初に，偶然の出来事もパターンを作ることに気づくこと。次に自分の認識と理論を疑えるようになること。最後に，自分の考えが正しい理由を探すのと同じくらい，自分の考えが誤っている証拠を探すことにも時間をかけること。(15点)

解説・採点基準

(1)　配点5点

　　下線部の my rule の内容は，第3段落第5文の But actually my rule was simply that the series must consist of increasing numbers.（ところが実際には私のルールは単に，数字列は増加する数からなる必要があるというものだった）の下線部である。したがってこの下線部と同内容のことが書かれていれば正解となる。must の意味は欠けていてもかまわない。increasing（増加する）に相当する意味が欠けている場合は×。また，下線部に含まれていないこと（例：数字列は増加する偶数からなる）が書かれている場合は×。ただし，「数字列は増加する3つの数字からなる」のように，正しい内容を補っているものは○。

20 確証バイアス

(2) 配点 13 点

> ① **it**「自分の考えが誤っていると証明する方法を探すのではなく，たいていはそれが正しいことを証明しようと試みる確証バイアス［試みること］」(**4点**)

　it は直前にある call this the confirmation bias（これを確証バイアスと呼ぶ）の this を指しており，この this は前文 (When we are in ...) の内容を指しているので，この内容を示す必要がある。ただし前文すべてを訳す必要はなく，その中で最も重要な instead of ... to prove them correct の部分を訳せば十分である。また，上に引用した表現から，this は the confirmation bias（確証バイアス）と呼ばれているので，「確証バイアス」という表現を加えてもよいが，これは必須ではない。the confirmation bias を訳した場合，表記の仕方は意味が同じととれる限り，広く認めることとする。この①の項目は全体で 4 点とし，書くべき項目を以下の(a)と(b)に分け，それぞれを 2 点とする。なお，下記の(a)(b)以外の表現（前文中の When we are in ... a new idea ─の部分と，the confirmation bias）を訳している場合，内容が合っていれば可とする。誤りを含む場合は，誤りの数にかかわらず 2 点減点する。

> (a) **instead of searching for ways to prove our ideas wrong**「自分の考えが誤っていると証明する方法を探すのではなく」(**2点**)

- instead of ... は「…の代わりに；…ではなく」という意味の副詞句を導く。instead of ... wrong は，後の we usually attempt to prove ... を修飾している。この修飾関係を誤っている場合は 2 点減点する。
- search for ... は「自動詞＋前置詞」の形で，「…を探す」という意味。search は本文中では動名詞 (searching) として用いられている。
- ways to - は「- する方法」という意味。to 不定詞は形容詞用法で，名詞の ways を修飾している。
- prove our ideas wrong は VOC の形で，「私たちの［自分の］考えが間違っていると証明する」という意味。

> (b) **we usually attempt to prove them correct**「(私たちは) たいていはそれが正しいことを証明しようと試みる」(**2点**)

- attempt to - は「- しようと試みる［企てる］；- しようとする」という意味。この意味が誤っていたり抜けている場合は 1 点減点する。

- prove them correct は VOC の形で，「それを正しいと証明する」という意味。them は our ideas を指している。この意味を誤っている場合は 2 点減点する。

> ② **presents a major barrier**「大きな障壁をもたらす」（3 点）

- 動詞 present はここでは「〈困難など〉を引き起こす；生じさせる」という意味合いで用いられている。「大きな障壁となる」という訳も可とする。「提示する；示す；贈る」などは 1 点減点する。
- major は「大きな」という意味の形容詞。「主要な」と訳したものも可とする。「メジャーな」は 1 点減点とする。
- barrier は「障害；(障) 壁」という意味の名詞。「バリア」は 1 点減点する。

> ③ **to our ability to break free from ...**「…から自由になる私たちの能力に対する」（3 点）

- ability の後の to break ... は，ability を修飾している。この点を誤っている場合は 2 点減点する。
- break free from ... は「…を振りほどいて自由になる；…を断ち切る」という意味。これと同じ意味になるものは広く可とするが，明らかに意味が異なるものは 2 点減点する。
- この部分は「…から自由になる私たちの能力に対する〈大きな障壁〉」のように訳してもよいし，「…から自由になる私たちの能力に対して〈大きな障壁をもたらす〉」のように訳したものも可とする。

> ④ **the misinterpretation of randomness**「偶然の現象に対する誤解」（3 点）

- misinterpretation は「間違った解釈；誤解」という意味の名詞。この意味を間違えた場合は 1 点減点する。
- 名詞 randomness は訳しにくい語であるが，「偶然の［不規則な］現象［こと］；でたらめ」といった意味に解せるものは広く認める。この語の意味を誤っている場合は 2 点減点する。

(3) 配点 12 点

下線部の the effect「この効果・影響」とは，直前の第 5 段落第 1 文 (To make matters worse, ...) 及び第 2 文 (This can be ...) にある「さらに悪いことに，私たちは

すでに持っている考えを裏付ける証拠を優先的に探し求めるだけでなく，曖昧な証拠はその考えに有利なように解釈してしまう。これは大きな問題になりうる。データはしばしば曖昧であるため，一部のパターンを無視して他のパターンを重視することにより，私たちの利口な頭は，説得力のあるデータがない場合でさえ，自分の信念を強めてしまうことがあるからである」という内容から，「自分がすでに持っている考えが及ぼす効果・影響」，すなわち本文中で確証バイアスと呼ばれているものが及ぼす影響を指していると考えられる。そして下線部の具体例に相当するものが第6段落で示されているので，第6段落の具体例を説明すると同時に，上記の下線部に相当する一般的な表現を添えるのが，解答のまとめ方として望ましい。解答に含めるべきポイントは以下の通りである。なお，以下のポイント以外のことを含めていても構わないが，その部分は採点対象にはしない。

第6段落で述べられている具体例に関して述べるべきポイントは，以下の3点である。

① 「死刑制度に賛成する者と反対する者の両方が調査対象となった」（3点）

「死刑制度に賛成する者と反対する者の両方」が調査対象になっていたことは，この調査の前提として重要な点であるから，これについては必ず触れておきたい。

② 「(死刑制度への賛成・反対両方の立場を含む) 同じ論文を彼らに読ませた」（3点）

両方の立場の学生に同じ論文を読ませたという部分は，この調査のやり方を説明する際に欠かせない部分である。「同じ」という言葉が欠けている場合は2点減点する。

③ 「その結果，どちらの側の学生も当初の考えを強めた」（3点）

論文が，学生の賛否への態度を根本的に変えることはなく，逆に元の考えを強めたというのが，この調査から判明した重要な点である。

以上の具体例を一般化したものとして，以下のポイントを含む表現を添えるのが望ましい。

④ 「すでに持っている考え［先入観］を支持する証拠を探す」（3点）

・preconceived notions「すでに持っている考え」に相当する語は必ず含めたい。これに相当する語が欠けている場合は2点減点する。

- 「曖昧な証拠でも自説に有利なように解釈する」,「自説にとって有利な一部のデータのみを重視する」など,上記の下線部と同趣旨の記述が1つ含まれていること。これらが欠けている場合は3点減点する。

(4) 配点15点

> ① **When counselors ... are advised ... that 〜**「カウンセラー(たち)が〜と告げられるときには」(3点)

- When は接続詞で,後の an interviewee is combative までを副詞節にまとめている。この点を誤っている場合は3点減点する。
- counselors は「助言者;相談役」などでもよい。明らかな誤りは1点減点する。
- are advised ... that 〜 は「忠告される[告げられる]」という意味。that は接続詞で,an interviewee is combative までを名詞節にまとめている。以上の点を誤っている場合は3点減点する。なお,advised の訳語は「アドバイス[助言;忠告]される」としたものも可とする。

> ② **in clinical settings**「臨床の現場にいる〈カウンセラー〉」(2点)

- この部分は counselors を修飾する形容詞句として働くが,「臨床の現場で〈告げられる〉」のように副詞句として訳したものも可とする。
- clinical は「臨床の」という意味の形容詞。「病院[診療所]の」も可とする。この語に関する誤りは1点減点する。「クリニック」は1点減点する。
- settings は「状況;背景;環境」という意味の名詞だが,上のように「現場」と訳してもよい。これと同じ意味にとれるものは広く認めるが,明らかな誤りは1点減点する。カタカナの「セッティング」も1点減点する。

> ③ **ahead of time**「前もって」(2点)

ahead of time は「約束の時間より早く;前もって;早めに」という意味の副詞句で,are advised を修飾している。この意味,及び修飾関係を誤っている場合は2点減点する。

> ④ **an interviewee is combative**「相談者は好戦的である」(2点)

- interviewee は「相談者;面接[面談]を受ける人」という意味。これを誤った場合は2点減点する。

- combative は「好戦的［けんか腰］な」という意味の形容詞。これと同じ意味にとれるものは可だが，明らかな誤りは２点減点する。

> ⑤ **they tend to conclude that he is**「その人［彼］はそう［好戦的］であると彼ら［カウンセラー］は結論する傾向がある」（３点）

- they は counselors を指している。
- tend to – は「–する傾向がある［しがちである］」という意味。これを誤った場合は，訳し忘れも含めて１点減点する。
- that は接続詞で，he is を conclude の目的語になる名詞節にまとめている。he is の後には combative が省略されている。この点を誤っている場合は３点減点する。he は an interviewee を指している。

> ⑥ **even if the interviewee is no more combative than the average person**「たとえ相談者が普通の人と同様に好戦的でない場合でも」（３点）

- even if ... は「（たとえ）…であろうと」という「譲歩」の意味を表す。「もし…ならば」と訳した場合は１点減点する。
- interviewee については，上記④の項目で減点している場合は，ここで重ねて減点はしない。
- is no more combative than ... は「…と同様に好戦的でない」という意味。e.g. A *whale* is *no more* a fish *than* a horse is.「鯨は馬同様に魚ではない」 この構文の訳を間違っている場合は３点減点する。combative については，上記④の項目で減点している場合は，ここで重ねて減点はしない。
- average は「平均的な；普通の」という意味。この意味を誤った場合は１点減点する。

(5) 配点 15 点

解答の方針は，下線部の後の３つの文 (It is a start ... / It is another great step ... / Finally, we should ...) の内容をまとめることである。ただし訳の問題ではないので，すべての語句を忠実に訳さなくてもよい。それぞれの文と同じ趣旨のことを書けばよい。書くべき項目は以下の通りである。

① **It is a start simply to realize that chance events, too, produce patterns.**（偶然の出来事もパターンを作ることに，単純に気づくことが出発点である）に相当する内容（**5点**）

- It is a start simply to や too の意味は欠けていてもかまわない。
- chance に「チャンス（な）；幸運な」は×。
- 単語の誤りは，1語につき2点減点とする。

② **It is another great step if we learn to question our perceptions and our theories.**（自分の認識と理論を疑えるようになれば，それも大きな一歩である）に相当する内容（**5点**）

- 単語の誤りは，1語につき2点減点とする。
- It is another great step if we learn to の部分は欠けていてもかまわない。

③ **Finally, we should learn to spend as much time looking for evidence that we are wrong as we spend searching for reasons we are correct.**（最後に，自分の考えが正しい理由を探すのと同じくらい，自分の考えが誤っている証拠を探すことにも時間をかけるようになるべきだ）に相当する内容（**5点**）

- 単語の誤りは，1語につき2点減点とする。
- Finally や we should learn to の意味は欠けていてもかまわない。

全訳

　研究によりわかったことだが，偶発的な出来事をコントロールするという幻想は，偶然のタスクの結果が出る前に一定期間の戦略作り（例の延々と続く会議）が行われるとき，そのタスクを成し遂げるのに積極的な関与（例の職場での長時間勤務）が必要となるとき，あるいは競争が存在する（これは決して起こらないのではないだろうか）ときに，財政，スポーツ，そして特にビジネスの場において高められる。このコントロールの幻想と戦う第一歩は，それに気づくことである。しかしそうなったとしても，これは難しい。なぜなら，以下のページで明らかになるように，いったんあるパターンが見えると思うと，私たちはその認識を簡単には捨てられなくなるからである。

　例えば，私がある3つの数字列を作るルールを作り出し，2，4，6という数字列は私のルールを満たしているとあなたに言ったとしてみよう。あなたにこのルールがわかるだろうか。3つの数字が1組では話が続かないので，もしあなたが私に他の3つの数字列を示せば，私はあなたにそれが私のルールを満たしているかどうかを言うことにしよう。少しの間，検証するための3つの数字列をいくつか考えてみていただきたい。

20 確証バイアス

さて，あなたが戦略を考えた時点で申し上げるが，もしあなたが普通の人ならば，あなたの示す数字列は，4，6，8とか，8，10，12とか，20，24，30といったあたりだろう。そのとおり，それらの数字列は私のルールに従っている。ではそのルールは何だろうか。大半の人は，そのような検証用の数字列をいくつか出した後，確信が増して，そのルールとは，数字列は増加する偶数からなるというものだと決めつけるだろう。ところが実際には私のルールは単に，数字列は増加する数からなる必要があるというものだった。例えば1，2，3という数字列でも合っていた。偶数である必要はなかったのだ。あなたが考えていた数字列は，これを明らかにしていただろうか。

私たちが幻想に囚われているときには，さらに言えば，新しい考えを持っているときにはいつも，自分の考えが誤っていると証明する方法を探すのではなく，たいていはそれが正しいことを証明しようと試みる。心理学者はこれを確証バイアスと呼んでおり，それは偶然の現象を誤解することから逃れる能力に対して大きな障害となる。上の例では，大半の人々は数字列が増加する偶数からなっているとただちに認識する。それから自分の推測の正しさを確認しようとして，同種の数字列をさらに数多く試してみる。しかし，素早い方法で，つまり奇数を含む数字列をテストすることによって自分の考えが誤っていることを立証しようとすることを通じて，答えを見つける人はごく少数である。哲学者のフランシス・ベーコンが1620年に述べたように，「人間の知性は，いったんある見解を選択すると，それを裏付ける事例はなんでも収集し，それとは反対の見解がより多く，より重要であろうとも，それに気づかないか，さもなければそれを却下して，この見解を揺るがされないままにしておこうとする」。

さらに悪いことに，私たちはすでに持っている考えを裏付ける証拠を優先的に探し求めるだけでなく，曖昧な証拠はその考えに有利なように解釈してしまう。これは大きな問題になりうる。データはしばしば曖昧であるため，一部のパターンを無視して他のパターンを重視することにより，私たちの利口な頭は，説得力のあるデータがない場合でさえ，自分の信念を強めてしまうことがあるからである。例えば，不十分な証拠に基づいて，新しい隣人は友好的でないと決めつけてしまうと，その見方で解釈しうる将来の行動はすべて私たちの頭の中ではっきりと認識され，そうでないものは簡単に忘れられてしまう。あるいはもし私たちがある政治家を信奉しているならば，その政治家がよい結果を出したときは，私たちはその功績を政治家本人に帰するが，失敗したときには，私たちは状況や対立政党のせいにし，いずれにおいても最初の考えは強まることになる。

この効果をかなり鮮明に描き出したある研究において，研究者たちは大学生のグループを集めたが，彼らの中には死刑を支持する者もいれば，それに反対の者もいた。それから研究者たちは学生全員に，死刑の有効性に関する一連の同じ学術研究論文を与えた。論文の半分は，死刑には抑止効果があるという考え方を支持しており，もう半分はその考え方に反対していた。研究者たちはまた被験者たちに，それぞれの論文の欠点を示唆するヒントも与えた。その後，大学生たちは研究論文の質，及び読んだものによって死刑に対する自分の態度が強い影響を受けたかどうか，そしてその影響はどの程度強かったかを，個別に評価するよう求められた。参加者たちは，双方の研究が同じ方法で行われたとされているときでさえ，自分の最初の視点の正しさを裏付けてくれる研究論文の方をより高く評価した。そして結局のところ，全員が全く同じ研究論文を読んだにもかかわらず，最初に死刑を支持していた者も，最初に反対していた者も，論文を読んだことで自分の考えは強まったと報告した。そのデータは誰も説得できず，かえってグループを二極化してしまった。このようにして，不規則なパターンでさえも，それが私たちがすでに抱いている考えに結び付くならば，有力な証拠と解釈されることがあるのだ。

確証バイアスは，現実世界において不幸な結果を数多くもたらす。教師が，ある生徒は別の生徒よりも頭がいいと最初に信じてしまうと，その前提の正しさを裏付ける傾向を持つ証拠をえり好んで重視す

177

る。雇用者が，見込みのある応募者と面接を行うときには，雇用者はたいていすぐに第一印象を形成し，残りの時間はそれを支持する情報を求めて面接を行う。臨床の現場にいるカウンセラーが，相談者はけんか腰だとあらかじめ告げられているときには，たとえその相談者が普通の人と同様にけんか腰でない場合でも，カウンセラーはその人はけんか腰だと決めつける傾向がある。そして少数民族に属する人の行動を解釈する時には，それを既に自分が持っている固定観念に照らし合わせて解釈してしまう。

　人間の脳は，徐々に進化してパターン認識に長けてきたが，確証バイアスが示すように，自分の結論の誤りをできるだけ少なくするよりも，パターンを見つけてその正しさを裏付けることばかり考えてしまう。ただし悲観する必要はない。偏見を克服することは可能だからだ。偶然の出来事もパターンを作ることに，単純に気づくことが出発点である。自分の認識と理論を疑えるようになれば，それも大きな一歩である。最後に，自分の考えが正しい理由を探すのと同じくらい，自分の考えが誤っている証拠を探すことにも時間をかけるようになるべきだ。

主な語句・表現 ✓

▶ 設問に関係する部分は，＜解説・採点基準＞を参照。

▽ **第1パラグラフ (Research has shown ...)**
- ☐ illusion 名「錯覚；幻想」
- ☐ chance 形「偶発の」
- ☐ enhance 動「高める；増す」
- ☐ outcome 名「結果；成果」
- ☐ precede 動「…より先に起こる」
- ☐ strategize 動「戦略を練る」
- ☐ involvement 名「参加；関与」
- ☐ battle 動「…と戦う」
- ☐ let go of ... 「…を解き放つ［忘れる］」 e.g. *Let go of* my hand!「私の手を離してください！」
- ☐ perception 名「知覚；認識」

▽ **第2パラグラフ (Suppose I tell you ...)**
- ☐ sequence 名「連続するもの；数列」
- ☐ present A with B 「A に B を提出［提案］する」
- ☐ think up 「考え出す」

▽ **第3パラグラフ (Now that you have considered ...)**
- ☐ now that ... 「今や…なので」 接続詞として働く。
- ☐ a handful of ... 「一握り［少数］の…」
- ☐ confident 形「自信がある」
- ☐ consist of ... 「…からなる」 e.g. The team *consists of* four Japanese and two Americans.「そのチームは4人の日本人と2人のアメリカ人からなる」
- ☐ even number 「偶数」
- ☐ reveal 動「明らかにする」

20　確証バイアス

▽ **第4パラグラフ (When we are in the grasp of ...)**

- ☐ in the grasp of ...「…の統御［支配］下に」
- ☐ for that matter「そういうことなら；さらに言えば」　e.g. She's never been to France, or to any European country *for that matter*.「彼女はフランスには、いやさらに言えば、ヨーロッパのどの国にも行ったことがない」
- ☐ confirmation 名「確認；確証」
- ☐ misinterpretation 名「誤った解釈；誤解」
- ☐ randomness 名「でたらめ；行き当たりばったり」
- ☐ falsify 動「…の誤りを立証する」
- ☐ odd number「奇数」
- ☐ As S put it「Sが言ったように；Sの言葉を借りれば」
- ☐ understanding 名「理解力；知性」
- ☐ once 接「いったん…すると」
- ☐ contrary 形「反対の；逆の」
- ☐ or else「さもなければ」
- ☐ reject 動「拒絶［却下］する」
- ☐ in order that S will V「SがVするために［するように］」　e.g. All those concerned must work together *in order that* agreement can be reached on this issue.「この問題に関して合意がなされるよう、関係者は全員協力して事にあたらなければならない」
- ☐ unshaken 形「揺るがされない；確固たる」

▽ **第5パラグラフ (To make matters worse, ...)**

- ☐ To make matters worse「さらに悪いことに」　e.g. *To make matters worse*, it started to rain again.「さらに悪いことに、また雨が降り出した」
- ☐ not only S_1V_1, but S_2 also V_2「S_1V_1だけでなく、S_2V_2でもある」　S_1V_1の部分は助動詞 (do) がS_1の前に置かれた倒置形になっている。
- ☐ preferentially 副「優先［選択］的に」
- ☐ preconceived notion「前から抱いている考え；先入観」
- ☐ interpret 動「解釈する」
- ☐ ambiguous 形「曖昧な」
- ☐ in favor of ...「…を支持して；…の利益となるように」　e.g. He argued *in favor of* a strike.「彼はストライキに賛成する主張をした」
- ☐ emphasize 動「強調［重要視］する」
- ☐ reinforce 動「強化［補強］する」
- ☐ in the absence of ...「…のない場合に」
- ☐ convincing 形「人を納得させる」
- ☐ light 名「見方；観点」
- ☐ stand out「際立つ；明らかに認められる」

- ☑ those that don't = future actions that don't stand out in our minds
- ☑ credit 動「功績があると思う；認める」
- ☑ other party「相手方；他の政党」
- ☑ either way「いずれにしても；どっちみち」 e.g. You can get there by train or bus—*either way* it'll take more than an hour.「そこへは電車でもバスでも行けますが，いずれにせよ1時間以上はかかります」
- ☑ initial 形「最初の；初めの」

▽ 第6パラグラフ (In one study ...)
- ☑ illustrate 動「説明［例証］する」
- ☑ undergraduate 名「学部在学生；大学生」
- ☑ provide A with B「AにBを提供する」
- ☑ capital punishment「極刑；死刑」
- ☑ deterrent 形「妨げる；抑止する」
- ☑ contradict 動「反対［否定］する」
- ☑ subject 名「被験者」
- ☑ clue 名「手がかり；ヒント」
- ☑ hint at ...「…を暗示する」 e.g. He *hinted at* the possibility of moving to Europe.「彼はヨーロッパへ移住する可能性をほのめかした」
- ☑ rate 動「評価する」
- ☑ supposedly 副「おそらく；一般に考えられているところでは」
- ☑ in the end「最後に；結局」 e.g. We were thinking about going to France, but *in the end* we went to Spain.「私たちはフランスへ行こうかと考えていたが，結局スペインに行った」
- ☑ all the same「全く同じ」
- ☑ rather than ...「…よりもむしろ；…しないで」
- ☑ convince 動「…を説得する［確信させる］」
- ☑ polarize 動「…を（2つに）分裂［対立］させる」
- ☑ compelling evidence「有力な証拠」
- ☑ relate to ...「…に関係する［結び付く］」

▽ 第7パラグラフ (The confirmation bias has ...)
- ☑ consequence 名「結果」
- ☑ selectively 副「えり好んで；都合のいいように」
- ☑ focus on ...「…に集中する［重点を置く］」 e.g. The discussion *focused on* two main problems.「議論は2つの主要な問題に集中した」
- ☑ hypothesis 名「仮説；前提」
- ☑ prospective 形「予想される；見込みのある」
- ☑ candidate 名「立候補者；志願者」
- ☑ typically 副「典型的に；大体は」

20 確証バイアス

- ☐ spend O -ing「O を‐することに費やす」
- ☐ in the context of ...「…との関連で；…に照らして；…を背景において」
- ☐ stereotype 名「固定観念」

▽ **最終パラグラフ (The human brain ...)**

- ☐ evolve to be ...「(進化して)だんだんと…になる」
- ☐ efficient 形「有能な；能率的な」
- ☐ minimize 動「…を最小限にする」
- ☐ be focused on ...「…に集中している」
- ☐ pessimist 名「悲観論者」
- ☐ It is a start to -「‐することがスタート[出発点]である」 It は形式主語で, to‐が真主語。
- ☐ evidence that ...「…という証拠」 that は同格名詞節をまとめる接続詞。e.g. Do you have *evidence that* this treatment works?「この治療法がうまくいくという証拠はありますか」
- ☐ reasons we are correct「私たちが正しい理由」 reasons の後には関係副詞が省略されている。

国公立標準問題集 CanPass 英語

著　　者	山口　玲児
	高橋　康弘
発　行　者	山﨑　良子
印刷・製本	株式会社ワコー
発　行　所	駿台文庫株式会社

〒101-0062　東京都千代田区神田駿河台1-7-4
小畑ビル内
TEL. 編集　03(5259)3302
販売　03(5259)3301
《⑭ － 272pp.》

©Reiji Yamaguchi and Yasuhiro Takahashi 2013
許可なく本書の一部または全部を，複製，複写，デジタル化する等の行為を禁じます。

落丁・乱丁がございましたら，送料小社負担にてお取り替えいたします。

ISBN978-4-7961-1099-0　　　　Printed in Japan

駿台文庫 Web サイト
https://www.sundaibunko.jp

駿台受験シリーズ

国公立標準問題集
CanPass
英語

解答用紙

駿台文庫

1 金沢大学

(a)

(b)

(c)

2 岡山大学

(1) [70字の解答欄]

(2) [記述解答欄]

(3) (a) [解答欄]
    (b) [解答欄]

(4) [60字の解答欄]

得点 / 40点

3 筑波大学

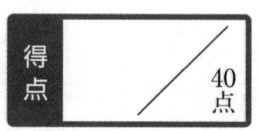

1. _____

2. _____

3. _____

4. _____
   _____
   _____

5. _____

6. _____
   _____
   _____

7. _____

得点 / 40点

4 埼玉大学

1. _____ 2. _____

3. _____ 4. _____

5. _____ 6. _____

7. _____ 8. _____

9. _____ 10. _____

11. _____ 12. _____

得点 / 36点

1. _____
   _____
   _____

2. _____
   _____
   _____

6 お茶の水女子大学

設問1

設問2

設問3 (A)　　　　　(B)　　　　　(C)
　　　(D)　　　　　(E)

設問4

設問5

7 信州大学

問1 (イ) _____ (ロ) _____ (ハ) _____
　　(ニ) _____ (ホ) _____

問2 (a) _____ (b) _____ (c) _____ (d) _____
　　(e) _____ (f) _____ (g) _____

問3 _____

問4 （50字）

問5 (1) _____
　　(3) _____
　　(4) _____

得点 ／50点

1.

2.

3.

4.

5.

9 大阪府立大学

A. (a) _____ (b) _____

B. _____
   _____

C. (あ) _____ (い) _____ (う) _____ (え) _____

D. _____
   _____

E. _____
   _____
   _____
   _____

F. ① _____ ② _____ ③ _____ ④ _____
   ⑤ _____ ⑥ _____ ⑦ _____

G. _____

得点 / 50点

10 千葉大学

問1

問2

問3

問4

問5

問6

問7

問8

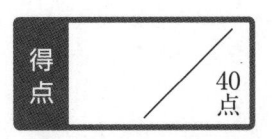

得点 / 40点

11 大阪市立大学

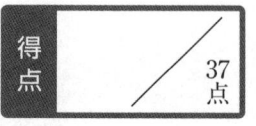

1. _____

2. _____　_____　_____
　 _____　_____

3. _____
　 _____
　 _____

4. _____

5. (b) _____
　 (c) _____
　 (d) _____

6. _____

7. _____

8. (ア) _____　(イ) _____
　 (ウ) _____　(エ) _____

得点 ／37点

12 千葉大学

問1 _____

問2 _____

問3 _____

問4 _____

問5 _____

問6 _____ _____ _____

問7 _____

問8 (a) _____ (b) _____ (c) _____ (d) _____

得点 / 40点

1. _____ 2. _____

3. _____ 4. _____

5. _____ 6. _____

7. _____ 8. _____

9. _____ 10. _____

11. _____ 12. _____

13. _____ 14. _____

15. _____

14 筑波大学

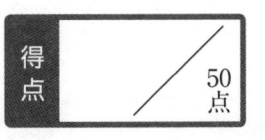

1. _____

2. _____

3. _____

4. _____

5. _____

6. _____

7. (イ)_____　(ロ)_____　(ハ)_____

8. _____　_____　_____

得点 / 50点

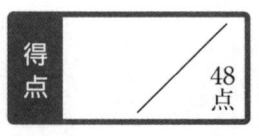

1.

2.

3.

4.

5.

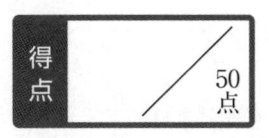

1.

2.

3. ・

　・

4.

5.

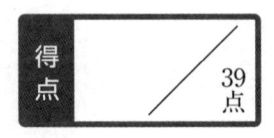

1.

2.

3.

4.

5.

問1.

問2.

問3.

問4.

A.

B. (20/30 grid)

C.

D.

E. (60/70 grid)

F.

G.

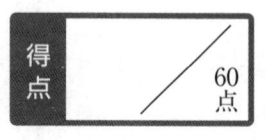

(1)

(2)

(3)

(4)

(5)